陈雁——编著

卿云缦缦

复旦女生的故事

1927—1949

复旦大学出版社

目 录 CONTENTS

001　1927 年：复旦开"女禁"

040　只有香如故：文学家沉樱
　　　1907—1988，1927 级中文系

083　发出女人的呼声：《女声》主编王伊蔚
　　　1905—1993，1928 级新闻学系

118　新中国女子不朽的典型：烈士黄君珏
　　　1912—1942，1929 级经济学系

153　倡导"男女平等"：教育家邵梦兰
　　　1910—2000，1931 级教育学系

180　新中国《婚姻法》的执笔人：法学家王汝琪
　　　1912—1990，1931 级法学系

211　关不住的笼中鸟：作家凤子
　　　1912—1996，1932 级中文系

252　复旦地下党领导人：区委书记费瑛
　　　1921—1985，1941 级中文系、1945 级社会学系

284　后　记

1927年：复旦开"女禁"

由马相伯先生于 1905 年创立的复旦公学，最初是一所男子学校，按照校史记载，直到 1927 年才开始招收女生，学校的同龄人、上海名媛严幼韵（1905—2017）一直被称为复旦的第一个女生；实际上，1927 年夏天，复旦迎来了它的第一批女生，严幼韵是其中之一，这一年她从沪江大学转入复旦大学商科。

严幼韵在口述自传中以很小的篇幅谈到她的大学生活：

> 1925 年我从天津中西女中毕业，从此回到上海。那年夏天阿尔法莱特和艾玛来上海，劝我和他们一起去美国上学。我有些犹豫，但是最终还是决定留在上海，因为我已经在上海沪江大学注册，成为该校的住校生。那年是沪江大学第一年招收女生。后来，我发现沪江大学的校规比天津中西女中还要严格。我们的舍监是个美国人，普里斯特小姐，她的"管理欲"特别强，以致我们的一举一动都在她的"监控"之下。晚上禁止外出，任何时候都不能有男性来访，每个月只允许回家一次。但我还是保留了家中为我安排的女仆和汽车。我有自己的私人司机，还有一个坐在副驾驶座上负责跑腿的"副驾驶员"。据说当时许多男学生爱慕我，因为

上海名媛严幼韵女士（载《良友》第 47 期，1930 年 5 月）

不知道我的名字，他们就按照我的汽车号牌称呼我为"84号小姐"。一些男生还故意将英语 Eighty Four 念成上海的"爱的福"。

在我读大学二年级的时候，李锦纶博士成为沪江大学校长。星期天他和他的广东太太经常在家中招待学生。我会让家中厨师把我家的"招牌菜"做好，用我的汽车送到李先生家中。那是男女学生可以接触的唯一场合。

因为感觉沪江大学的校规太过严厉，1927 年我转入复旦大学读大三。当时复旦刚刚招收第一届女生，还没有女生宿舍，于是我们几个朋友合租了一间公寓。不过很多时间都住在家里。当时我家住在静安寺路地丰路路口，就在嘉道理公馆①，

---

① 嘉道理公馆，俗称大理石宫，由英籍犹太富商嘉道理（Elly Kadoorie）于 1924 年建成，位于今上海市静安区延安西路 64 号，现为中国福利会少年宫所在地。

也就是俗称大理石宫的对面。①

有私家汽车、私人司机和女仆的富家千金"爱的福"小姐，忍受不了教会大学严厉的校规，1927年，转学到了国人自办的"民办大学"——复旦大学，成了复旦的第一批女生，与她一起，有好几位沪江的女生也转学来到了复旦。

回忆与媒体中的复旦开"女禁"

1905年，马相伯先生在上海吴淞创办复旦公学。辛亥革命时，吴淞校舍为光复军司令部占用，学校一度停办。中华民国建立后，复旦校友于右任时任交通部次长，联合校友41人上书南京临时政府，请求复校，得到孙中山的鼎力支持。复旦公学成为中华民国临时政府批准立案的唯一高校，临时政府还拨款一万元作为复校经费。复旦公学之后借徐家汇李公祠为校舍，1912年到1922年间在此办学。

1913年，毕业于耶鲁大学的李登辉（1872—1947）接掌复旦。1918年，华侨出身的李校长到南洋募集资金15万银元，在江湾购地70余亩；1920年冬，复旦大学在江湾奠基。从此，学校拥有永久校址——这片校园就是今天复旦大学邯郸路校区，当然今天的校园比起1920年代已有很大拓展。

李登辉校长的大学教育是在美国完成的，他于1897—1899年间就读耶鲁大学，耶鲁的教育学院和法学院早在1869年和1885年就已招收女生，到1894年开始授予女生博士学位，但

---

① 严幼韵口述，杨蕾孟编著，魏平译：《一百零九个春天：我的故事》，新世界出版社，2015年，第20—21页。

李校长却一直反对复旦开"女禁"。根据毕业于复旦文科,曾经担任学校庶务主任的齐云先生的回忆,在1926年时李校长曾坚决表示:"复旦要想男女同校,须等我死了以后。"据说是在李校长最信任的四位老师温崇信①、孙寒冰②、钱祖龄③和章益④的

---

① 温崇信(1903—1987),广东梅州人,生于江苏扬州,从复旦毕业后留学美国,华盛顿大学政治学硕士。时任复旦大学教务长兼政治系主任,复旦学生称其为"阎王"。后来还担任过国民政府太仓县、昆山县县长,安徽省第三行政区专员,北平市政府秘书长、社会局长等职。1949年赴台,任正中书局经理。1958年在台湾与旅台同学会诸校友合力创办复旦中学,担任第一任校长。

② 孙寒冰(1903—1940),南汇周浦人,著名政治学家。1919年由中国公学考入复旦大学,1923年毕业后留学美国,1925年毕业于华盛顿大学,1927年毕业于哈佛大学。1927年返国后担任复旦大学政治学教授、图书馆委员会主任等职。1931年创办黎明书局,1937年创办《文摘》月刊,后改名为《文摘战时旬刊》。抗战爆发后随复旦内迁至重庆,1938年起任复旦大学教务长兼法学院院长。1940年5月27日,在重庆大轰炸中不幸遇难。复旦校园内现有寒冰馆,以兹纪念。

③ 钱祖龄(1898—?),江苏宜兴人,著名会计学家。复旦大学附中毕业后入东南大学商科(后改为国立上海商学院),大学毕业后赴美国伊利诺伊大学留学,攻读货币银行学,获硕士学位。1927年2月入复旦大学商学院任会计学教授,5月出任复旦会计处临时主任,9月,出任校务委员会委员。1929年起任复旦大学会计系主任,同年12月,兼任复旦经济设计委员会委员。1929—1930年间任复旦大学注册部主任,1930年起担任复旦审计委员会委员、复旦合作银行委员会委员。1934年起兼任国民政府铁道部粤汉铁路株韶段工程稽核员、代总稽核,次年兼职于国民政府兵工署。1941年9月,受聘担任复旦大学总稽核。1942年5月—1943年4月任职国民政府交通部总务司,后担任国民政府主计处顾问。1945—1946年间,担任四联总处南京分处委员。1947年,担任中央信托局信托处经理、中国人事保险股份有限公司董事。

④ 章益(1901—1986),字友三,安徽滁州人,著名教育家、心理学家。1916年入圣约翰大学附中,1919年毕业前夕因参加五四运动被学校开除,后被复旦校长李登辉破格录取进入复旦。1922年从复旦大学文科毕业后在复旦大学附中任教两年,1924年赴美留学,1926年在华盛顿大学获硕士学位。1927年回国后历任复旦大学教授兼预科主任,是首任教育系主任。还担任过安徽大学文学院院长、上海劳动大学教授兼教育系主任。1936年起,任复旦大学教务长,复旦、大夏联合大学教务长。1938—1943年间,任国民政府教育部总务司司长、中等教育司司长。1943—1949年间任复旦大学校长。1949年后,担任复旦大学外文系教授、校务委员。1952年起,任山东师范大学心理学教授。

努力下才说服了李校长:"学校必须迁就时代,目前女子大学太少,以富有革命精神及领导学生运动的复旦大学不招女生,似有违男女平等之原则,使一般有志升学的女子得不到求学之机会。以乐育英才为惟一目的的老夫子当亦心有所不安,可否在本年暑期补习班兼招女生作为试办?"李登辉校长这才应允试招女生。

齐云先生的回忆称,学校在那年暑假就招收了十余名女生,"个个都是端庄俭朴,笑不露齿,话不高声,坐则埋头伏案,行则手不离卷的良好闺秀"。有意思的是,女生入校后有效激发了男生的自律向上,"平常一般顽皮而天真的男同学们,骤然之间见了哪位典型的女同学,好似人力车夫见了交通警察一样,深恐触犯规章,不敢乱动一步,人人均谨言慎行,衣履清洁,内务整洁。在功课方面,亦较往昔加倍用功,不但白昼专心苦读,晚上还要开夜车,深恐成绩落在裙衩之后"。招收女生,居然有此等好处,"他老人家反对男女同校之成见,就被男女同学特别自爱的精神冲洗得干干净净",此前态度消极的李登辉校长终于对男女同校改变了观念[①]。

1925 级校友张仁家[②],当时是在读的学生,亲历了 1927 年学校开女禁,在建校三十周年的纪念文章中追忆复旦开女禁,提供了此事起因的另一版本:"本校男女同学,始于十六年夏。时北伐战事正殷,学子星散,几至停课。暑假中,严恩祚[③] 先生自告

[①] 齐云:《母校首招女生的故事及其他》,载彭裕文、许有成主编:《台湾复旦校友忆母校》,复旦大学出版社,2003 年,第 478—479 页。
[②] 张仁家(1909—1995),山东济南人,1930 年毕业于复旦大学政治系,后留学美国。回国后在资源委员会和教育部工作。1949 年赴台,曾被派往美国和加拿大负责留学生工作。
[③] 严恩祚,沪江大学毕业,美国哥伦比亚大学硕士,在复旦大学教授政治学、比较政府、市政学等课程,1927 年时担任复旦大学社会科主任。

奋勇，开设暑期学校，并商请李校长，准予兼收女生。李老于男女同学素不赞成，仅允试办一暑期，结果成绩尚佳，遂得继续而行。回想八九年前，校内同学，多布衣之士，及男女同学后，西装渐增，韵事汽车传矣。"① 复旦在1927年开放女禁，应该与北伐挺进、上海易帜也有一定的关系，复旦一直是一所追求革命进步的学校。

近代中国有关女子教育，有一场著名的论争发生于梁实秋和鲁迅之间，梁实秋的《卢梭论女子教育》一文1926年首发于《晨报副刊》，修改后发于1927年11月5日创刊的《复旦旬刊》创刊号，在这篇文章里，梁实秋认为"卢梭论教育，无一是处，唯其论女子教育，的确精当，卢梭论女子教育是根据男女的性质与体格的差别而来，他说'男子和女子，因为他们的性质和体格不同，所以他们的教育也不能相同'"。清华学校毕业，并有美国留学经历，时任东南大学教授的梁实秋对近代以来男女平等的观念深不以为然，在这篇文章中他指出："男女平等的观念之影响于近代女子教育趋势者，至大且深。现代女子教育最显著的趋势，就是，把女子训练得愈像男子愈好。这样的教育，是否徒劳无功，很是一个疑问。卢梭说：'女人像一个女人，是好的，像一个男子，就不好。所以女人如养成她做女人的特性，那是正当的事情。但若要夺男子的威权，那么无论在什么地方，都将落后于男子。'" 在梁实秋眼里，"正当的女子教育应该是使女子成为完全的女子""注重女子服从心之养成，及柔和的性格"②。鲁迅与梁实秋从1927年开始爆发激烈论战，除了大家熟悉的关于"文

---

① 张仁家：《往事追思》，载《三十年的复旦：1905—1935》，复旦大学，1935年，第273页。
② 梁实秋：《卢梭论女子教育》，《复旦旬刊》1927年第1期。

学的阶级性与人性"和翻译问题的辩论之外，在男女平等问题上也激烈交锋。鲁迅随后在《语丝》杂志发表了《卢梭和胃口》一文，不仅点了梁实秋的名，也点了复旦大学之名——"复旦大学出版的《复旦旬刊》创刊号上梁实秋教授的意思"——言下之意就是复旦大学跟梁实秋实乃一丘之貉。鲁迅反问："将我们带到女子服从父母，奴隶服从主人，妻子服从丈夫，臣氏服从教皇和皇帝，大学生毫不发生疑问，而佩服教授的讲义的善良的古代去，乃是你的目的么？"① 有关卢梭的争论，拉开了鲁迅与梁实秋之间十多年论战的序章，而被鲁迅先生点名批评的"复旦大学"此时在女子教育方面的观念确实保守，怪不得会有李登辉校长"复旦要想男女同校，须等我死了以后"的传闻。

这一年进入复旦的女生中，给当时的同学留下最深刻印象的当然还是"闻名沪滨的严幼韵小姐"："在正式招收预科女生的前一个学期，商科已经有两位女生就读。她们系从沪江大学转来的，一位个子矮的姓萧，另一位身段窈窕，头梳 S 字形发髻，身穿曳地长裙，足着高跟革履走起路来婀娜多姿的，便是当时闻名沪滨的严幼韵小姐。"② 可以说，严幼韵入校以后就成为全校关注的焦点，"因为她是通学的（那一个学期还缺乏女生宿舍设备），经常驾着自备小轿车来校上课，车牌号码系八十四号，而 Eighty Four（沪语谐音为'爱的花'）便成为她的绰号。有一天，在简公堂③ 上工商管理课时，伊姗姗来迟，课堂已座无虚席，当

---

① 鲁迅：《卢梭和胃口》，《语丝》1928 年第 4 卷第 4 期。
② 连鼎元：《忆一九二七年时的三位女生》，载《台湾复旦校友忆母校》，第 483—484 页。
③ 简公堂于 1921 年在复旦大学落成，由南洋烟草公司简照南、简玉阶兄弟捐银洋五万元兴建，因此得名。简公堂落成后为校内最宏伟的建筑，是学校的主教学楼，最多时可供一千名学生上课。1937 年"八一三"淞沪抗战时，（转下页）

时男生不好意思让坐,正在进退为难间,亏得邱正伦老师亲自跑到隔壁教室,端来一把坐椅,才把僵局打开。她时常有一位男友伴着驾车来校,此君便是当年足球健将、沪江大学高材生陆钟恩"①。

从 1927 年开始,复旦校园迎来的女学生们就成了媒体的宠儿,大小报刊争相报道,摄影类杂志更是常常登载复旦女生的丽影。《中国摄影学会画报》最喜登载复旦女生的消息,先是特报了"沪江此届转入复旦之女生共有三人。严幼韵女士其一也,画报屡载'爱的福',而于其他二者独付缺如,因为文记萧李。萧子雄女士,湘人,擅交际,有干才,网球术绝佳。有至友迟书林君,现任哈尔滨汇丰银行分行经理。女士在校与'爱的福'甚友善,出入必与共,故极引人注目。李秀娟女士,肄业复旦社会学科三年级,面貌略似唐瑛女士,故同党有戏呼以'唐瑛'者……"

除了这三位转学生外,《画报》还介绍了一位"秋姑娘"——"姑娘姓陈,芳名仅一瑛字,鲁产也,淡装素服,别具风姿。初,同学中知者甚鲜,顾不久,校中适开同乐会,陈瑛女士扮演新剧,饰《咖啡店之一夜》中之女主角'秋姑娘',口齿伶俐,表情细腻,大有老于斯道之概,故观者为之倾倒。因是秋姑娘三字喧传一时,而其本名反不甚彰也"②。这里所说的"秋姑娘"陈瑛,就是后来以沉樱的名字广为人知的女作家,作为复旦剧社的

(接上页)复旦校园被日军轰炸受重创,简公堂的宫殿式屋顶亦被炸飞。如今简公堂位于复旦校园的西侧,经过重新修缮,恢复了当年飞檐鸱吻的制式,成为复旦大学博物馆的一部分。

① 连鼎元:《忆一九二七年时的三位女生》,载《台湾复旦校友忆母校》,第 483—484 页。
② 《复旦三女生》,《中国摄影学会画报》第 3 卷第 112 期,1927 年 10 月 29 日。

台柱子,她也常被称为复旦大学的第一位女生。

1927年11月5日,《中国摄影学会画报》又刊发了一篇题为《瑛瑛瑛》的报道,说1927年进入复旦的女生里有三位"瑛姑娘":

> 复旦大学本学期所招女生约有四十余人之谱,内中除由沪江转入之三杰(所谓三杰,即严幼娴①、萧子雄、李秀娟三女士是也)外,尚有三女生之芳名均仅一英字,且皆为全校学生所注意者,爰为文记其详。(一)胡瑛女士,江苏籍,乃该校理工科学生,具才干,擅交际,故虽为新生,竟被推为该校理工学会图书馆委员。办事颇热心,以是同学咸啧啧称道。(二)陈瑛女士,鲁籍,乃该校中国文学科学生,擅口才,而又勤学,课余则恒埋首图书馆中,故名震全校。(三)袁瑛女士,沪江产,乃该校商科学生,年尚幼,故天真活泼,加之秉性聪颖,学问优良,故在校教职员暨大半同学,都乐道之。②

媒体还帮复旦选起了校花,1928年8月4日,来自诸暨的大学部特别生陈鼎如被《中国摄影学会画报》冠以"复旦大学女生皇后"之名,在画报上刊发了一张大头照片,这张差强人意的照片一时引发非议之声,害得陈鼎如不得不投书《中国摄影学会画报》自清:

---

① 原文如此,当为严幼韵。
② 《瑛瑛瑛》,《中国摄影学会画报》第3卷第113期,1927年11月5日。

复旦大学女生皇后陈鼎如女士(聂光地赠)(载《中国摄影学会画报》第3卷第150期,1928年8月4日)

　　顷阅贵报第一百五十期,载有敝人照片,说是复旦大学皇后。敝人阅之不胜骇异。敝人自进复旦大学,至今只有一年耳,平日鲜有与人来往,除同班外,亦鲜有人知余者。今不知何人从何处得余照片,刊入贵报,称为皇后,想系误会所致。皇后之号,敝人实不敢当,敬请主笔先生代为更正。①

几天后《画报》编者只得刊文表示"深致歉憾",称这张照片署名"聂光地赠"的照片"原照系复旦女生篮球队全体合影,由本报向聂君情商借印,以原片过小,放大以致模糊,殊属可惜"。但这篇道歉文并不承认画报是胡编,而说"然皇后云云,系传自

---

① 《陈鼎如之谦抑》,《中国摄影学会画报》1928年第5卷。

复旦同学口中,殆非捕风捉影之谈。惟聂君并非深闻,陈女士来函过于谦抑,遂使本报深致歉憾"①。

从1927年起,《中国摄影画报》对复旦女生就特别关注,常常刊登复旦女生的照片,有一位摄影家的名字与这些照片联系在了一起,就是这位"聂君"聂光地。聂光地是个地道的复旦人,从复旦中学毕业后升入复旦大学,1928年大学毕业后在中国棉业贸易公司工作,后来创办了黑白影社②。当时,复旦园里,不少人热衷于给女生拍照,一时之间,复旦女生的新闻、逸事和倩影时常出现在《民国日报》《时报》《时事新报》《图画时报》《良友》等报刊。

校史档案记载中的第一批女生

笔者试图从复旦大学的档案中查找1927年开放女禁的线索,但学校档案中保存的校务委员会议记录起于1929年10月,已经无法寻到1927年校方决策的蛛丝马迹,所幸1927年的《复旦大学同学录》记载了当年在校学生的名单,其中女生标注"女"或"Miss",通过整理这份同学录,可以发现师生回忆和当时媒体报道中都有不少不确之处。比如,虽然萧子雄和严幼韵同时从沪江大学转入复旦,但萧子雄转入的是商科四年级,严幼韵却是商科二年级。再比如上述三位"瑛"小姐的专业也与《中国摄影学会

---

① 《陈鼎如女士一函后》,《中国摄影学会画报》第4卷第152期,1928年8月18日。
② 1932年1月1日,在上海浙江路小花园时报馆三楼,黑白影社举办了第一届摄影展览会,展出作品185幅,展期四天,参观者达两万余人。影展以美术摄影作品为主,只有《还我河山》这幅蒙太奇的摄影作品与抗日救亡紧密相关,作者正是聂光地。

画报》的报道有出入,胡瑛是理科一年级,袁瑛是文科一年级,山东"瑛"女士在"同学录"里所记名字为"陈锳",旁边还标注了"沉英",是中国文学科一年级(见下表)。

1927年复旦大学女生统计表

姓 名	所属系科/年级	年龄	籍 贯	联 系 地 址
萧子雄	商科四年级	21	湖南浏阳	湖南长沙怡长街
李雄芳	文科三年级		浙江镇海	上海西摩路二十一号
李秀娟	生物学科三年级	20	浙江湖州	湖州织里
严幼韵	商科二年级	20	浙江宁波	上海地丰路二十九号
杜惠芬	文科一年级	20	江苏宜兴	宜兴大井头
王琡瑛		17	四川	四川成都拐枣树街三十三号
袁 瑛		22	江苏宝山	宝山西门外
胡 瑛	理科一年级	20	浙江吴兴	上海海宁路振兴里一一七五号
宋德芳	生物学科一年级	23	江苏吴县	昆山甪直
黄澹哉	社会科一年级	19	福建永福	上海胶州路合丰里一〇二六号
孙凤石		23	江苏上海	上海老县西五十二号
金衷愉		20	浙江嘉兴	上海闸北宝山路同济路二十一号
周秀芳		19	江苏上海	上海西门肇嘉路二〇三号
施雅珩	中国文学科一年级	18	江苏崇明	崇明城内东街

（续表）

姓　名	所属系科/年级	年龄	籍贯	联　系　地　址
陈锳（沉英）	中国文学科一年级	20	山东睢（潍）县	济南正觉寺街吉仁里
刘杏若		19	贵州贵阳	江湾立达路永义里廿六号
陈玉俊		21	江苏武进	上海新大沽路昌运里四一一号
熊志蕙		19	广东梅县	南洋马六甲德兴宝号
熊志兰		18	广东梅县	南洋马六甲德兴宝号
曹忠贞	大学预科	20	浙江宁波	上海白克路人和里十一号
郑尔瑸（蕴和）		16	四川重庆	重庆中陕西街永泰和号
陈祖志		22	浙江湖州	湖州北门五昌里底
窦光奎		20	安徽霍邱	上海南市兴业里二四号
江以秀		18	安徽婺源	南京柳叶街大胶巷十六号
陈帼懿		21	江苏吴兴	上海老靶子路天福里四号
李　莲		20	安徽滁县	上海麦特赫司脱路一一二三号
陈淑贤		19	广东三水	上海虹口天潼路联安里五十号
陈慕修		18	广东	上海宝兴安路二三六号
谷文范		20	浙江瑞安	上海北四川路永安里三弄第五家一一〇八号
林怡莲		18	广东镇平	上海海宁路六号
梁润龄		17	广东梅县	上海海宁号六号
郭慧英	大学部特别生	20	广东鹤山	上海北四川路虬江路祥余里二十号
秦则贤		22	浙江慈溪	上海篷路九三八号
黄振球		18	广西容县	上海赫德路正明里二十四号

（续表）

姓名	所属系科/年级	年龄	籍贯	联系地址
洪剑霞		18	江苏仪征	南昌马王庙背三七号或上海法界萨坡赛路丰裕里七十三号
冯蕴英（伊湄）		20	广东惠州	上海霞飞路宝康里三十九号
谭邦仪（叔仁）		22	湖南	上海小西门海澜英文专校
金静虚		19	浙江诸暨	诸暨县铺前街
陈鼎如		20	浙江诸暨	杭州元宝街十四号
刘思玄		23	江苏武进	武进青果巷
张素吾		20	浙江	浙江余姚长河市
卢瑛	大学部特别生	19	江苏宝山	南翔广福新卢宅
何萼梅		20	浙江诸暨	杭州竹竿巷一二号
蒯镜（瑞之）		20	江苏江都	南京邀贵井十号
庞柏松		20	广西容县	广西容县公生押
戴鼎芬		23	浙江宁波	宁波五乡溪鄞东公立医院转戴诗房
叶毓芬		22	浙江宁波	宁波西小仓罂湖徐寓
王铨英		21	江苏上海	上海引翔港华德路
项富春		23	浙江	宁波江北岸三宝桥
俞务才		20	广东	上海北四川路川公路一六四号叶宅转
郭顺清		22	广东番禺	上海北河南路图南里五四二号半

资料来源：据复旦大学档案馆收藏的1927年《复旦大学同学录》整理。

上表所列女生共计52人，与《复旦旬刊》记载的"本校今秋开始招收女生，即有女同学五十余人"完全相符①。从这张统计表来看，1927年进入复旦大学的女生分为好几种情况，表格中前四位萧子雄、李雄芳、李秀娟和严幼韵是从沪江大学转来的插班生，所以按照对应的学力与专业，并没有编入一年级；杜惠芳等15人是以正科新生身份入校的；李莲等12人进的是预科班；还有20人的身份是"大学部特别生"，初入校时并未确定专业。可见1927年入校的女生中学习基础是有比较大的差别的。从所列籍贯和通信地址来看，女生的生源地主要集中在江南地区，其次是粤籍，还有几位南洋来的侨生。

虽属民办学校，对于学费的倚赖度较高，但复旦对于学生的录取要求还是比较严格的，根据《复旦大学民国十七年春季招生投考须知》，投考复旦"本科者需有中学毕业资格，并曾在国内外大学本科肄业至少半年；投考预科者需新制高中最高级肄业生；投考学生由本校承认之著名大学及中学转来者，其各科分数经本校审查满意，得酌量减少入学考试科目"②。所以，从沪江大学转来的萧子雄和严幼韵等人能马上转入本科，但萧子雄插班进了商科四年级，而严幼韵只能进二年级，可见学校对于转学生进行了学力的考核。

值得一提的是，复旦虽然开"女禁"较晚，但女生却从一开始就进入了理科专业，而非只从文科、商科起步。李秀娟进了生物学科三年级，胡瑛是理科一年级；1927年生物科只招了4名一年级新生，其中就有1名女生——宋德芳，女生占到了四分

---

① 《校闻·女生宿舍》，《复旦旬刊》1927年第2期。
② 《复旦大学民国十七年春季招生投考须知》，《复旦旬刊》1927年第5—6期。

之一。

这一年学校注册部第一次统计了在校生的男女生比例,男生占 94.5%,女生占 5.5%①(下图为 1930 年全国大学各院科学生性别统计,可供参考)。

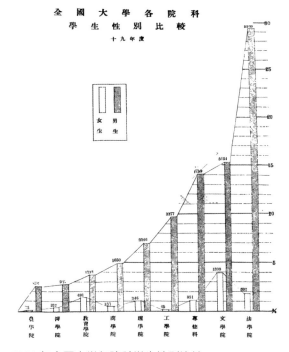

1930 年全国大学各院科学生性别比较

(引自教育部高等教育司编:《全国高等教育统计》,教育部编印,1930 年,第 19 页,非公开出版,复旦大学图书馆藏)

女生组织的建立

复旦学生对于提倡女子教育的思想远比梁实秋清醒,1927

---

① 《校闻:注册部报告》,《复旦旬刊》1927 年第 4 期。

年《复旦旬刊》第 3 期上刊登了一篇署名"研新"的复旦同学的文章,对梁实秋的谬论展开批评——《读梁实秋先生的卢梭论女子教育后》,批评梁实秋根本没有读懂卢梭,不仅"误解人格的意义",而且"误解男女平等的观念"。这位复旦学生非常尖锐地指出,反对男女平等是对男女的"人为的不合理的区别","平心而论,谁能不承认男女体质上的区别和各个人体质的区别。不过这种区别是自然的,是没有法子使她没有区别的,谁都应该承认的。我们所否认的乃是人为的不合理的区别,如中国书《礼记》上的《女诫》上所载的'夫至尊也''夫者妻之天地也''夫不御妇则威仪废缺,妇不事夫则义理堕阙'一类的'愚女政策'和'君为臣纲''君上至尊亲也'一类的受恩深重的话。后者是德谟克拉西的思想的起源,前者是男女平等观念的起源,男女平等并不〔是〕体格上的平等,是男女受同等待遇的平等。这是男女平

1929 年登上《上海画报》(第 521 期)封面的复旦女生金衷愉

等的真意义,稍有些知识的人也懂得,堂堂的大学教授梁实秋先生还不懂得,我真是莫明[名]其妙。"梁实秋弄错的还有他所谓的"女子的特性","所以将男女间所作的事分得很清,以为理家的事是女人做的,赛足球,做省长的事是男子做的,女子不应该'越俎代庖'。梁先生说:'现代时髦的女子,可以抽雪[茄]可以比赛足球,可以做参议员,可以做省长,可以做任何男子可以做的事(未见得)。即使女子做这些事可以比男子还做得好,但是她已失去了她的女子的特性。'这种话却是很有趣,女子作某种事比男子好,就会失掉她的特性。女子的特性是多么奇怪的呵!"①

从笔名"研新"无法进一步判断这篇逻辑清晰、切中要害的反驳文出自女生还是男生的笔下,不过创刊于1927年11月的《复旦旬刊》,在其创办之初就有了复旦女生的加入,其中最活跃的当属社会学科的金衷愉。嘉兴人金衷愉有两位大名鼎鼎的哥哥也毕业于复旦,1891年出生的金通尹(又名问洙)1910年毕业于复旦公学,后入北洋大学,专攻土木工程,1918年应母校之聘到复旦担任数学科教授,后又出任校务秘书长,是李登辉校长最重要的助手之一。1892年出生的金问泗1911年毕业于复旦公学,后留学美国哥伦比亚大学,此时已经是中国外交界的中坚力量。他们的父亲金兆蕃是光绪十五年(1889)的举人,曾先后在清政府和北洋政府担任江苏知府、财政部司长等要职,热心变法,著有《各国订约始末记》。1919年北洋政府设立清史馆后,参与《清史稿》的纂修工作。金衷愉入校的1927年,正是《清

---

① 研新:《读梁实秋先生的〈卢梭论女子教育〉后》,《复旦旬刊》1927年第4期,第40—46页。

史稿》定稿后,金兆蕃携眷返乡的这一年。金家对复旦的教育肯定是满意的,两个儿子对母校有着深厚的感情,所以当复旦女禁一开,金家女儿就成了第一届女生。金衷愉负责的是接洽组,一起参与《复旦旬刊》工作的女生还有在杂俎组的孙凤石、在广告组的李秀娟和在接洽组的黄澹哉等①。

复旦大学学生会的发展与五四运动密切相关。五四运动之后,复旦的学生自治会也发展了起来,并演变成复旦学生会,积极参与学校事务,这一组织的发展能帮助学生习得"团体生活的艺术",也切合复旦学生治校的传统②。《民国日报》1927年12月21日刊登的"复大学生会选举执委"的新闻中,萧子雄、金衷愉、李秀娟等女学生出现在中执委名单中,这距离复旦开"女禁"还不到半年③。

1927年秋季,第一批女生进校之后,学校很快就筹划设立女生组织。首先是体育老师发动女生参加运动会,"黄炳坤④先生召集第一次女生会议,选两代表出席本校体育会,被选者为萧子雄、孙凤石两女士。女同学对于运动极感兴趣,惜预备时间不多,不克加入此次秋季运动会,殊觉怅怅"。没多久"严恩柞〔祚〕及陈望道两先生召集第二次女生会议,征求女同学对于组织女生团体之意见,讨论结果推选起草委员五人,而女学生会由是产生"。迅速成立的"复旦大学女学友会"章程如下:

---

① 参见该杂志第一期的职员表。复旦大学学生会旬刊社:《复旦旬刊》第1期(创刊号),1927年11月5日。
② 章益:《留美同学的一封信》,《复旦丙寅年鉴》第8期,1926年7月,第252—253页。
③ 《复旦学生会选举执委》,《民国日报》1927年12月21日。
④ 黄炳坤是复旦大学1927届毕业生,毕业后被聘任为学校的体育指导。见《体育会消息》,《复旦旬刊》1927年第1期,第91页。

此次复旦招考女生，实开校史之新纪元，女同学虽仅四十余人，惟人地生疏，诸事俱感不便，因有女学友会之组。现已开大会两次，职员亦已正式举出，其余一切计划，尚在筹备中，并希望于最短期间中，举行一同乐大会，庆祝该会之成立云。

附该会之简章及职员名单如下：

一　定名　复旦大学女学友会

二　宗旨　联络感情，团结合作精神，以谋全体利益

三　会员　凡本校女学友均为本会会员

四　组织　本会采取委员制，执行委员会以左列人员组织之

　　总务一人　总理会中一切事务

　　文牍一人　记录会中一切文件及来往书函

　　庶务二人　经理会中一切庶务

　　会计一人　管理会中收支事宜

　　交际二人　接洽会中事务

　　纠查四人　调查会员及宿舍内一切事务

五　本会各委员由大会选举产生之

六　委员　任期以一学期为限，连选得连任，但不得过二次

七　会费　每学期每人小洋四角

八　会期　常会每月一次，如有特别事故由委员会临时召集之

九　会规　凡会员皆须遵守大会议决案及会中规则，细则另订之

十　附则　本简章如经会员半数提议得随时修改之

（二）职员

总务　金衷愉

文牍　黄澹哉

会计　胡瑛

庶务　李瑛　陈瑛

交际　李雄方　李秀娟

纠察　窦光奎　陈帼懿　俞务才　孙凤石①

1927年11月11日晚七时，女学友会成立大会在简公堂举行，"来宾极众，简公堂之大礼堂竟为之挤满。其节目有（一）主席报告、（二）校长训词、（三）教职员训词、（四）同学致词、（五）吉泰合奏、（六）滑稽、（七）钢琴独奏、（八）月神之窗、（九）空谷兰等"②。八、九两个节目应该是话剧演出，因洪深不仅在复旦任教，还负责复旦剧社的缘故，复旦剧社是近代中国知名的学生剧团，女生进入学校后，复旦剧社马上就实现了男女同台，更是成为中国戏剧界的先锋剧团。1927年入校的沉樱（本名陈锳）以复旦剧社第一名女演员而广为人知。

女学友会成立的第一个活动组织是女生啦啦队，"公推金衷愉及李秀娟女士为队长。嗣后校中举行球赛时，亦可听见女同学之欢呼助兴声矣"③。复旦女生当然不满足于只当啦啦队，也积极投身体育比赛。《复旦旬刊》率先报道了女篮成立的消息——"队长为李秀娟女士，副队长为金衷愉女士，管理员为严幼韵女

---

① 《女生方面消息》，《复旦旬刊》1927年第1期，第97—99页。
② 《女学会成立大会》，《复旦旬刊》1927年第3期，第86页。
③ 《女学友消息》，《复旦旬刊》1927年第2期，第79页。

1929年12月30日的《上海画报》所刊登"复旦大学女生篮球队队长陈淑贤女士(左)及球队干事梁培树女士(右)合影"

士"①。随后《申报》也跟进报道——"江湾复旦大学自本学期开放女禁,各女中毕业生考入肄业者颇众,兹时届篮球之季,该校已组织女子篮球队,日前练习伊始曾受挫于崇德,而近来每当傍晚各女球员实习更勤。拟函约各校女子队比赛,藉倡女界运动。并悉该队职员昨已选定,队长李秀娟、干事金衷愉、管理严幼韵,队员则有萧子雄等十余人,进步颇速云。"②从此,报刊上常能见到复旦女生运动员们的英姿。复旦女篮很快在上海滩取得上佳战绩:"江湾复旦大学女子篮球队自去秋成立以来成绩颇佳,日前不特大胜爱国,且抵抗西女青年队,威振中外。日来加入者甚众,李雄芳、萧子雄、金衷愉、张爱娜、陈淑贤、金静虚、陈

---

① 《女生篮球队成立》,《复旦旬刊》1927年第3期,第83页。
② 《复旦女子篮球队举定职员》,《申报》1927年12月15日。

《图画时报》1929 年 5 月 5 日刊登"复旦大学女生篮球队"从右往左,后排:游伟民、丁延道、陈鼎如、何萼梅、金静虚、何昌麟。前排:陈淑贤、郑瑛、张爱娜、方婉萃帼懿、李运、何萼梅、陈鼎如。"①

1928 年济南惨案发生后,复旦学生投身反日运动,女生也以女童子军的形式进行抗日救国运动,"先于各校一周来工作,颇见紧张。昨晨七时对日外交后援会及学生会联席会议议决,昨日上午各生暂先上课,除工作人员外,午后一时举行全体军事操练,队伍及分配临时队长等均由该会军事训部委员负责办理。至于该校女同学方面亦由萧子雄、金衷愉及李莲等组织女童子军,加入者极其踊跃。据闻昨晨六时已正式出场操练矣。又闻该会昨日午后一时并组织演讲队出发乡间,藉以唤醒农民共同奋斗"②。

"东宫"丽人

女生入校后很快就碰到了宿舍的问题,最初"校中并(无)

---

① 《复旦女子篮球队之健将》,《申报》1928 年 4 月 17 日。
② 《济案惨史》,上海:济南编辑社印行,1928 年,第 46 页。

专供女生寄宿之宿舍,即将位于大门校警室傍之中式宿舍一座,暂为应用。嗣预科及实中亦均招收女生,实中女生即位于实中校舍三楼(三楼中间,用木板分隔为二,靠简公堂之一端,即供实中女生寄宿)。旋以女生日多,曾一度扩充新三舍之一部分为女生宿舍,散居四处,既不能集体生活,管理亦多不便,即有兴建女生宿舍之议"①。"女生要求学校当局在女生新宿舍未造成之先,将现在两小宿舍联接作为客厅及休息室、饭厅等用,学校方面亦接受此项要求,不日即行动工。"②

1927年时,复旦在校生总数已达930人,"为二十年来所未有",首开女禁"即有女同学五十余人,现在两宿舍均住满,行政院除正计划在明春建筑规模宏大之女生宿舍外,已着手将两宿舍间之空地盖造房屋"③。1928年春,李登辉校长的好朋友、南洋侨领陈性初返国,"他在福建漳州为他长子开办南雄百货公司后,便兴冲冲地赶来上海见他的老朋友李登辉校长,参观他尽力支持的复旦大学"。在得知复旦还没女生宿舍时,"当下慷慨解囊,再捐白银二万两,用以建造复旦大学的女生宿舍"④。

复旦大学的女生宿舍与简公堂遥遥相对,被男同学们戏称为"东宫",据称是开创了沪上大学女生宿舍称"宫"的先河。"东宫的房子,内部很精致,四个屋角,原先本想做成向上弯形,但是这四个弯形屋角,要多费三千余元,当时因为经费困难,遂改

---

① 刘振:《江湾校园十忆》,载彭裕文、许有成主编:《台湾复旦校友忆母校》,第90页。
② 《女生方面消息》,《复旦旬刊》1927年第1期,第97页。
③ 《女生宿舍》,《复旦旬刊》1927年第2期,第80页。
④ 邵黎黎、孙家轩:《我的祖父邵力子》,河海大学出版社,2000年,第234—235页。

女生宿舍"东宫",1937年"八一三"抗战期间毁于日本人的炮火(引自《台湾复旦校友忆母校》一书)

成平式。"① "东宫"坐落在燕园与子彬院之间,面对操场和简公堂,其右侧还有一座平房为女生餐厅②。"东宫"于1929年落成,"为宫殿式两层楼之建筑,颇为美观,内部设备齐全,远较男生宿舍为优,楼下辟有会客室一间,内置沙发圆桌等数事,无论亲友往访者,俱只得在会客室接见,女性自不在此限。司阍者除女仆外,尚有一老翁,传书递简,闻得直入闺闼,据谓系逊清之太监"③。

1930年左右,密西根大学教育学硕士毛彦文来到复旦任教,同时兼任女生宿舍舍监,她也住在女生宿舍,管理颇严,每晚落锁,并一一点名,女生宿舍门禁森严,这也是被称为"东宫"的原因之一。"东宫落成后,除一部分女职员仍寄居大门之

---

① 张仁家:《江湾校园话旧》,载彭裕文、许有成主编:《台湾复旦校友忆母校》,第62页。
② 胡经明:《琐忆片片话当年——私立复旦江湾的学生生活》,载彭裕文、许有成主编:《台湾复旦校友忆母校》,第67页。
③ 刘振:《江湾校园十忆》,载彭裕文、许有成主编:《台湾复旦校友忆母校》,第90—91页。

宿舍靠北一幢外，大学部及预科之女同学均全部迁入。东宫每年开放一次，校外人士及男同学均可前往参观，女同学亦各运匠心，竭力布置，有富丽者，有淡雅者，各就其个性之为……开放之日，女同学并备有糖果，可任意取用，亦有自任招待者，有少数好事之男同学，偶亦顺手牵羊，取去女同学之物件若干，以为纪念。东宫之名，自此遂不胫而走，名噪沪上各大学间矣。"①

女生进入复旦后，校园的故事变得丰富多彩了，1927年入复旦中文系的祝秀侠1975年回忆大学时光时，对于复旦的才女们记忆犹新，除了记得同系的沉樱因出演《寄生草》而名动一时，还记得如下人与事：

> 有一位我的同乡冯伊湄小姐粹于新旧文学，诗词散文样样皆精，后来嫁了名画家司徒乔，曾在《国文周报》发表了许多散文。孙芙影女同学能言善辩，也长于文辞。还有一位杭州小姐葛晴舫，珠圆玉润，团团面庞上戴上一副近视眼镜，写小说也很出色，后来和同班的冯列山兄结为夫妇，冯后来赴德研究经济得博士学位，他是福建人，家人在星加坡经商致富，现在他们夫妇仍在星加坡。还有一位女同学胡女士，诨号小糊涂，湖南小姐，聪明美丽，后来给社会学系的李教授看中，师生相恋，终成眷属。②

---

① 刘振：《江湾校园十忆》，载彭裕文、许有成主编：《台湾复旦校友忆母校》，第91页。
② 祝秀侠：《校门琐忆》，载彭裕文、许有成主编：《台湾复旦校友忆母校》，第105—106页。

祝秀侠①在三十多年后还记得，同班好友冯列山②与葛晴舫的爱情始于一次男女生共游，"有一年春假，大家发起赴苏州春游，才子佳人在风光旖旎的虎丘山下，纵情山水，逸兴遄飞，笑谑并作，冯列山和葛晴舫就在这次牵上了情丝"③。

青春少年，共处一校，自然产生了各种花边新闻。连鼎元④学长在晚年回忆 1927 年第一批女同学时，印象最深的是严幼韵、陈鼎如和李莲。他记得严幼韵是开八十四号车的"爱的花"小姐，其在复旦读书时的男友是著名足球健将、沪江大学高材生陆钟恩。他也记得女篮队长陈鼎如，她姿色秀丽，当时被誉为东宫"皇后"，男生篮球队长郑皆得苦追不得。还有一位女生叫李莲，"善交际，尤擅演话剧。男生朱某对伊甚为爱慕，不断缮寄情书以通款曲，据闻伊均未予置理。某夕朱某以一枝派克钢笔，托由东宫女工转送，结果遭伊拒绝接受。事为外文系男生某君所知，当晚写了一篇英文，以 One-sided love 为题，刻意讽刺"。面对朱姓男生的苦追，李莲未予置理，朱同学托工友较交派克钢笔被拒后，还被外文系的同学写了讽刺文贴于简公堂大门上，"翌晨各

---

① 祝秀侠（1907—1986），广东番禺人，1929 年毕业于复旦大学中文系，在校期间就已在《小说月报》《东方杂志》等刊发表文章，毕业后赴中山大学任教。抗战时也曾在复旦大学新闻系任教；后赴雅加达主办华文报纸《天声日报》；太平洋战争爆发后，转赴加尔各答任《印度日报》总主笔。1950 年代初赴台湾，曾任中华丛书编审委员会主任委员。
② 冯列山（1907—1998），新加坡华侨，1929 年毕业于复旦大学，1932 年前往德国慕尼黑大学留学，1935 年获博士学位，是中国第一位新闻学博士。先后担任过香港《申报》主笔、新加坡《总汇新报》总编辑，也曾在复旦大学、燕京大学和暨南大学等校担任新闻学教授；1949 年赴新加坡，担任《南洋商报》主笔。相关信息参见《冯列山新闻文集》，世界知识出版社，2014 年。
③ 祝秀侠：《校门琐忆》，载彭裕文、许有成主编：《台湾复旦校友忆母校》，第 106 页。
④ 连鼎元，福建闽侯人，1930 年从复旦大学工商管理学系肄业，1949 年后赴台，在工商界任职。

同学上课，均驻足阅读，途为之塞，此一幕喜剧遂传遍全校"①。可怜这位单相思的朱君，简直要"社死"了。

1934年，复旦又买下了邻近的一座私家花园，取名燕园，校园里有了一处曲径通幽之处。燕园临近东宫，"晚餐后很多同学，都挤在燕园等待校花的出现。那时校花是潘美丽小姐，修长的身材，弯弯的秀眉，晶亮的眸子，够得上称做一代佳人。潘小姐习惯晚餐后出来散步，男生们则成群结队的跟在后面"②。

1930年，经济系学生邹枋③开始写《东宫春秋》，在东宫到燕园间的"无线电"壁报连载，常报道关于女生的八卦消息，因此"每逢出刊，同学围睹，轰动全校"，直到有一日被一位机智的女生冷幽默地教育之后，连载才告中断：

> 一日，邹兄因赶写《东宫春秋》，征询女同学心目中最钦佩的老师，亲赴东宫采访，某女同学即乘机答曰："郭任远先生。"邹兄沉思有顷，曰："郭先生在数年前已离校赴美，你从未读过郭先生所授之课，何得谓最钦佩？"该女同学立即调侃地说："对了，阿枋（邹兄笔名）！我真高兴，

---

① 连鼎元：《忆一九二七年时的三位女生》，载彭裕文、许有成主编：《台湾复旦校友忆母校》，第479、484—485页。
② 李嘉德：《燕园追记》，载彭裕文、许有成主编：《台湾复旦校友忆母校》，第123页。
③ 邹枋（1908—1989），浙江鄞县人，复旦大学商学学士、经济学硕士。1930年代从复旦毕业后，先后任教于上海劳动大学、复旦大学和上海社会科学讲习所；曾任全国经济委员会专员兼土地委员会专员、《地政周刊》编辑等职，是国内较早从事土地经济研究的经济学家。从少年时代开始，就从事文学创作，在复旦就读期间就在文学期刊上发表作品，并出版有《香吻》《青春散记》《三对爱人》等文学作品。

"复旦大学皇后"陈鼎如（载《时报》1930年6月15日，陈晷德摄）

今天我才知道你会判断新闻哩！可是，在你写《东宫春秋》之前，能够发现自己内容的错误，在我的经验中，还是第一次呢！"邹兄虽口才敏捷，至此亦面红耳赤，不知所对，逡巡而返。于是《东宫春秋》遂告中断。①

1930年——在"复旦皇后"风波两年后，运动健将、复旦体育老师陈晷德②在《图画日报》又以"复旦皇后"为题发表了一张陈鼎如的生活照，复旦女生的风采确实名不虚传。

---

① 林万燕：《校闻拾遗五则》，载彭裕文、许有成主编：《台湾复旦校友忆母校》，第453页。
② 陈晷德（1907—1950），海南文昌人，毕业于复旦大学，擅长田径运动。1927年获全运会一万公尺赛跑冠军，曾任上海市童子军总司令，并兼任多所中学体育教员。曾担任复旦大学、暨南大学体育教师兼体卫主任。民国期间常在《良友》《图画日报》等发表与体育和复旦相关的摄影作品。

男女同校后的女大学生迅速摆脱了"花瓶"的称号，在各方面的成绩也迅速逼近男生。1931年在交通、暨南、光华、复旦四校英语辩论赛上，进入决赛的是交通和复旦两队，复旦队由2名女生、1名男生组成，而交大队则是2男、1女，最后赢得三甲的是3位女生，两位复旦女辩手更是夺得冠亚军：

> 梁培恕①是复旦外国文学（系）的高材生，她去年在复旦剧社演"西哈拉"之女主角，那时已经有许多人的赞赏。她在校内英文比赛参加次数很多，可说是经验丰富，资格老练。此次上台之时穿的一身白色衣裳，真是态度从容，神气镇静，叫人一望而知是位富有学识（的）辩论家。
>
> 王保敏是复旦社会学系四年级生，又是复旦女生中最小的一个人。看起来不过像个小孩子，每天总是梳的两条小辫子拖在肩上，要不是有人道破，谁也不信她转眼是"文学士"了。这次参加辩论，穿一件黑色短旗袍，愈见她的娇小玲珑。她的英文向来是好的，但是在学校里，也没有人知道她，都说她年纪太小了，会有多大本领呢。不意这次在学校里的预赛就被选为代表，她的师长和同学先还不大肯相信，替她担心，怕她出去的时候要"弹琵琶"。很不料第一次与光华交战抢了一个第三名，此次和交通开战又得一个第二名，真是出人意料之外。听说她领奖的时候一面银盾拿在手里有她身体一半的大。②

---

① 《申报》所载为梁培恕，在其他报刊上多为梁培树。
② 《四大学英语辩论得锦标的三位女士》，《申报》1931年5月28日，本埠增刊。

女毕业生

从 1927 年暑期接受转校生开始,复旦女生人数迅速增加,根据 1928 年的媒体报道,"复旦大学女生今春来学尤众,人数竟达八十余人之多。丽人三五,艳妆浓抹,彳亍于煤屑路上,确为学校增色不少。前晚观女生之球赛于新建之篮球房,复旦娇柔善战,较前年大有进步。而为后卫之某女士,战对尤烈,得掌声不少,结果竟以十五对六之比,大胜爱国女校。校中素以'美且活泼'著称之李秀娟女士,今年未见芳躅,或云将适人,致不见女士活泼跳跃于篮球场中矣。复旦创办之义务小学,自从女同学担任授课后,成绩尤佳。萧子雄、李雄芳女生等教授尤勤,而造福地方,诚非鲜浅"[①]。

复旦开"女禁"虽晚,但女生数增长迅速。从下表可知,到 1930 年时,复旦女生占在校生人数已接近十分之一;虽不能与早开"女禁"的沪江大学相比,但远远领先交通大学、浙江大学和厦门大学等校。从教育部的这份统计可以看出,国立大学招收女生比例远低于私立大学,而教会大学中对女生的友好度差别很大,沪江大学高至近三成,而金陵大学不到 3%(见下表)。

教育部统计各大学本科及专修科女生数及占同程度学生数之百分比(1928—1930)

	1930 年		1929 年		1928 年	
	女生数	所占 %	女生数	所占 %	女生数	所占 %
全国(统计的 52 所院校)	3283	10.81	2520	9.88	1835	8.42
中央大学	170	10.22	130	8.44	126	9.09

---

① 《复旦大学女生之珍闻》,《中国摄影学会画报》1928 年第 3 卷第 132 期。

(续表)

	1930年		1929年		1928年	
	女生数	所占%	女生数	所占%	女生数	所占%
清华大学	46	7.81	31	6.38	13	2.56
中山大学	90	7.20	94	7.54	64	6.06
浙江大学	26	5.69	11	3.30	5	2.04
交通大学	25	2.57	15	1.42	9	0.93
厦门大学	12	5.48	9	6.98	6	3.68
金陵大学	9	2.43	15	3.29	12	3.02
复旦大学	121	9.96	100	9.44	47	4.42
沪江大学	148	28.14	120	26.55	108	24.04
光华大学	107	13.91	77	12.96	—	—
大夏大学	135	12.77	65	8.54	55	10.20
燕京大学	155	28.03	121	24.35	88	30.90
南开大学	43	13.95	43	18.00	28	12.28
东吴大学	74	10.07	35	6.85	32	6.88
金陵女子学院	179	100	166	100	132	100
河北女师学院	127	100	34	100	—	—

资料来源：教育部高等教育司编：《全国高等教育统计》，教育部编印，1930年，非公开出版，复旦大学图书馆藏，第35页。

复旦女生的招生人数"年年递增"，到1933年春季学期，"复旦全校人数为一千一百五十九，其中女学生已占一百三十"。按学院来看，"文学院女生占得最多，其次为商学院，若按系比较，教育学系最多，其次为银行学系"。

预科只读一年，所以1928年，复旦就有了女毕业生。下图就是当年登载在《今代妇女》上的复旦预科女生毕业合影。

《复旦大学女学生的优点与弱点》一文所载复旦各院系女生人数(载《女声》第1卷第24期,1933年)

复旦大学预科毕业女生全体摄影(载《今代妇女》1928年第4期9月号)

1929年夏天，严幼韵要从复旦毕业了，"爱的花"小姐即将毕业的消息登上了沪上第一大报《申报》：

> 谁都知道复旦有位84小姐，就是南京路上Old Nine章大绸店①的小主人，她的芳名却很少人知道的，现在不妨宣布一下她的芳名究是什么呢，就是严幼韵小姐。严小姐本在沪江肄业，后来鉴于宗教的关系所以转到复旦去，到现在已有好几年了，她的英文很好，说得很流利，倘若不见庐山真面，恐要当作外国蜜斯在谈话呢。以前她是不剪发的，而且梳着古装髻，到酷似古时的美人，大有"窈窕淑女"的样子，不料她现在已经把头发剪去了，比较没有剪以前更要美观，也许现在潮流的关系，不剪发是不大好看呀。最后的消息就是严小姐今年暑假要毕业了，她学的是commerce，所以她对商业上很有相当的研究，真不愧为巾帼英雄的商学士了。②

复旦一学年分春、夏、秋三个学期，均可申请毕业，这年夏天，与严幼韵一起要申请毕业的女生共计4位，"这几天复旦大学正在举行毕业考试了，本学期毕业的学生共有百余人，在这百余人当中有四位是女同学，一位是女子篮球队的captain李雄芳小姐，一位是去年《良友画报》上曾登过照片的冯蕴英小姐，一位是研究中国文学的刘思玄小姐，还有一位是被称为'84'的严幼韵小姐。这几位小姐此时都忙于考试，正在准备毕业了"。

---

① 严幼韵父亲开有老九章绸布庄。
② 《84小姐毕业》，《申报》1929年6月13日。

但是严幼韵的毕业突然有了问题,"惟昨日该校注册部忽然公布'缺课逾四分之一不能参与大考'名单,严幼韵小姐竟名列第一,说是戏剧学缺课既逾四分之一,照例不能参与大考。各同学看见,群以为严小姐的毕业将发生问题,惟注册部不知能原谅(excuse)她否"①。

严幼韵到底顺利拿到复旦商科的文凭了吗?《申报》8月21日有后续报道:"关于她的毕业发生了一个小问题,在本刊上也有过一会争论,有的说她已于这暑期毕业了,有的说还她没有毕业,下学期仍在我们校里肄业。好了,不用再争论了,我已从她的朋友处听到了确实消息了。我们的学校是读学分制的,所以往往有好许多同学因为缺少两三个学分,不得不再在校里留等半年,严姑娘也是在这样情形下的一个。说起来真可怜,她本当于这行毕业礼的时候受到学位的文凭,也因少了一个半学分只好冤曲她的再等一下,但是她不愿在这样炎热的天气里来读暑期学校,也不愿因了一个半学分的缘故再费去半年的光阴,然而怎么样呢?我告诉你读者,她现在正在从事于著作,我们校里有这样的一条规则,凡学生在课外不论何种课程,如有研究心得的著作,经教授阅读之后认为满意就可得到相当的学分。炎暑去了,我们的暑期学校也将放假了,严姑娘的论文不久就要送到我们校里来了。"②从这条以复旦同学口吻撰写的新闻来看,20世纪20年代的复旦大学已经实行学分制,并且允许学生通过撰写高质量论文来获得学分,培养学生的机制听来十分先进呢。

严幼韵想必是从复旦顺利毕业了,两周后,就传来了她与普

---

① 《复旦大学的毕业女生》,《申报》1929年6月19日。
② 《严幼韵姑娘的毕业问题》,《申报》1929年8月21日,本埠增刊。

行将于今夏毕业之复旦大学金衷愉、陈德廉、孙凤石、袁英（载《图画时报》1930年5月15日，陈昺德摄）

林斯顿大学博士、外交部情报司副司长杨光洰在大华饭店举行婚礼的消息①。次年4月，杨光洰被外派驻欧，担任中国驻伦敦总领事及驻欧特派员，严幼韵随夫君使欧，开启了外交官夫人的人生篇章。跟严幼韵类似，这一时期的女学生毕业后有不少人选择当"女结婚员"，但还是有相当比例的复旦女生进入职场。

创办于1932年的《女声》杂志是由复旦新闻系毕业女生王伊蔚与中国节育运动领导人刘王立明共同创办的。1929年进入复旦的王伊蔚是复旦新闻系第一届女生，《女声》杂志更是在复旦多位女毕业生的努力下，成为上海滩知名的面向女性读者的杂志。金衷愉一度担任了《女声》的广告部主任，多位复旦女生为《女声》撰稿，正是女同学们的互相扶持，一个外地来的、刚刚毕业的女大学生才能创业成功。

《女声》创刊号就刊登了复旦女毕业生就业的信息，见下图。

---

① 《杨光洰今日结婚》，《申报》1929年9月8日。

几位女毕业生的消息（载《女声》第1卷第1期，1932年）

本文多次提到的"复旦皇后陈鼎如"、从预科读起的李莲进入了银行界，供职于邮政储金汇业局。夺得四校英语辩论赛冠军的梁培树任职于《申报》画报部。与严幼韵毕业就当"夫人"的选择不同，"复旦女生毕业后多数都在社会上供职，有入银行界的，有入法律界的，有入新闻界的，有入政界的，有入教育界的，同时在工作外并努力于著述及参加各种社会团体"。

1933年，《女声》专门刊登记者专稿——我猜记者应该就是名复旦女毕业生——分析复旦女学生的优点与弱点，敬录如下，以纪念近一百年前，勇敢无畏，进入复旦园追求教育公平的前辈学姐们：

在上海，避开洋人开办的大学校不谈，专就中国私立大学而言，复旦，虽然不敢说她是个首屈一指的学府，但是她的特立独异的学风和学制以及她所创造出的人材却使她在社会上早已有了相当的地位。这或许是大家所公认的事实吧！

个性强烈——复旦是在二十八年前由一部分的震旦的学生和先生,因不能忍受法人之压迫,出而创办的。其开始的历史如此,所以复旦便养成她的特立独异的精神,学生的思想放纵豪迈,个性极强,每个人有每个人的坚强的信仰,不易受他人的深化和熏陶,这在一方面使学生们精神散漫,不能团结,但另一方面却养成他们一种不依不赖,勇敢前进,遇事不退缩的精神。正因为这原故,所以由复旦之门踏到社会的毕业生们,多半是勇于任事的,说到复旦的女学生与其他大学的女学生,最大的区别,也就是这一点上。

思想自由——就全体精神讲,复旦女学生是很富有独立性的,若就全体的思想分析起来,复旦女学生的思想也比较任何女校为复杂,其中有乐天主义的,有个人主义的,有享乐主义的,有信仰马克斯唯物史观的。形形色色,莫不具备,所以你们若想把复旦全体的女学生的思想划入一个圈子里,那是办不到的事。

……

功课成绩——女学生人数虽只占全校十分之一,与男生人数正为一与十之比,但平均比较,女学生功课成绩较男生为优。尤以近两年来,女学生进步之速更为惊人,一九三一年法学院第一名为黄澹哉女士,社会学系第一名为周秀芳女士,生物学系为江宗英女士,本年文学院第一名为黄竹生女士。若按系各别比较,中国文学系及教育学系之女生成绩平均都比男生为佳,此据中国文学系主任谢六逸先生及教育系主任章益先生所云。

毕业生成绩——复旦女学生多由远方负笈而来,故毕业后的状况,最近尚不能十分明悉,但仅就上海方面,据记者个人所知，复旦女生毕业后多数都在社会上供职，有入银行界的，有入法律界的，有入新闻界的，有入政界的，有入教育界的，同时在工作外并努力于著述及参加各种社会团体。总之，她们都在活动着，继续不断的努力中，记者敢大胆预料，不久以后，复旦的女生在社会上是会有很好成绩的。

两个弱点——以上是专就复大女生的优点而言，然而她们也有她们的弱点：

第一：缺乏纪律——女生宿舍的秩序及清洁，远不及教会学校，如房屋之欠整齐，进膳时之无秩序等等的现象，这是我们认为复大女生缺点之一。记得孙中山说过，床下清洁不能整理，尚望其整理天下事乎？这是值得复大女生注意的。

第二：恋爱的放纵——复大女生给与社会最深刻的印象，恐怕就是这一点吧？会客室之时告客满，沙发上对对情人，草场上双双俪影，每日无论何时都可见得到，这使复大女宿舍挂上了"东宫"的荣誉，遮蔽了复大女生的一切优点，给与社会一班人恶劣的印象，确是一件大大值得叹息的事。记者并不反对恋爱，而且赞成郭女士所云，大学生时代是适于谈恋爱时期，但是为自身及他人利益起见，在这个期间，恋爱必须有相当的限制，使她不致影响学业，使她不致影响学校校誉，使她不致为后来的妇女入学的障碍，这是我切望于复大女生纠正的第二点。

就大体讲，复旦女生的优点是难能而可贵，复大女生的弱点是比较轻而易改，只须她们对于这些弱点，稍加注意，那末，复大女生的前途是无限量的，记者在此不禁馨香祝祷！①

---

① 《复旦大学女学生的优点与弱点》，《女声》第1卷第24期，1933年。

只有香如故：文学家沉樱

　　沉樱，著名作家，翻译家，她还有一个广为人知的头衔：复旦第一个女生。1927年"四一二"政变后，沉樱从上海大学转学来到复旦，迈入文学创作的高峰期，也成为复旦剧社的演员。在复旦，她结识了第一任丈夫马彦祥，这段婚姻让她反思女性在新式婚姻中的困境。抗战时期，作为复旦教授夫人，她生活在重庆北碚的复旦教师宿舍。抗战胜利后，她回到复旦中文系教书，并兼任学校图书管理员。

　　沉樱曾是复旦剧社的知名演员，复旦是沉樱人生重要的舞台。

家庭背景

　　沉樱，原名陈锳，1907年生，是民国时期活跃于文坛的著名女作家，在小说、散文、翻译等领域都卓有成就。

　　沉樱出生于山东省潍县胡家牌坊街的一个中产阶级家庭，六七岁时就在潍县城内陈氏私立小学发蒙，在潍县度过了童年时期。1920年，举家迁居济南，住在正觉寺街吉仁里。1927年，她的父亲陈寄园出任河南省矿务局局长，全家便移居开封①。

沉樱的祖父是清朝学官，到父亲陈寄园这一辈就已经开始接受新式教育，二舅父是北京大学哲学系的学生，主张放足、女子读书，是地道的新派人物。在这样生活环境中，她从小就受到了新文化的熏陶。对于母亲，沉樱充满了温情的回忆：

> 我的外祖母和姨母是认字的，母亲不认字，但她们都爱看闲书、听闲书。有一部叫《天雨花》的书，是韵文的，可以唱，她们边念边评论，我也蹲在旁边听。母亲虽是文盲，却能背诵很多诗，领悟力极强，《千家诗》就是我由母亲亲口授学来的。她最喜欢《红楼梦》，一遍遍要别人念给她，我也趁机立在一旁听。②

家庭的熏陶，让沉樱自小就喜欢文学。

沉樱是家中的长女，下面还有一个弟弟、两个妹妹，弟弟陈钊毕业于杭州笕桥防空学校，曾任空军防空大队队副，据田仲济回忆，在沉樱与梁宗岱分居后，有一次他和三弟田云樵以及陈钊，共同作为沉樱的"娘家人"去找梁宗岱对峙，陈钊直接上前紧紧扳着梁的手不肯放，最后放话要求梁宗岱"老老实实，不准无理纠缠"，可见姐弟二人感情甚笃。妹妹陈钰是沉樱作品《妹妹》的原型，与沉樱感情极佳，抗战时期姐妹俩同在重庆，晚年都定居美国，姐妹间多有照顾③。

良好的家庭关系在沉樱的文学作品中多有体现，与许多受

---

① 杨洪承：《沉樱著译年表》，《新文学史料》1992年第1期。
② 阎纯德：《沉樱，及其创作和翻译》，《新文学史料》1984年第2期。
③ 田仲济：《沉樱去台湾以后》，《新文学史料》1992年第1期。

五四新文化熏陶的作家不同,沉樱并未对传统父权制大家庭进行猛烈攻击,反倒时常描绘其乐融融的场景,将原生家庭看作"出走的娜拉们"温暖的归巢。

例如,《下雪》①这篇作品就以男主人公为归心似箭的女主人公筹集回家路费为开端,家的温暖借由小说作品得以表达:

> 不回去实在为难,家庭现在是这样和气,唯一的愿望就是我在过年之前回去一次,要是又不回去了,实在太使他们伤心……我也真是想家了,两年没有回去了呢。……近来完全陷入怀乡病态中,时刻在想着的总是关于回家的事,两年前为了和现在的男人恋爱的事,和家庭是闹决裂了的……但知道最近家庭是表示屈服的,时常写来充满了慈祥的爱的信,说是怎样的想念。

在小说《迷茫中》②,女主人公静莹曾因为恋爱问题和家人产生争执,但父母最终选择"委屈的谅解",爱情破灭后她踏上归途,在家中只感到"天鹅绒一般的温柔包围着人的身心,人溶化了似的,把一切烦恼抛开"。

在这些作品中,父系大家庭和出走的新女性之间,虽会因为自由恋爱、剪短发等叛逆行为产生冲突,但沉樱更倾向于"以柔克刚",将亲人间的爱作为化解新旧文化代际对立的武器,不过此处平息的"战火"并非因为年轻一代人战胜了传统旧文化,而主要是父系大家庭怀揣着爱与不解等复杂情感对子女"无奈投

---

① 沉樱:《下雪》,《喜筵之后》,北新书局,1929年。
② 沉樱:《迷茫中》,《一个女作家》,北新书局,1935年。

降"的结果。

当然沉樱并不一味以美化的目光看待传统大家庭，作为接受过新文化洗礼的人，她的作品一方面渲染家人间亲密的爱，另一方面也将此视为新女性欲展翅却难高飞的羁绊，最终呈现出来的结果既不同于巴金笔下冷酷无情的《家》，却也打碎了冰心式温情脉脉的美好幻梦，较为折中地刻画了许多徒有清醒头脑，却无决绝行动的女性形象。

例如，在由58封书信组成的《某少女》①中，女主人公的"故乡简直是一个黑暗狭小的笼……被它困毙了"，"对于慈爱的母亲没有反抗的勇气"，这难以消化的爱让人如同"一个被关闭在牢中的绵羊"，而"母亲的温情正是束缚自己的锁链"。《生涯》②中革命女青年为自己因温情的家庭而滋生的小资产阶级心理感到懊恼："有时想起自己有一个美满的家庭很是幸福，有时又恨自己有那样美满的家庭，那样慈爱的父母，否则我也许可以澈底一点……好像是说'我为什么生为一个小资产阶级的人呢，否则我不是就可作一个真正的普罗特利亚了吗？'"《回家》中的丽尘则看清了自己和家人"不能调和的悲哀"，但当同伴劝她"伟大的事业，光明的前途"，却只能"苦闷地将头伏在膝上"，后悔地想着："我为什么要回家来？！"这些作品中所传达的意思其实可以用"后弗洛伊德主义"加以理解，即人都有一种沉溺于母爱庇护的"退行本能"，唯有脱离母体独自迎接困难才能实现自我成长，但这一过程势必是痛苦的。正如沉樱笔下的主人公虽会在家庭庇护与自我追求之间感到两难，但二者并非平等的角

---

① 沉樱：《某少女》，北新书局，1929年。
② 沉樱：《生涯（上）》，《文学》第2卷第1期，1934年。
沉樱：《生涯（下）》，《文学》第2卷第2期，1934年。

逐，传统大家庭即便可以为尚未成熟的孩子遮风挡雨，然而新青年若想走向更高的人生发展阶段，只能经受住一番内心挣扎，脱离稚气，方可汇入新时代的发展潮流当中。

沉樱笔下的"娜拉们"常常处于一种进退两难的矛盾之中，既难以自我麻痹地安于旧家庭的舒适，又缺乏壮士断腕的决裂勇气。当切身面对传统父系家庭时，新青年虽因受过教育而拥有旁观者的悲悯视角，却又作为享受亲人关怀的局内人难以实现真正超脱，最终只能任由自己处在"爱"与"觉悟"两种力量的撕扯中，倍感纠结。

从上大到复旦

就沉樱的教育经历而言，大体可分为文学启蒙时期、上海大学时期和复旦大学时期三个阶段。文学启蒙期的沉樱不仅遍读中国旧小说，还在老师顾羡季的引导下萌发了对新文学的兴趣；进入上海大学后，特殊的校园环境使她开始思考革命、政党等问题；"四一二"政变后上海大学被迫关闭，沉樱转入复旦大学，自此迎来了人生的转折点：与马彦祥携手进入婚姻，同时进入了创作高峰期。

顾随的得意门生

沉樱最初在潍县陈氏私立小学上课，父亲还额外请塾师到家为她补习国文，主要学习四书，但她却常常将兴趣放在"看闲书"上：

> 我读小说最多的时期是由高小到初中的阶段，这大概是因为当时课业负担不重，娱乐活动又少，从小便爱跟着大人

听'说书'养成。记得自己刚认识几个字，可以半猜半读，便立刻成了小说迷。从鼓儿词、才子书、历史演义、侠义、公案之类，到什么言情小说、社会小说、侦探小说，似乎所有我知道的旧小说，都是在那时读的。当时家中并无藏书，自己也不会去买，真不知是哪里得来的那些读物，现在只还记得那种如饥如渴到处寻求的热切，和偶然之间一书到手的狂喜。遇到实在无书可读的时候，便把特别喜爱的《红楼梦》《三国演义》等反复重看，所谓百读不厌的趣味也是在那时才深切领受到。①

这一时期的阅读经历不仅为沉樱培养起扎实的旧文学底蕴，更让她在之后的文学创作特别是晚年的翻译作品中，尤为强调文字精练的重要性。她曾自谦地表示："早年喜读翻译，爱慕新奇，自己提笔时竟以模仿劣译生硬笔调为能事，在文坛上混得虚名。直到中年之后，改习翻译，才知文字的艺术价值，痛悔前非。竭力把中国文言的精华，溶入白话文之内。"进而阐述了自己对新文化运动的看法："文学只应推动演变，而不应实行革命。如果白话文开始便走《红楼梦》《儒林外史》……的路线，一定不止今天的成就。……可惜我们正作了相反的事。我晚年无论是写是译，都尽量利用文言的简洁丰富之美。"②这也可以体现出儿时文学启蒙对其创作理念的深远影响。

1920年，沉樱一家迁居济南，次年，进入山东省立第一女子中学，并在这里遇到一位启迪她接触新文学的老师——顾羡季

---

① 沉樱：《秘密的婚姻·译者序》，山东人民出版社，1983年。
② 沉樱1980年10月3日致田仲济信，见《沉樱自美国来信》，《新文学史料》1992年第1期。

（顾随）①。这位毕业于北京大学的顾老师"学养之深、教书之诚，实在叫人毕生难忘"，他除了让学生欣赏古文和诗词歌赋等旧文学以外，还不断介绍正在蓬勃兴起的新文艺，有时甚至带了英文的短篇小说到班上随念随讲，沉樱说"自己了解西洋小说、接触俄国进步作品，就在那个时候"②。而众多书籍中令她最感兴趣的还是周作人、鲁迅等人的翻译成果——《域外小说集》《现代小说译丛》《现代日本小说集》等，中学时她的屋子里"满堆着一些《呐喊》、《彷徨》、《点滴》一类的书籍"③。对日本文学的喜爱使她自命"沉樱"，周氏兄弟对她的影响更是深远，据好友潘琦君的回忆，沉樱到晚年还经常"指点书架上、案头上她心爱的好书，念给我听知堂老人周作人的名句"④。

在沉樱进入大学前，一方面凭借儿时"看闲书"的经历打下了良好的旧文学功底，形成简约精练的文学理念；另一方面中学时期对新文学的接触，则为她了解外国作品开启了一扇窗，这段经历还引领着她后来投身于翻译事业，并在这一领域中取得了极大成就。

革命的上海大学

1924年，十七岁的沉樱告别中学时代离家南下，成为东南大学的一名旁听生，但由于她数理科成绩不好，没能考取东南大学⑤，直到第二年才进入上海大学中国文学系学习。上海大

---

① 顾随（1897—1960），本名顾宝随，字羡季，笔名苦水，别号驼庵，河北清河县人。中国近现代著名古典文学家、词人、书法家。
② 沉樱：《秘密的婚姻·译者序》。
③ 乡汀：《沉樱论（未完）》，《青年文化》第3卷第1期，1935年。
④ 琦君：《一回相见一回老》，《新文学史料》1992年第1期。
⑤ 有多篇文章都说沉樱未能考取南京中山大学，但南京中山大学是1927年6月国民政府以东南大学为基础设立的，沉樱不可能在1925年就考了中山大学。

学 1922 年由私立东南高等专科师范学校改组而成,最初由于右任担任校长、邵力子任副校长,校址在上海闸北青岛路(今青云路)。1923 年,邓中夏任校务长,瞿秋白任教务长兼社会学系主任,陈望道任中国文学系主任。在中共的带领下,上大师生致力于创办平民学校、工人补习学校与工人夜校,并在五卅运动、上海工人三次武装起义等历史事件中表现积极,无疑是一所充满着进步气息的高校。但 1927 年"四一二"政变发生后,学校在 5 月被查封,沉樱也就此结束了她在上海大学的学习生涯。

在这两年的时光里,上海大学鲜明的政治属性影响着沉樱:

> 在我的大学生活时代,思想意识上,不仅反对封建主义、帝国主义、反对军阀,抵制日货,参加游行、请愿,追求民主、自由与光明的社会生活,受俄国小说影响,甚至也信仰过共产主义,曾积极地到工厂给工人讲演,和同学们一起上大街贴标语、发传单,支持卧轨的学生……说那是浪漫式的革命也可。①

这一席话虽没有直接提到上海大学,但发传单、贴标语、去工厂演讲等热血行为,是中共做动员工作时一贯采用的宣传方法,反对帝国主义、反对军阀以及抵制日货等内容,与国民革命、五卅运动相呼应,此时沉樱正好在上海大学学习,可见她在那一阶段一度表现出对革命的热情。然而,从"甚至也信仰过共产主义"中"甚至"二字所透露出的不可思议之感,以及将这些过往仅仅

---

① 阎纯德:《沉樱,及其创作和翻译》,《新文学史料》1984 年第 2 期。

定位成"浪漫式的革命"来看,隐约表明其后来的政治思想有所转变。事实也确实如此,根据施蛰存回忆,1932年胡风在《文学月报》上发表文章评论《现代》上刊载的小说,巴金、沉樱、靳以都被当作"第三种人"的代表,即政治及文艺观点上的中间派人士,他们既不接受国民党,也不偏向共产党,而是推崇着以胡适为首的"自由主义"政治立场与学术观①。

沉樱的不少作品折射出她关于革命、政党问题的"第三种人"看法。她常采用女性主义、个人主义的立场,对"为什么要参加革命"以及"单凭情感上的一腔热血是否能够长期坚持革命事业"这些问题进行反思。在《旧雨》②这篇小说里,沉樱借几位女学生之口讨论青年女性的困境——是婚姻还是家庭,借女主人公琳珊之口哀叹"我们想不出另外还有能根本解决一切问题的方法了。不过——也许我们是所谓小资产阶级的根太深了,所以苟安的念头总是胜过一切";即便投身革命了,"资产阶级的苟安念头总是胜过一切"。在《下午》③这篇小说里,女主人公伊楠的故事肯定有着沉樱自己生活的烙印:在过往"参加着政党的实际运动,整个地沉在悲壮激昂的情绪中,感觉的所有只是这人世的虚伪与丑恶,绝不会想到什么青春什么享乐"。然而"党的运动失败后,伊楠所在的学校也封闭了",当她来到新学校后,就开始过着"浪漫一点也不妨"的生活,"装饰呀,交际呀,态度高贵呀,谈笑婉妙呀……别人觉得她是一个漂亮而又时髦的女学生以外,是再寻不出别的印象了"。从革命的上海大学转学来到复旦,似乎令她"若有憾焉……如同

---

① 谷非:《粉饰、歪曲、铁一般的事实》,《文学月报》1932年第5、6期。
② 沉樱:《旧雨》,《文学季刊》创刊号,1934年。
③ 沉樱:《下午》,《喜筵之后》,北新书局,1929年。

一个退伍的战士一般,以为荣耀似的常把过去的生活追述着"。相信进入上海大学的沉樱也曾是热血青年,将革命视为一项神秘的崇高事业,并以浪漫的想象异化了投身革命、参加政党本质上的艰难与困苦。当与严幼韵等从沪江大学转来复旦就读的富家女们一起成为复旦的第一批女生时,她的心情应该是矛盾的。

在《自杀》①这部作品中,富家出身的男主人公在踏上革命之路后,与妻子过着日益拮据的生活,心情是矛盾的:"但实际上又怎么能全不介意呢?看着人病了,然而没有钱去医治;觉得肚子饿了,可是晚饭还没有办法解决。像这样的事是可以拿理论呀,思想呀,这些东西屏除得开的吗?……虽说一个委身于社会主义者似乎不应该对于私下的生活作无畏的烦闷,但是眼看着自己所爱的人在忍受饥饿,又如何能不觉得悲痛呢?无论信仰是如何地坚决,理论是如何地透彻,于目前的这种情形总是无能为力的。"在《枝柯》②里,女主人公枝柯在革命道路上是决绝的,"成了很忠实的××党,作起实际的运动来",生了小孩也送给别人,并引领了自己的妹妹参加革命;但当被问到是否要让弟弟也投身革命时,她又是矛盾的:"对于××主义理论方面的书看得比我还要多些了;不过他,我总觉得是太老实而且迟钝了,去工作有点不相宜似的……总觉得不很好,不愿意介绍他加入组织。"沉樱这些革命题材的小说固然有文学创作的成分,不能直接等同于作者从上海大学到复旦大学的心路历程,但其中所涉及的参加革命活动、学校被封、被迫转学等内

---

① 沉樱:《自杀》,《北新》第4卷第12期,1930年。
② 沉樱:《枝柯》,《现代文学》1930年第1期。

容，无疑与她在上大就读时发生的真实事件相呼应，作者站在自由主义的立场上对这段经历进行反思，留下了许多发人深省之处。

第一批复旦女生之一

上海大学被封之后，沉樱转入复旦大学借读，坊间流传她是"复旦第一位女学生"，这一说法究竟从何而来？其可靠性又如何？

复旦大学于1927年暑假首开女禁，这一年夏天开始入校的绝非沉樱一人，为何会有沉樱是复旦女生第一人的说法流传呢？复旦校史专家许有成教授称："著名戏剧家洪深从哈佛大学留学归来后，1923年受聘于复旦大学任教，在他的推动下，复旦的新剧（即话剧）蓬勃开展起来，但当时复旦没有女生，凡剧中之女角，概由男生扮演，洪深教授对此甚为反感。某次，他从校外物色到一位女角，采用AB制，排练一出'小品'。先由男扮女演出，'女'主角拿腔拿调，忸怩作态，使人忍俊不禁；后由女士演主角，台风自然，不愠不火，获一致好评。此后，复旦新剧社不复再采用'反串'，实行男女合演。此女主角即上海大学学生陈英。"1926年复旦大学隆重庆祝建校20周年（1925年因'五卅'惨案之故，20周年校庆推迟一年举行），洪深决定排演《咖啡店之一夜》，作为20周年大庆的献礼节目。由于沉樱能讲普通话，洪深便动员她参加复旦剧社，并扮演其中的女主角，男主角为马彦祥，"在复旦拍戏期间，为节省时间，就旁听陈望道老师的课，后来发展到旁听其他教师的课。不久，上海大学便在白色恐怖中被国民党封闭，陈英于是先于其他招收的女生新同学转学到复旦，所以她是复旦第一位女生"①。马彦祥的儿子马思猛关于父亲的传记中也引用了该说法：马彦祥当时是复旦剧社的台柱子，协助洪深教授主持剧社改组事宜，后来在排演《咖啡店之一夜》时，由于排演与演出频繁，沉樱、马彦祥二人坠入爱河，结为连理②。其余说法大都顺着这一基调，出入不过在于沉樱主演的到底是《咖啡店之一夜》还是《女店主》。

以上说法的真实性究竟如何？可以肯定的是，沉樱确实曾是复旦剧社中的活跃分子。但需注意的是，《咖啡店之一夜》和《女店主》是两个截然不同的剧目，前者的女主角叫白秋英，由田汉编写剧本，而后者的主角则是杜九姑娘，由焦菊隐改编哥尔多尼的剧本而成，二者根本不能混为一谈。目前笔者尚未见到关于沉樱出演过《咖啡店之一夜》的一手史料。事实上，复旦20周年校庆出演的剧目里根本没有《咖啡店之一夜》，1926年《申报》上一篇文章《评复大的新剧》中有载：

> 这一次复旦大学举行二十周纪念会里，由复大的新剧团排演四出独幕剧看后，精神被他整作无数，逼于良心上的驱使，不能默然无言，因此让我再把剧的名目重写一下，（一）《春假》——徐日钰编，（二）《私生子》——谢云骏编，（三）《一只马蜂》——西林编，（四）《青春的悲哀》——熊佛西编……我们素所闻名的洪深先生，便是他们剧学的教授，更可了解他们平时的训练，聚精会神，不然何克臻此。……最后我又觉得他们演员，都是在于课余之暇，抽

---

① 许有成、柳浪编著：《复旦经纬：百年掌故及其他》，上海人民出版社，2005年，第72—73页。
② 马思猛：《攒起历史的碎片》，北京图书馆出版社，2007年，第50页。

出功夫来做这一番辛苦的劳力，他们的成绩不称，虽成过去，他们的苦心勠力，经营而得到的结果，我认为他们确是学生界演剧有功的人物，他们就是我们爱好戏剧的同志，所以觉得有介绍他们大名的价值，容我采录于后：（一）袁伦仁；（二）曹衡方；（三）陈笃；（四）杨瑞年；（五）马彦祥；（六）陆庆森；（七）沈筠；（八）徐霈；（九）徐柽；（十）夏伯壎；（十一）吴发祥；（十二）胡赓飏；（十三）张德樑；（十四）张丰胄；（十五）汤公杰。①

由此可见，马彦祥参加了剧社在二十周年校庆时的演出，但沉樱并不在演员名单里；那一年洪深是否曾经在复旦剧社排演《咖啡》一剧，目前未见明确史料。

不过可以肯定的是，沉樱确实参演过《女店主》，并充分展现了自己的表演才华，但关于《女店主》一剧的演出报道都在1928年之后，此时的沉樱已经转入复旦一年有余，《申报》的报道称：

> 复旦大学一部分男女学生所组设之复旦剧社，曾经几度之公演，此次经戏剧教授洪深、余上沅等指导后，技术益进，昨（十四日）晚该社作为第八次公演，假座于该校体育馆，观众有该校师生及外界来宾等，售券至六百余张，衣香鬓影，盛况异常。……次演哥尔尼独原著、焦菊隐改译之《女店主》，描写女色迷人及爱的痛苦，其讽刺之严厉，足为现□青年官□之当头棒，演员以冯团长之杨瑞明，女店主之

---

① 《评复大的新剧》，《申报》1926年6月14日。

陈沉樱女士最为自然,维妙维肖,其余各员亦莫不各有优点,尤难得者,则全台国语之流利,态度之毫无做作气也。洪深导演之功,可谓匪浅。①

此次演出让沉樱声名鹊起,成为复旦大学"很富盛名的三女艺术家"之一,这些信息虽无法证明沉樱是"复旦第一位女学生",但沉樱肯定是进入"复旦的第一批女生",也是当时校园里的风云人物。关于沉樱的风采,她的好朋友、女作家金秉英曾经描写过:"头发没有烫,舒舒展展,半边梳在耳边,半边垂在耳旁,面颊上有个笑靥。一口流利的北京话,偶尔,又会杂有一点苏白,真是神采秀逸,丰姿动人。"②"陈女士是个戏剧的能手,去年复旦剧社公演《女店主》时陈女士扮剧中的主角杜九姑娘,很得观众的赞美。"③

复旦中文学科的学习对沉樱迈入文坛起着关键的作用。沉樱在复旦求学时期,刘大白、郑振铎、田汉、叶圣陶、赵景深、谢六逸等文坛名将先后来到复旦执教。1928年复旦大学中国文学科的师资阵容已相当齐整,陈望道教授修辞学、美学、小说,谢六逸教授东洋文学史、文艺思潮、小说原理、文明史,徐中舒教授文字学、诗选,傅东华教授文艺批评、诗歌原理、小说史,姚伯谦教授应用文、文选,任中敏教授诗余研究、南北曲研究、中国戏剧史,洪深教授戏剧概论,陈布雷教授社论作法、报学理论,郑振铎教授中国文学史等。

---

① 《剧场消息 复旦剧社公演记》,《申报》1928年11月26日。
② 《天上人间——忆沉樱》,金秉英:《京华寻梦》,百花文艺出版社,2003年,第158页。
③ 《复旦三女艺术家已去其一》,《申报》1929年4月13日。

《复旦大学中国文学科》[载《益世报》(天津版) 1928 年 8 月 15 日，第四张]

  沉樱曾表示："在艺术形式上，尤其是文字上，我很讲究，追求它的明快、简洁。这一点，我是深深受益于陈望道先生的修辞学的，而且影响了我一生。"① 不仅如此，陈望道还曾鼓励她向《小说月报》等刊物投稿，其署名"陈因"的小说《妻》就发表在《小说月报》。陈望道主编的《大江月刊》也发表了沉樱的《回家》，这部作品很快引起了茅盾的注意，曾写信询问："陈因何许人？是青年新秀，还是老作家化名？"茅盾还在《大江月刊》第三期中特意撰文称许："《回家》一篇的风格是诗的风格，动作发展亦是诗的发展，此等风格，文坛上不多见。鄙意甚爱之。忆往者冰心女士有二三篇亦颇具此风味。至于意义方面，自无可议，仅微嫌晦暗，想亦不得不尔。犹有一特点，即以家庭琐事透视社会人心之大变动，以静的背景透视动的人生，手法亦颇新奇。"② 赵景深在其主编的《现代文学》的编后记中这样介绍："陈因女士是在《小说月报》上以《妻》得名、在《大江月刊》上以《回家》得茅盾称许的女作家。"在名家的交口称赞之下，沉樱连续发表多篇小说，进入了文学创作的高峰期。1929 年，沉樱完成短篇小说《空虚》《下午》《下雪》《妩君》《某少女》和《欲》等，同年第一部短篇小说集《喜筵之后》由北新书局出

---

① 阎纯德：《沉樱，及其创作和翻译》，《新文学史料》1984 年第 2 期。
② 茅盾：《陈因女士底"归家"》，《大江月刊》1928 年第 12 月号。

版。1930 年，第二部短篇小说集《夜阑》由上海大光书局出版，共收七篇小说：《搬家》《欲》《夜阑》《两只面孔》《怅惘》《剧后》和《飘零了的红叶》。这一年她从复旦毕业了。

值得一提的是，除了婚恋题材的作品外，沉樱也对社会题材有所涉猎，致力于反映底层人民的生活，比如 1931 年 4 月在《小说月报》上发表的《主仆》、5 月发表的《歧指》，7 月在《创作》上发表的《李二和兵》。这一时期井喷式的创作使沉樱迅速成为著名女作家。

出走的"娜拉"

嫁入豪门，还我自由

沉樱与第一任丈夫马彦祥在复旦因戏剧而相恋，于 1929 年结婚，共同孕育女儿马伦，但二人的感情只维持了将近两年。日后沉樱对马彦祥绝口不提，我们只能从当年的报纸八卦、旁人回忆，以及她自己在这一时期写的婚恋小说中隐约探知这段情感经历带给沉樱的思考。

马彦祥[①]1907 年生于上海，父亲是著名的金石考古学家马

---

① 马彦祥（1907—1988），原名履，笔名尼一、司徒劳，浙江鄞县人，父亲是曾任故宫博物院院长的知名金石考古学家马衡。1925 年就读于复旦大学中文系，1928 年毕业。在复旦大学读书时，马彦祥就参加了复旦剧社和上海辛酉剧社，从事戏剧工作。1929 年在上海主编《现代戏剧》月刊，1930 年后在广东、天津主编戏剧杂志。曾在山东和南京任教，并与田汉等人组织中国舞台协会。抗日战争爆发后，任上海救亡演剧一队队长，从事抗日宣传工作。1938 年到武汉主编《抗战戏剧》半月刊。1943 年任中央青年剧社社长，主编重庆《戏剧时代》月刊。抗战胜利后，曾到北京任《新民报》副刊主编。中华人民共和国成立后，历任文化部戏曲改进局副局长、中国剧协副主席、全国政协委员等职。1981 年加入中国共产党。著有《戏剧概论》《秦腔考》《地方戏演技溯源》等，剧本有《械斗》等，导演剧目有话剧《雷雨》《日出》，京剧《武则天》等。

衡,早年在北京读书,1925年考入复旦大学中文系。沉樱转入复旦后,他们同为复旦文学科科会的成员,又都是复旦剧社的台柱子①。当沉樱因《女店主》中的精彩表现广受赞誉之时,马彦祥也在同一场公演中凭借独幕剧《父归》赢得好评②。二人还共同加入带有左翼色彩的其他社团,常常出双入对地出席活动或一起演戏。比如,1928年,欧阳予倩、田汉、洪深等人发起"话剧中兴大会"的邀约,希望戏剧爱好者们能够共同商议今后话剧事业的发展方向,马彦祥与沉樱就一同作为辛酉剧社的成员莅临现场③。他们还一起参加过向培良所负责的狂飙演剧部,致力于从事"小剧场运动"④。沉樱在剧艺社扮演话剧《赵阎王》中的妇人一角时,马彦祥亦作为辛酉剧社的社员,"以私人友谊加入表演"⑤。

1929年,因戏结缘的二位同学结为夫妇,复旦剧社的指导老师洪深既是他们的证婚人也是主婚人,这场婚礼在上海大中华饭店举办,摈除俗套,即便是喜帖也"舍红卡金字而不取,而以白卡黑字印成之,四角并加黑边"⑥。然而,就是这样一场以新气象为开端的婚姻,两年后就走向了劳燕分飞的结局。关于情感破裂的原因,马彦祥"甩锅"给母亲,他曾对儿子马思猛说:"我和你小白姐姐⑦的妈妈离婚,是因为你奶奶作梗,她不许沉樱参加社会活动,那时沉樱经常到青年会去。"⑧马彦祥的母亲叶薇卿

---

① 《团体消息:复旦文学科科会近闻》,《申报》1928年3月28日。
② 《剧场消息:复旦剧社公演记》,《申报》1928年11月26日。
③ 《话剧中兴大会(上)》,《申报》1928年10月26日。
④ 向培良:《狂飙演剧部的开始》,《民众日报》1928年11月11日。
⑤ 芸芸:《赵阎王出世》,《申报》1929年1月13日。
⑥ 负荆:《记女作家沉樱》,《立报》1935年12月6日。
⑦ 指沉樱与马彦祥的女儿马伦,乳名小白。
⑧ 马思猛:《攒起历史的碎片》,北京图书馆出版社,2007年,第52页。

是上海滩巨富五金大王叶澄衷的女儿,"从小娇生惯养,所以富家小姐脾气很大"。据其子马文冲回忆,母亲"性子急躁、脾气暴烈……发起脾气来,会六亲不认,有时候可以骂上三四个小时,还经常乱扔乱砸,所以叶家兄弟都非常怕她"①。这样来看,婆媳发生冲突的可能性较大。叶澄衷虽是从宁波乡下来上海白手起家的商人,但是买办出身,惯与洋人打交道,办新学,做慈善是叶家的日常,1920年代末与复旦大学相邻的叶家花园更是俨然上海滩的游览社交新中心,在这样的家庭氛围中,婆婆不许大学生儿媳参加社会活动这样的说法不免令人生疑。所以有人说二人离婚的原因是"马彦祥移情于白杨",马彦祥的堂妹马琰也曾对林海音表示,是马彦祥的不忠才让二人分道扬镳,事实上当时马家上下都很喜欢沉樱②。对这段婚姻的失败,沉樱守口如瓶,个中曲折如今已不得而知。

但这段婚姻的失败带给沉樱的打击无疑是沉重的,好朋友金秉英③回忆称:

> 那是三十年代初期,一个春光明媚的日子,你因为婚事变故,带着一个幼小的女孩住到我家来……当时你在北京故宫博物馆工作,小女儿在幼稚园,每天带着女儿早出晚归,十分辛苦。到了离婚终于成为现实,小女儿被马家带去了,

---

① 俞建伟、沈松平:《马衡传》,上海教育出版社,2007年,第14—15页。
② 陈家萍:《惊鸿伤影:民国才女传奇》,上海远东出版社,2010年,第198—199页。
③ 金秉英(1909—1996),北京人,著名女作家。1931年毕业于北京女子师范大学国文系,曾任《世界日报》"妇女界"专栏的编辑,是记者,也是作家。还曾先后在北京新闻专科学校、新疆迪化省立女子中学和南京晓庄师范学校等校任教。1926年开始发表作品,1994年加入中国作家协会,著有长篇小说《沾泥絮》《京结女儿行》《红楼丽影》《蓼莪》,中篇小说《八旗人家》等。

> 离开女儿,母亲的心里当然是十分痛苦的。但是你,表现在日常生活中,竟是谈笑自若,这般豁达,反使我感到心酸。

一面照顾女儿一面辛苦工作,对于失败的婚姻,沉樱讳若莫深,"你很健谈,但从未涉及你的婚变,也从未涉及马先生的一言一行。你内心的痛苦,只让你自己承担。……我知道你在离婚之后,很些人追求你,都被你拒绝了",即便在结识梁宗岱后也担心"焉知不会乐极生悲,世事无常,人心叵测"[①],可见第一段婚姻的沉重打击令沉樱对于建立新的情感关系望而生畏。

值得注意的是,与马彦祥热恋、结婚时期,正是沉樱文学创作的一段高峰,这时期的作品以婚恋题材为主,涉及自由恋爱、新式家庭、生育、女性的事业追求等话题,对这些内容进行解读有利于挖掘她在当时的感悟。

沉樱的作品多以中产阶级知识女性为主人公,她们经由自由恋爱迈入新式婚姻,婚后的生活也相对富足,无须为物质问题操劳,却依旧要面临男性出轨、生育阻碍个人发展等难题。例如:在《爱情的开始》[②]中,女主角"和这男子同居牺牲了学业,牺牲了一切",然而"只在初恋的时候过了几天甜蜜的日子,以后就没有一天不是苦恼的",男主角对她亦是充满了"虚伪的欺骗""公然的侮辱",并对自己出轨的事实供认不讳,当他询问妻子是否还能回到从前相爱时的日子时,女主则表示:"不会的了!……因为……我已经是你的妻子,不是你的爱人,恋爱的时期已经毁灭了,过去了,即便你以后对我稍好一点,也只是对于

---

① 《天上人间——忆沉樱》,《京华寻梦》,第158—165页。
② 沉樱:《爱情的开始》,《喜筵之后》,北新书局,1929年。

一个妻子的情意,不是爱情了!"与之相类似的情节还出现在作品《喜筵之后》①里,女主人公茜华在婚后的生活"象缚着身体的锁链,又象咬着心灵的毒蛇",由于从前只顾着谈恋爱,"任何亲近的朋友也无意疏远起来",随着时间流逝,"恋爱的欢情是飞也似的全无痕迹的消去了"。对丈夫的不忠她也了然于胸,"男人自己公然承认着,好像是说:'就是又爱了别的女人,你能怎样!?'明白地表示着欺侮!"这似乎显示以爱情为起点的新式婚姻,一旦热情消退,将会变得虚弱不堪,女性与男性相比更是处于弱势的地位,她们难以脱离传统贞操的惯性,无法像丈夫一样打着自由恋爱的名号朝秦暮楚,只能默默忍受孤寂与痛苦。

可贵的是,在一个五四新文化将个人解放捧上制高点的时期,沉樱能径直戳破这个神话,坦诚直面女性在新式婚姻与小家庭中依旧无法摆脱的困窘处境。事实上,在社会结构没有发生根本变革的情况下,自由恋爱反倒冠冕堂皇地使一些男性以爱情之名行风流之实,既享受了新时代的自由,又不用担负旧社会的义务。但值得深思的是,两部作品中的女主角,在男性已经背叛感情后,仍旧表现出难以自拔的病态依恋。在《爱情的开始》中,女主人公每当听完丈夫的花言巧语,"无论怎样死寂了的心,有时终于不能自禁又伤感地再燃烧着希望,再经受着创击"。《喜筵之后》中的茜华,"在这冷酷的待遇之下,对于男人仍然是热烈地爱着,是自己也莫名其妙的事实"。为这些出走的娜拉设定这样的结局,沉樱想告诉读者什么呢?从父亲的家"叛逃",为了追求恋爱而荒废学业与社交,若与男友断然切割联系,前途可能更加险恶,离家的娜拉们难以舍弃她们在解放之路上已经付出的

---

① 沉樱:《喜筵之后》,《喜筵之后》,北新书局,1929年。

"沉没成本",只能编织出爱与不舍的谎言自欺欺人,从而给自己提供一个继续困守在婚姻围城中的正当理由。

　　沉樱作品中的女性角色也有以决绝的方式坚持独身或堕胎的,似乎这样就可以免受婚姻与家庭责任的束缚,但她们内心所透露出的矛盾与失落,表明了这只是一个异化的选择,并不能带来真正的自由。比如《中秋节》①里的张女士,被人们讥笑为"老大姐",她常常倔强地表示:"爱人?什么爱人!不要,一辈子也不要!我不要爱人,也不要人爱。这些事我也看厌了!"当朋友"设计"她和另一位独身男性李先生联谊时,她愤然离开,一面怨憎着朋友们的戏弄,一面又懊悔自己错失了开启恋情的良机,最后张女士"忽然感到孤独的悲哀",反复默念道:"哪里是个归宿呢?"由这部作品可见,独身主义也可分为两种——"逃避型独身主义"与"自主型独身主义",后者指那些内心充实强大的女性,将独身作为无可厚非的个人选择。然而"逃避型独身主义"很多时候只是由于社会结构没有变动,婚姻关系中依旧充斥着男女不平等的状况,一些人为了逃避束缚不得已而独身,既无法享受爱情的欢愉,又要忍受内心的孤寂,看似是她们自己做出的选择,其实是社会对女性压迫下的畸形结果,不能视为女性自主力的彰显。

　　与之类似的是,《妻》②中的女主人公为了逃避育儿责任对自己可能产生的束缚,做出了堕胎的选择。因为她害怕自己"有了孩子,就要陷在做母亲的牢笼中……整个的心就倾注在孩子的身上,什么理想都会被抛弃了,许多在少女时代抱着和男子一样野

---

① 沉樱:《中秋节》,《喜筵之后》,北新书局,1929年。
② 沉樱:《妻》,《一个女作家》,北新书局,1935年。

心和企图的女性,当她作了妻子和母亲以后,那少女时代的一切就像脱壳似的消失了"。但真正堕胎之后,妻又陷入身心的双重煎熬中,明白了"快乐是永远在希望与想象之中的,而实际上则只有空虚"。是当自己,还是当母亲,写出了当时多少新女性的挣扎与彷徨。

对于性别平等与独立,沉樱有很多可贵的思考,当很多人都将经济独立作为消灭性别不平等的根本方案时,沉樱通过小说《一个女作家》①表明,有经济能力并不能一劳永逸地解决所有问题,在不平等的性别结构下,职业女性不仅免不了在工作中被贴性别标签,赚取到的收入也未必能任由她们自己支配,依旧陷于被动的处境之中。这篇小说的主人公钰珊原是一个热爱文学的人,和志同道合的丈夫结了婚,本以为婚后还能一如既往在文学上着力,然而,"结婚是人们从空想走入实际的关键",当"作家的荣誉特别容易加于女性"时,钰珊常被丈夫半强制地要求工作,"每逢她在创作,丈夫便高兴得什么似的,对她格外地温存、亲昵;如果几日懒着不动笔,便会责备似的说着'你真是太不努力了,我真觉得失望呢'"。在这样的情形下,钰珊觉得自己慢慢变成"把小说当作商品贩卖的人",因而丧失写作的乐趣。

《一个女作家》是沉樱的心声:"我青年时代爱读文学作品,但并无要成女作家之心及努力。只是当时女作家少,别人看出奇货可居之道,大力加以捧抬,达到名利的目的。这与我的性格截然不同,很起反感,曾写《一个女作家》以自况。"②

沉樱与马彦祥在复旦的校园相识相爱,二人曾是亲密的战

---

① 沉樱:《一个女作家》,北新书局,1935年。
② 阎纯德:《沉樱,及其创作和翻译》,《新文学史料》1984年第2期。

> 同學伉儷
>
> 母校男女同學迄今八年，同學中之成為伉儷者頗不乏人，因為統計並略加說明如左。
>
> 一，馬彥祥——陳英
>
> 馬陳二同學，均為復旦劇社健將，並擅長文藝（馬與洪深先生合譯之西線無戰事陳之創作小說等皆有譽於時）為同學結褵之第一對。二人戀愛時波折頗多曾一度反目，不相語者經月旋經人撮合，復歸於好。婚後卒以性情不合，不能相處現已以離婚開矣。

1935 年《复旦同学会会刊》（母校卅周纪念特刊）报道"同学伉俪"时仍将已经离异的马彦祥、沉樱排在第一位

友、合作无间的同志，"这对年青的夫妇，不但在朋友中间有着被嫉羡的骄傲……就在婚后将近一年的现在也还是在饮着爱情的醇酒"。在1929年发表的小说《欲》中，沉樱创造了为追求爱情而中断学业的文艺女青年绮君这个角色，她不满于平淡的婚姻生活，但又不敢接受新的追求，无力逃出婚姻的枷锁。小说中的妻子困守在家庭里，但两年后的沉樱则鼓足勇气，决绝地从丈夫的家出走。

婚姻走向破裂，但这一时期沉樱的文学创作却迎来了第一个高峰期，她的作品以婚恋题材为主，反映了她在这段情感关系中的诸多反思。首先，五四新文化对自由恋爱所勾勒出的美好图景只是一个幻象，如果不合理的性别结构没发生根本变革，女性即使以爱为出发点，走向新式婚姻，也照样要承受丈夫出轨、育儿责任分配不均等痛苦。除此之外，她的作品还涉及经济独立的话题，表明在以男权为中心的社会中，女性即便有获取经济收入的能力，也免不了被贴上诸如"女"作家一样的性别标签，使自己沦为被消费的一部分，无法真正实现性别平等。

"怨藕"

沉樱与马彦祥结婚后,都迎来了创作、发表的高峰期,马彦祥深受老师洪深的喜爱,成为当时左翼剧坛的一颗新星。1931年夏,马彦祥携沉樱离开上海到北平,当时父亲马衡已是故宫博物院古物馆馆长,他们住在父亲家中,沉樱也到故宫博物院工作,但两人婚姻很快出现问题,至1933年正式离婚。

离婚后,女儿马伦被留在了马家,沉樱搬出马家,住进了好友金秉英位于西城旧帘子胡同的家中。也正是在这一时期,她结识了从欧洲留学回来的北京大学法学系教授、诗人、翻译家梁宗岱①——她的第二任丈夫。从金的回忆文章中大体可看出陈梁二

在北平时的沉樱

---

① 梁宗岱(1901—1983),笔名岳泰,广东新会人,著名象征派诗人、翻译家。1923年入岭南大学,1924年赴法国留学,后又到德国、意大利进修,先后在巴黎大学、日内瓦大学等欧洲名校学习,结识法国象征派大诗人瓦莱里和大作家罗曼·罗兰。1931年回国,担任北京大学法文系主任兼教授;1935年任南开大学英文系教授,并主编《大公报》文艺副刊;1938年任复旦大学外文系主任兼教授。中华人民共和国成立后,任教于中山大学、广州外国语学校等校。诗歌代表作有《晚祷》《白莲》等,著有译诗集《水仙辞》、诗论集《诗与真》(一、二)。

人初识后的甜蜜：

有一个星期天的上午，你过来找我，笑眯眯地问我：
"你今天有空吗？我要带你去个地方。"
"什么地方？"我问。
"暂时保密。"你依然笑眯眯的。
我们乘着人力车，由你领路，走了好远，把我带到了后门外的慈慧殿，在一个宽大像车门的门前下了车。
"这是什么地方？"我不禁问了，你却笑而不答。
……你领我顺着小径，照直地走上廊子，推门进去。只见屋内是个客厅，正有两个戴眼镜的男子坐在沙发上争辩什么，见我们进来，连忙站了起来和你握手，其中一个高高的身材，穿着淡灰色的西装，很有风度，你给我介绍："这是梁宗岱。"介绍另一位："这是朱光潜。"
直到此时，我对你来到这里的目的，依然猜不透。……
不久，我明白了，我从你的眼神，从你与梁宗岱教授目光接触中，使我明白是怎么一回事了。我只望着你笑，你也还我一个会心的微笑。
……打量你时，忽然发现，你脸上焕发了光彩，眉眼间含着盈盈的笑意，一切都不言而喻了，我心头不觉一喜。
……我试探地问你："感到幸福吧？"
你微微一笑："怎么说呢？他很爱我，叫我没法不爱他。"①

---

① 金秉英：《天上人间——忆沉樱》，林海音：《隔着竹帘儿看见她》，人民文学出版社，2013年，第35—44页。

当时梁宗岱与朱光潜夫妇同住在景山后面的慈慧殿三号，两位北大教授的居所虽然"孤零零地兀立在破墙荒园之中"，但在1930年代的北平，这里却是与林徽因的"太太的客厅"同样有影响力的文化沙龙，想来沉樱也成了这个冰心、凌叔华、朱自清、周作人、沈从文、萧乾等人常常聚会的文化沙龙的座上客，以至于在夜里，住在慈慧殿三号的朱光潜和夫人"猛然听见一位穿革履的女人嘀嘀嗒嗒地从外面走廊的砖地上一步一步地走进来"，"都猜着这是沉樱来了"①。

　　这段令沉樱感到幸福的美好时光很快因梁宗岱的离婚案被打破了。1934年，梁宗岱早年包办婚姻娶的原配何瑞琼向他寻求赡养费无果，将梁告上法庭。此前同为北大教授的陈受颐、胡适和朱光潜曾出面调停梁何的离婚纠纷，本已谈妥由梁岱宗补偿何瑞琼5500元了结，但梁氏不肯，结果闹上法庭，引得满城风雨。在那个年代，留洋教授始乱终弃，道德上落于下风，舆论上大受挞伐，最后案子也输了。胡适在1934年4月18日的日记中流露出对梁宗岱的大为不满：

　　　　梁宗岱婚变案，自前星期日梁夫人亲笔写信委托我与（陈）受颐为全权代表后，昨夜受颐报告与宗岱代表朱孟实（即朱光潜）谈判结果甚满意，今天我邀梁夫人与受颐来吃饭，又在电话上把这方面的意见告知孟实，请他饭后来谈。……此案我于1932年十月十七日代何氏致函宗岱，提议离婚，她只要求五千五百元。宗岱无赖，不理此事，就致诉讼。结果是要费七千多元。而宗岱名誉大受损失。小人之小

---

① 孟实：《慈慧殿三号》，《论语》1936年第94期。

不忍，自累如此。①

原来此案缠讼已经两年，梁宗岱不肯担当，本可以5500元解决的离婚问题，到法庭审理后，连诉讼费、抚养费梁共需支付7000多元，不仅"名誉大受损失"，还丢了北大教职。1934年5月30日，胡适日记中写到"商定北大文学院旧教员续聘人数"时，其中"不续聘者"的第一人就是梁宗岱②。朱自清的日记中也记载："闻宗岱将婚沉樱，惟梁已失业矣。"③

法院判决后，梁宗岱仍然拒不承认与何瑞琼有婚姻关系，他被扣押在北平的资产远不及7000元之数，梁父也不愿为他承担赔偿责任，最后这笔款项有否解决、如何解决，今天已无迹可寻，但梁宗岱的"无赖"还表现在案件审理尚未结束，他已经携沉樱由北平南下，从上海渡海到日本去看樱花了。

旅居日本期间，两位优秀又高产的翻译家、作家靠鬻文为生，倒也过得逍遥自在。1934年9月20日，梁宗岱在写给精神导师、法国大诗人瓦莱里（Paul Valéry）的信中自陈备受离婚案的困扰，但"我退出来，身体丝毫无损，精神比任何时候更加活跃去研究，更加一心孜孜于自我完善的信仰"④。为自己从过往的纠葛中解脱，感到十分舒畅。沉樱对在日本的二人世界也颇满意，她在写给巴金的信中心满意足地表示："我们昨天在东京附近的叶山租了一所日本房子，非常精致可爱，叶山这地方本来是

---

① 胡适：《胡适日记全编》第6卷，安徽教育出版社，2001年，第369—370页。
② 胡适：《胡适日记全编》第6卷，第388页。
③ 朱自清：《朱自清全集》第九卷，江苏教育出版社，1997年，第295页。
④ 梁宗岱1934年9月20日致瓦莱里信，《梁宗岱早期著译》，华东师范大学出版社，2016年，第412—413页。

一个背山面海的避暑地，可是我们预备暑天过后也还住下去，因为这里的环境既美又静，颇适于读书。"① 巴金当时在日本留学，他在《繁星》一文里描写过这对情侣在叶山的生活："在松林的安静的生活里，他们夫妇在幸福中沉醉了。我在他那所精致的小屋里看到了这一切。"② 这段在叶山的经历如同身处世外桃源一般，远离国内纷扰，岁月静好，二人亦是情投意合。

1935年秋天，沉樱与梁宗岱结束在日本的游学生活，回到北平，住在羊宜宾胡同一号，梁宗岱担任《大公报》"诗特刊"的编辑，继续过着比较悠闲的写作生活。1936年初，梁宗岱受邀到南开大学担任英文系教授，沉樱主要操持家务，相夫育儿。1935年8月，她在北新书局出版了短篇小说集《一个女作家》，10月，由生活书店出版短篇小说集《女性》，但收入这两本集子的小说都是她旅日之前发表的。1937年7月5日，他们的第一个女儿梁思薇出生，两天后卢沟桥事变就爆发了，南开校园毁于战火。不愿当亡国奴的夫妻俩带着幼女、弟弟南下，先到上海，逃难途中经济拮据的沉樱得到老师郑振铎的资助，再撤至梁宗岱的老家广东新会。在发现新会也不安全时，又转到梁父在广西百色的家，沉樱在百色著名的私立行健中学③谋到教职，梁宗岱则孤身到大西南的文化中心——桂林工作。1938年，沉樱的母校复旦大学辗转内迁最终定址重庆北碚，梁宗岱应聘到复旦外文系担任

---

① 沉樱1934年7月24日致巴金信，见《中国现代文学馆馆藏珍品大系·信函卷》第一辑，文化艺术出版社，2009年，第69页。
② 巴金：《繁星》，《巴金全集》，人民文学出版社，1989年，第477页。
③ 1937年，百色绅商筹办私立初中，选址在今百色中学高部处兴建校舍，1938年秋季开始招生。学校以"天行健，君子以自强不息"取名为"行健中学"。最初由刘子隆任学校董事会董事长，梁家齐兼任校长，后由梁宗岱接任学校董事会董事长。梁宗岱为行健中学谱写了校歌歌词，请好友、音乐家马思聪谱曲。

沉樱与梁宗岱

教授,作为教授家属,沉樱又回到了母校的怀抱。

到北碚后,沉樱夫妇先是租住在重庆郊外北温泉的"琴庐",1940年初又迁到北碚汽车站附近,两处都与女作家赵清阁为邻,沉樱与赵清阁由此成了闺中密友,可以想见那时她们的家又成了北碚文化人的小中心。在1939年写于北碚的散文《春的声音》中,沉樱写道:

> 一天,半夜里忽然响起警报,倚仗着住在乡间,我们没有躲避,但也不能安睡,起床伏在窗口张望着。不用说,这是一个月夜,那银色的月光象水一样淹没了无边的田野和山林,那么温柔寂静,好象大自然也正在安眠。但警报一再怒吼,击碎了美梦。……但同时也传来毫无温情的杜鹃的叫唤,趁了一切都在静静地躲藏着的当儿,向那些侧听着机场的耳朵更起劲地叫着:"不如归去!不如归去!"

"等是有家归不得，杜鹃休向耳边啼！"虽然是在繁花如锦的蜀国之春，又有谁曾忘记了家乡呢？但愿没有太多知道它就是杜鹃，就是子规，而它叫的就是"不如归去"吧——我当时曾这样在默念着。①

沉樱在重庆乡间的家庭生活在几年后又被打破。1940年3月25日，梁宗岱的父亲病逝，他幼年丧母，父亲在求学路上给他很大支持，闻父丧讯后他昼夜兼行，奔丧回到广西百色料理父亲后事，把父亲留下的"梁全泰"号生意托付给侄子梁传相后才又返回重庆。1941年3月，继母来信告知，不到一年侄子已败去一半家产，嘱他赶紧回家处理。这一次返回百色，梁宗岱因观看粤剧《午夜盗香妃》结识了女伶甘少苏，无可救药地堕入了情网。不仅写词相赠"半生道行纵成空，肯惜浮名轻一笑""任他谣诼起纷纭，不惜为卿千万劫"，还筹集三万元为甘少苏赎身。甘的前夫为此聚众殴打梁宗岱，此事闹得沸沸扬扬，《广西日报》的报道标题直接是——"梁宗岱教授为一个女伶大演全武行"。据梁宗岱称，他后来更"毅然把她接到我的家里来，虽然明知在重庆的沉樱是不会原谅我的。分好家后，我留甘少苏在百色，回到重庆去。果不其然，当我踏入北碚的家时，沉樱已携了她生的三个孩子（二女一男）到重庆南岸的一间中学教书去了。从此我们便永远分离了；以后虽然还有几次见面的机会，但破镜已不能重圆了"②。从复旦大学教师宿舍迁出后，沉樱带着孩子投奔了同在重庆的妹妹陈钰：

---

① 沉樱：《春的声音》，田仲济、蒋心焕主编：《中国新文艺大系（1937—1949）·散文杂文集》，中国文联出版公司，1996年，第984—985页。
② 黄建华、赵守仁：《梁宗岱》，广东人民出版社，2004年，第189—190页。

多亏了妹妹的帮助，生活方面，一切替我照料，使我在她家中尽量享受着家庭的舒适，可以不必有丝毫家事的烦扰。现在不再想些柴米油盐之类的琐事，实在是最大的愉快。……说到孩子，他们实在给人说不出的烦扰，不知多少次我痛恨着他们的牵累，虽然事后要懊悔，可是也不知有多少次我是那么对他们怀着感谢，我生活得这么起劲，怎能说不是他们给我的力量。……在这照例应该是痛苦的情形中，我为什么这样衷心愉快与兴致勃勃呢？仔细想想，譬如一个幽闭在一个又暗又闷的屋子里的人，承受着暖和的阳光，呼吸着新鲜的空气，这时他除了欢喜高兴之外，还能有什么呢？……这些年我的生活是怎样不成为生活，我的性情软弱中又怎样含有一股倔强，我那要依照自己的意志，自己的兴趣，自己的态度来生活的欲望是比什么都强，其余的都算得了什么呢？诚然，这一年来是过了些苦闷日子，但也只是一段泥路而已，现在总算走过了……我觉得自己又恢复了当年的热情，高兴，和自信，同时又加上只有现在才能有的冷静，我绝不会再辜负环境暴弃生活，烦恼也不会再侵犯到我。①

前文辑录的梁宗岱谈婚变的这段文字引自梁解放后写的个人交代材料，这里梁宗岱隐去了一个重要的细节，那就是他跟沉樱的儿子梁思明是1944年出生的——这个孩子孕育于他们夫妻分居之后，可见在这段感情中两人曾经是何等犹豫与纠缠。

---

① 沉樱:《给朋友》,《文艺先锋》第 3 卷第 4 期，1943 年。

闺蜜赵清阁将沉樱与梁宗岱分手的原因归于沉樱的文学抱负在家庭负累中难以施展："沉樱热情好客，朋友们都喜欢接近她。为了家务之累，她不能常写作了，心里不免烦恼，常和宗岱闹脾气。宗岱性情耿直，也不谦让，终于两人吵了几年分开了。……他们的矛盾主要还在于宗岱希望她做贤妻良母，而她偏偏事业心很重。"① 在与巴金的通信中，沉樱也倾诉了受家务拖累无法写作的烦恼。巴金曾邀沉樱写《叶山札记》，沉樱也欣然应允，但迟迟不能交稿，只好写信向巴金致歉："老说空话是太难为情了，我已不好意思说什么'请原谅'，不过事实仍不能不说，我们这里自从占元走后天天为换佣人操心，难得一刻清静，又加我的身体不好，一天有大半天是不舒服的，文章的事虽然时刻惦记在心里，但几次勉强去写，身心都不允许写下去。……总之，我的文章不能交卷，现在是定了，万分的对不起，请接收我的道歉吧。心乱身疲，不多写了，祝你们努力。"②

表哥田仲济则认为沉樱夫妇最后决裂还是因为他们婚姻观不同，浪漫的诗人梁宗岱大男子主义思想依然根深蒂固，但上海大学和复旦大学培养出来的沉樱骨子里已经刻上了自由与独立，"在三妻四妾合法的社会里，梁宗岱自然认为他没有什么不对的地方。可沉樱是不愿接受藕断丝连的情况的。……沉樱不多言笑，自尊心很强，梁宗岱也是一个性格有些怪而个性极强的人。他们俩人，是很难使谁服输的。……梁宗岱与甘少苏的结合，便是这类的问题，他自以为在中国社会上是理直气壮的，沉樱可就不承

---

① 赵清阁：《哀思梦沉樱》，《新文学史料》1995年第4期。
② 沉樱1937年4月20日致巴金、靳以信，见上海巴金文学研究会整理：《写给巴金》，大象出版社，2008年，第128—129页。

认那是合法的"①。女儿梁思薇也认为父母二人个性太过要强是他们难以长久共处的原因:"母亲对父亲一直是又爱又恨,他们俩其实都相互的欣赏,相互的关爱,但因两个人个性都太强,永远无法相爱。……小时候,我就经常听到父母亲吵架,即便没有甘少苏,两人也未必合得来。母亲看不惯父亲那种爱吹嘘的性格,有时也不免说他,于是就吵嘴。……甘少苏自然会顺着父亲,还可能会捧着他。他们当然就吵不起来。"②沉樱自己也承认:"和他分开,其原因,既简单,又复杂。他很有钱,是一个有双重性格的人。我只有离开他,才能得到解放,否则,我是很难脱身的。我是一个不驯服的太太,绝不顺着他!大概这也算山东人的脾气吧……"③

从以上种种叙述可以看出,沉樱与梁宗岱二人虽欣赏彼此的志趣才情,但性格都不甘示弱。梁宗岱带有一定传统思想,一方面让沉樱婚后承担繁重的家庭责任,无法施展文学抱负;另一方面又与甘少苏结合,认为一夫多妻是中国社会常态,使得夫妻矛盾终至无法调和。抗战胜利后,沉樱辗转回到上海,在母校复旦大学担任中文系教师与图书管理员④,据田仲济说,当时梁宗岱还有向沉樱求和的意向,但被拒绝。某天沉樱还让弟弟陈钊与表弟田仲济、田云樵三人一起作为她的"娘家人"去警告梁宗岱,田回忆:"我们三个人像天兵天将似地骤然降临,自然是有些意外的,他(指梁宗岱)几乎一句话也没讲",陈钊向前

---

① 田仲济:《沉樱去台湾以后》,《新文学史料》1992年第1期。
② 琦君:《一回相见一回老》,《新文学史料》1992年第1期。
③ 阎纯德:《沉樱,及其创作和翻译》,《新文学史料》1984年第2期。
④ 《国立复旦大学文学院中国文学系专任讲师兼在教务处图书馆工作陈锳聘书》,复旦大学档案馆藏,1949-LS11-1002。

握住梁宗岱的手死死不放，"两人角力了足足有十几分钟，好像谁也没战胜谁……陈钊只简单地说了两句话，大意是要他老老实实，不准无理纠缠"①。终于，夫妻二人渐行渐远，沉樱在1948年与全家一起远赴台湾，临行前，面对好友赵清阁和方令孺的挽留，她果断地表示：我要走得远远的，永世不见梁宗岱②。一语成谶，后来两岸相隔，在接下来的几十年里，他们二人再也不曾见面。

令人感慨的是，当年势如水火的夫妻，到了晚年以后，反倒能心平气和地通起信来。据他们的女儿梁思薇说，沉樱从来没将与父亲保持通信联络的事告诉子女们，还是彭燕郊在编写《回忆梁宗岱》一书时，整理出二人的信件，并将这些信件转交到沉樱好友林海音的手上，才让二人晚年的温情相待得以公之于众。沉樱在信里感慨道："宗岱，前两天思清找出你交给她的资料去影印，使我又看见那些发黄的几十年前的旧物，时光的痕迹那么显明，真使人悚然一惊。现在盛年早已过去，实在不应再继以老年的顽固。……在这老友无多的晚年，我们总可称为故人的。我常对孩子们说，在夫妻关系上，我们是怨藕，而在文学方面，你却是影响我最深的老师。至今在读和写两方面的趣味，还是不脱你当年的藩篱。"③ 而梁宗岱给沉樱的回信里也还是一如既往保持着他气宇轩昂的姿态："樱，你的信深深感动了我们，少苏读到'怨藕'两字竟流起泪来了，自疚破坏了你我的幸福。我对她说，我们每个人这部书都写就了大半了，而且不管酸甜苦辣，写得还

---

① 田仲济：《沉樱去台湾以后》，《新文学史料》1992年第1期。
② 赵清阁：《哀思梦沉樱》，《新文学史料》1995年第4期。
③ 《沉樱、梁宗岱的最后通信》，林海音：《隔着竹帘儿看见她》，人民文学出版社，2016年，第168—169页。

不算坏,仿佛有冥冥的手在指引着似的……陶渊明的'聊乘化以归尽,乐夫天命复奚疑'从始就是我的'盲公竹',蒙田的'宠非已荣,涅岂吾缁',更加强我的信念了。因此我们的晚晴已是不错。白朗宁的'跟我一起朝前走,最好景还在后头'仍是我最常哼的两句诗"①。

经历了第二次婚姻,沉樱真正当了"娜拉",从丈夫的家出走,但这次她没有抛下三个孩子,晚年给前夫的信里她骄傲地说:"亲友们无不羡慕我有这么三个玉树临风般的儿女……特别是思明的聪明,凡事对他都是轻而易举,一学就会,任性不服输的毛病(像你),遇事过于和善迷糊不够精明的弱点(像我)。……前信曾说我们是怨藕,其实我们的分开正是成全,否则我们不会有今天。"②等到这些脉脉絮语被挖掘出来时,陈梁二人早已去世,长女梁思薇也唏嘘不已,一语道破父母这对"怨藕"的关系本质——只有在有距离的时候,才能产生文学性的美丽而不实际的爱情③。

翻译家沉樱

抗战胜利后,沉樱带着孩子们回到上海,在复旦大学中文系任教,又兼校图书馆员。好友赵清阁应晨光出版公司之约要编一本女作家小说散文集,向沉樱约稿,她"欣然重新执笔,写了短篇小说《洋娃娃》,文采不减当年。这也是她在大陆的最后一篇作品。一九四八年她的弟弟接她去台湾,从此她带着三个孩子离

---

① 《沉樱、梁宗岱的最后通信》,林海音:《隔着竹帘儿看见她》,人民文学出版社,2016年,第170—171页。
② 《沉樱、梁宗岱的最后通信》,林海音:《隔着竹帘儿看见她》,第173页。
③ 林海音:《最后的沉樱》,《隔着竹帘儿看见她》,第162—168页。

开了上海"①。

到台湾后,沉樱先在苗栗县头份镇的大成中学教书:

> 住在一个幽静的乡下,生活很是清闲。教书理家之余,没事便翻阅手边所有的几本英文小说,作为消遣。遇到十分喜爱的,一再读了还觉不够,又试着翻译出来。因为在翻译中更能得到细读深解的乐趣,如果体会出一点言外之意,或是表达出一点微妙情感,简直像自己创作一般得意。……我不是爱回忆的人,但整理集子的时候,却不由得记起译写小说时那个'日暖花乡山鸟啼'的环境,和那夜晚灯下,老母静坐念佛,三个小儿女并头酣睡,自己伏案执笔乱涂细改的情景。②

虽然背负着养家糊口、教育子女的重任,但"走得远远的"沉樱迅速开启了事业的新篇章。1950 年,在台湾《路工月刊》上发表翻译英国作家梅尤金登的短篇小说《出乎意料的事》;1952 年,译著《青春梦》出版;1957 年,开始翻译美国作家赫思登的小说《断梦》,同年转到台湾最好的女子中学台北第一女中任教;1963 年,出版翻译小说集《迷惑》,收录有《迷惑》《麦考医生的假期》《西蒙这个坏东西》《露露的胜利》等 12 篇小说;1964 年,翻译《毛姆小说集》初版发行,共收录 10 篇作品;1966 年,开始在台湾《新生报》副刊连载她翻译的茨威格的名作《一位陌生女子的来信》。

---

① 赵清阁:《哀思梦沉樱》,《新文学史料》1995 年第 4 期。
② 沉樱:《翻译的乐趣——沉樱译序精摘》,《春的声音》,台北:纯文学出版社有限公司,1986 年,第 217—218 页。

1967年最为特殊,在沉樱六十岁生日时,思薇、思清从美国给母亲汇款让她宴请亲友,沉樱将剩余的钱用来印书,自己出版了《一位陌生女子的来信》以作纪念,该书一年内竟连印十版,后来又印行了二十多次,销量超过十万册,打破台湾翻译作品的销售纪录。这一意外之喜令她倍觉兴奋:"这本书带给读者的是什么,我不知道,但给与我的却太多了,由于它的畅销带来物质和精神的鼓励,使我在一年内又印了其他九种小书,甚至有了要成立一个译文出版社的野心,由于这些书的印行,使我这糊涂无用之人也处理起印书发书的事务,一个人忽然做起自己一向认为不会做的事,总是得意非凡,沾沾自喜的。"①

还是在1967年,沉樱在台湾重新刊印了梁宗岱的译诗集《一切的峰顶》,好朋友林海音当时不理解她为何专挑这本来重印,多年后才恍然大悟,此书是梁宗岱1934年在日本叶山完成的译作,那是热恋中的他们最美好的回忆,"怪不得她要特别重印这本书呢!也可见她对梁的感情,并没有完全消失"。不得不说梁宗岱对沉樱的影响很深,"她日后在翻译上,对文字的运用,作品的选择,就是受了梁宗岱的影响"。不过跟主要译诗的梁宗岱不同,写小说出身的沉樱主译小说,"翻译的文字和创作一样顺当,所以每译一书皆成畅销"②。作家罗兰也曾高度评价沉樱的翻译功底:"我佩服她那恰如其分的译笔,能够完全摆脱开一般译作生涩拗口的毛病,而使原作者仍能以其优美潇洒的姿态出现在读者的面前。"③1980年代,在翻译家罗念生的促成下,重庆出版社出版了沉樱的翻译集《女性三部曲》,沉樱的好朋友、复

---

① 沉樱:《翻译的乐趣——沉樱译序精摘》,《春的声音》,第224—225页。
② 林海音:《念远方的沉樱》,《隔着竹帘儿看见她》,第26—34页。
③ 罗兰:《天之涯,地之角》,《新文学史料》1992年第1期。

旦教授靳以的女儿章洁思也是一名翻译家,她在读完《女性三部曲》后大受震撼:"沉樱的译本,竟是我所读过文笔最优美最流畅,而且感觉也最切合原文的。我反复阅读,爱不释手……后来才知,沉樱在每篇小说翻译之前,都要先为孩子们讲述多遍,等到故事在脑中全部融会贯通,才拿笔写下。试问这样的翻译,当今还有几人会做?"①

到台北第一女子中学任教后,沉樱把家迁到了台北,"台北信义路四段,繁华闹区,餐馆摊贩林立的地方,却隐着她'室雅何须大'的'小屋'。阳台上,错落有致的花草配上深蓝飘逸的薄纱窗帘,随着轻风拂进她小屋的就不是市声,而是花香,融入她桌上的书香和几上的茶香里"②。赴台后,沉樱不再困守于家庭,业余生活也十分精彩,常常和文友们一起谈天说地。林海音曾描绘沉樱家中高朋满座的情景:"她和刘枋是山东老乡,谈乡情、吃馒头;她和张秀亚谈西洋文学;和琦君谈中国文学;和罗兰谈人生;和司马秀媛赏花、做手工、谈日本文学。和我的关系又更是不同,她所认为的第二故乡头份,正是我的老家,……我们大家聚在一起的时候,话题甚多,谈写作、谈翻译、谈文坛、谈嗜好、谈趣事,彼此交换报告欣赏到的好文章,快乐无比!"③

到台湾后,沉樱在 1939 年写于北碚的《春的声音》中又添上了这样一段文字:"家乡是归去过了,但曾几何时又离开了。现在宝岛上,我又住在乡下,在这四季如春的地方,花木是够繁

---

① 梁思薇:《关于我的母亲》,载陈小滢:《散落的珍珠——小滢的纪念册》,百花文艺出版社,2008 年,第 143 页。
② 罗兰:《天之涯,地之角》,《新文学史料》1992 年第 1 期。
③ 林海音:《念远方的沉樱》,《隔着竹帘儿看见她》,第 27 页。

1960年代，沉樱（中）与女儿思薇（左）、儿子思明（右）

茂的，但常使我觉得的是鸟声并不太多。看了到处盛开的杜鹃花，我的耳边似乎又响起杜鹃的'不如归去！'的叫唤。是的，什么时候我再归去听听那些'春的声音'呢？"[1]沉樱还是在思念着故乡。退休后，她随子女定居美国，更加想念家乡："我在台湾和海外，始终过着与世无争的平静生活，但是心是悬在半空的，不踏实。人老思乡心更重，落叶总是要归根，我看是人同此心。在美国，我的儿女都有工作，但是我不能同他们生活在一起。在国外，和儿女生活在一起是要被人耻笑的，这正如儿女依靠父母是一种不光彩一样。是孤独、恐惧、乡情、亲情，它们一起把我赶回祖国的……"[2]

1982年，沉樱终于踏上了回国的行程，厌倦了异国他乡的

---

[1] 沉樱：《春的声音》，田仲济、蒋心焕主编：《中国新文艺大系（1937—1949）·散文杂文集》，第985页。
[2] 阎纯德：《沉樱，及其创作和翻译》，《新文学史料》1984年第2期。

1982年，赵清阁（左）与沉樱在上海

漂泊，出发前她做好了在国内长期定居的准备，在写给表哥田仲济的信中，她兴奋地问道："济南较我在时，有何改变？回回烧饼、油条、炉箅还有吗？省立第一女中仍在原址否？"①妹妹陈钰也告诉田仲济说，姐姐此次回国准备不再返美，因此退掉了原先的住房，并对所有家具、衣物都做了处理②。1982年4月9日，她终于回到了阔别35载的上海，受到老朋友巴金、赵清阁、靳以夫人陶肃琼等人的热情接待；在济南时她住在表哥家中；到北京后见到了阳翰笙、朱光潜、卞之琳、罗念生等老朋友。赵清阁说：沉樱原本希望能在上海与北京择一地定居，阳翰笙也将她的意愿反映给有关方面，但由于她的女儿马伦在河南开封工作，因此沉樱被安排到了开封文联③。但在开封住了一段时日后，她却向朋友们匆匆辞行，重回美国，为什么发生了这样的反复呢？可能与女儿马伦有莫大的关系。

---

① 沉樱1980年7月22日致田仲济信，《沉樱自美国来信》，《新文学史料》1992年第1期。
② 田仲济：《沉樱去台湾以后》，《新文学史料》1992年第1期。
③ 赵清阁：《哀思梦沉樱》，《新文学史料》1995年第4期。

返美后沉樱给田仲济的信上说:"我这次匆匆回国等于做个噩梦,现在噩梦醒来,特别觉得庆幸,快乐,只是想到对你们的打扰,愧疚不安之至。××处最近有无消息,她对我明欺暗骗,真极尽虐待之能事,像她在开封借检查住院,不准我回她家去,不管我的饮食,也不管居住环境。她以我为挣钱的傀儡真是可怕。我回来才知道她在我的信上随意乱写像(叫家中预备一千五美金),借搬家进口免税的优待,她开购物单,所有电器都要……在美家人发生怀疑,写信来问,信被扣下,我一无所知。……对这种人,不能还讲'疏不间亲',正义也要紧"。沉樱不想离开故土,但又不得不走:"我最后离京的那几天真觉恋恋不舍,可是又无法不走……但最近我想通了,还是什么也不说好,此刻无论说什么,大家都好奇地研究原因,研究不出时便来句'清官难断家务事'不了了之。……云樵甚至对我瞪起眼来说'你怎么能乱怀疑人'。说我不该对她声称三岁便进了孤儿院长大的,狂言觉得奇怪。……但有两问题我想先知道你的看法:1. 女作家为何多半婚姻不美满? 2. 儿女不好除管教不当心理因素遗传基因之外,还有什么?为何出现这些怪现象?"①

对于马伦,同父异母的弟弟马思猛是同情的,"大约在1931年5月间,我的大姐马伦(乳名小白)出世,可怜姐姐至今70多岁的人了,连自己的真正生日是哪一天都不清楚。自己的父母把女儿的生日忘得一干二净,可见当时父亲和沉樱妈妈的感情已经开始破裂。……姐姐从此大部分的时光都是跟随奶奶生活,直到奶奶去世,又被大伯马太龙和大姑马珍收养。父亲这次婚变的

---

① 沉樱1982年12月4日致田仲济信,见《沉樱自美国来信》,《新文学史料》1992年第1期。

后果让姐姐马伦的心绪一生难平。在父亲晚年一次春节家庭聚会时,姐姐在父亲面前大诉其苦,说到自己连真正的生日都搞不清时,父亲颇感内疚带有歉意地说:'好了,好了,你也是做奶奶的人了,事情都过去了……'"①1933年,与马彦祥离婚后,三岁的女儿马伦就离开了沉樱,近50年的隔阂让血缘亲情也无法弥合。"这时她已经意识到原先的向往,几乎完全幻灭了"②,不得不又远走异国他乡。

晚年的沉樱备受病痛与思乡的折磨,她写信向表哥倾诉:"人过七十之后,人不由己,我有帕金逊病,又有高血压,好时雄心勃勃,坏时万念俱灰。……冷静想想还是不要轻举妄动,靠着儿女等待寿终算了。本乡本土固然怀念,但人到晚年,亲友日少,无论到哪里都难免寂寞。""……我的公寓房间正对一排邮箱,但我的信件越来越少,近来几乎总是空空如也。希望不久可以看见你们的信到。"③帕金森症令她书写困难,剥夺了女作家最大的乐趣,"写完一封信,还要手痛一晚,但宁愿像小孩子似地,返老还童的一个个字描红……尽管她写得如此辛苦,每个字仍是一笔不苟的端正"④。

1985年,住在美国马里兰州一家养老院的沉樱"已经神志不清,有时还清醒,但病情是越来越严重"⑤。1986年,梁思薇告诉林海音,母亲"是愈来愈糊涂了,只偶然说几句明白话,每天见她倒是一脸祥和,微笑着环视周遭,希望她的内心也像外表

---

① 马思猛:《攒起历史的碎片》,北京图书馆出版社,2007年,第52页。
② 赵清阁:《哀思梦沉樱》,《新文学史料》1995年第4期。
③ 沉樱1981年2月16日、1984年11月14日致田仲济信,《沉樱自美国来信》,《新文学史料》1992年第1期。
④ 琦君:《一回相见一回老》,《新文学史料》1992年第1期。
⑤ 田仲济:《沉樱去台湾以后》,《新文学史料》1992年第1期。

那么平静，就会让人安心"①。

1988年4月14日，沉樱与世长辞，由于儿女们不住在一地，当时身边并无亲人陪伴，女作家的一生就此落下帷幕，正如她八年前给田仲济的信中曾经感慨过的那样："我们这一代人生虽说多灾多难，也可说多采多姿，晚年回顾一生经历，真是令人啼笑皆非。"②

沉樱逝世的消息传到台湾，朋友们纷纷在《中国时报》撰文回忆纪念这位可爱的朋友，杰出的作家、翻译家。有回忆她热爱花草，乐于挖掘生活中细碎的美好的，"一根细丝，几片明艳的绉纹纸，串在一起，用手三抓两抓，就是一朵花"；她说自己"不找大快乐，因为太难找，我只寻求一些小的快乐"③。有感动于她孩童般的天真坦诚，不是油滑，不是虚伪，更不是佻侻；而是一种诚朴忠厚和善良的内涵，凝聚到表面上来的智慧与仁慈④。

沉樱是"大革命"前后受过左翼思想洗礼的新女性，是1927年进入复旦大学中国文学科的第一批女生，是勇敢地从丈夫的家出走的"娜拉"，是20世纪二三十年代就大放异彩的作家，是华人文坛广受欢迎的翻译家；生于乱世，遭逢战争，她一路颠沛流离，婚姻之路坎坷，但自由与独立的复旦精神早已刻入她的骨血，佳人已逝，但她留下的隽永文字馨香如故。

沉樱，是如樱花一般灿烂的复旦女生，唯有香如故！

---

① 林海音：《最后的沉樱》，《隔着竹帘儿看见她》，第162—168页。
② 沉樱1980年1月10日致田仲济信，《沉樱自美国来信》，《新文学史料》1992年第1期。
③ 阎纯德：《沉樱，及其创作和翻译》，《新文学史料》1984年第2期。
④ 罗兰：《沉樱的手帕》，《罗兰经典散文》，当代世界出版社，2013年，第102—104页。

发出女人的呼声：《女声》主编王伊蔚

妇女问题是整个社会问题的一环，整个社会问题求解决之前，妇女问题是决不能有彻底的办法，反之，妇女问题没有彻底办法，社会问题也不能算是根本解决。进一步说，在现代社会下，许多妇女未解决的问题，也就是一般青年所要解决的问题。①

王伊蔚，1905 年生。年少求学过程中几经辗转，最后于 1928 年考入复旦大学新闻系。从复旦毕业后，王伊蔚学以致用，与刘王立明一起合办《女声》杂志，为广大妇女发出呼声，声名鹊起。《女声》曾两度停刊，其间王伊蔚历任其他刊物编辑、学校教师、家庭教师等社会角色。中华人民共和国成立后，1962 年成为上海文史馆馆员，于 1993 年去世。王伊蔚毕生都致力于探索妇女解放的命题，创办《女声》杂志是她一生最为骄傲的事情。回望来路，王伊蔚曾作诗勉慰自己："有幸一身无俗累，献身妇运斗狂流。今看翼赞多才女，深喜当年壮志酬。"②

---

① 王伊蔚：《卷首语》，《女声》第 2 卷第 11 期，1934 年 3 月 10 日。
② 王伊蔚：《王伊蔚自传》，上海市文史馆编：《上海市文史研究馆馆员传略（一）》，内部资料，1990 年，第 111 页。

长大了做一个比男人还强的女人

根据口音很难辨认出王伊蔚是哪里人，虽然她的个人履历上写她是福州闽侯人，但据她自己说，她一次也没有去过福州，"福建闽侯"只是沿用父亲的籍贯。王伊蔚的父亲是袁世凯手下的一个将领，曾就读于北洋水师学堂。由于自小就跟随宦游的父亲走南闯北，王伊蔚的口音很混杂，也锻造了她相对特殊的个性。

王伊蔚在上海西门妇孺医院出生。这所医院由美国人威廉逊夫人（Margaret Williamson）于1884年捐资创办，是上海第一家妇产科专科医院，也是今天复旦大学附属妇产科医院的前身。虽然是在现代化的医院里出生的，但王伊蔚从小仍然生活在浓重的"封建气氛"中。王伊蔚是家中的第五个孩子，上有两个姐姐和两个哥哥。大哥在她出生前夭折了，待产的母亲带着只有四岁的二哥一起住院，由于饮食不当，二哥得了肠胃病，也不幸夭亡。王伊蔚出生之后，母亲又连生了两个妹妹。二哥的丧生使母亲深受打击，之后她再也没能生出男孩。算命的说，这孩子的八字太硬，克死了哥哥。迷信的母亲对算命先生的说法信以为真，因此，幼年的王伊蔚成为一颗不受待见的"扫帚星"，承受着来自家庭内部无形的压力。

母亲所生的七个孩子中，最终只有三姐妹活了下来。令王伊蔚难以忘记的是儿时在北京的一个新年。那天，姑母造访家中，她坐在炕头，对另一头的父亲说，"恭喜你今年四十大寿，可你膝下无子。常言道：不孝有三，无后为大，你该想个办法。嫂子是个明白人，绝不会怪你的"。王伊蔚记得，当时坐在一旁的母亲瞬间脸色大变，起身回到房间。幼小的王伊蔚尾随进去，只见母亲倒在床上泪流满面，看到她进来，母亲随手就打了她一巴掌，骂道"扫帚星"，叫她滚开。

那年下半年，母亲一个人悄悄回到福建老家，从地主家买了一个十七岁的丫鬟带回北京家中。人人都夸赞母亲贤惠，主动给丈夫纳妾。这个丫鬟长得丑又很笨，但肚子很争气，十个月后便为父亲生了一个儿子。孩子一生下，母亲就将他据为己有。生男孩并未改变这个小妾卑贱的地位，她每日依旧需要操持家务，与佣人无异，母亲也时不时找她麻烦，要她专事伺候自己。经历种种之后的母亲整日郁郁寡欢，还得了胃病，久治不愈，缠绵病榻。为作治疗缓解病痛，她吸食鸦片成瘾，终日沉湎于颓废堕落的生活里。王伊蔚的父亲并不喜欢那位小妾，甚至有些怕漂亮善妒的老婆，有时会同她一起吸鸦片。母亲认字，平时会读小说，她的床底下有满满一箱书，《红楼梦》《镜花缘》等，什么都读，吸鸦片时偶尔也会叫王伊蔚的表哥给她讲故事。

喜得儿子之后，王伊蔚的父亲精神振奋，官运亨通，得到徐世昌的赏识，被任命为松花江江防司令。于是，一家人又搬至哈尔滨。虽然有重男轻女的封建意识，但父亲依然疼爱她，尤其注重女儿的教育。福建人历来重视教育，很多家庭都雇有私人教师。王伊蔚的父亲特地聘请了两位家庭教师，像男孩一样栽培女儿。教她的老师中，一位曾担任过天津《益世报》的主编，专教写作，偏重于写政治论文，这为后来王伊蔚撰写时论文章打下了最初的基础。另一位曾是前清举人，教授她们"四书五经"，尤其是《孟子》，孟子的一些政治观点，比如"君为轻，民为贵"，深深烙印在王伊蔚的脑海里。举人出身的老师已经接受了新思想，会读上海商务印书馆出版的《东方杂志》，他把读到的新东西讲给自己的女学生听，鼓励她们去上海读书。王伊蔚与姐姐一起发奋读书，每日从上午九点开始，一直学到晚上九点，除了吃饭之外基本不休息。也许是为了讨好身居高位的父亲，老师在父亲面前经常对聪慧的王伊蔚赞赏有加，于是父亲对她更加重视。

家庭环境和童年经历深刻影响了王伊蔚的一生。目睹家中的种种情景，王伊蔚深深觉得，母亲和姨娘都是被压迫的、可怜的受害者。她在心底同情母亲，可怜姨娘，而恨造成这一切的父亲。王伊蔚暗暗立下志愿："我一定要为母亲争光，为所有的女人争气，长大了做一个比男人还强的女人。"十六岁的王伊蔚告诫自己，必须努力学习，必须比弟弟更加勤奋。她觉得，教导女孩应该像花木兰和谢道韫一样的说辞，也是一种旧思想。她不满足于只在闺阁中读书，希望日后可以出国留学。

王伊蔚主动找到父亲，告诉他不必为自己准备嫁妆，可以把这些钱用作自己的教育经费，她要求进学校接受教育。父亲知道女儿很聪明，也一心想把她培养成女状元，便同意了她的请求。在老师的建议下，王伊蔚选择了上海一所有名的教会学校——中西女中。这所学校的毕业生很多都去了美国，王伊蔚也希望能走这条路。于是，1921年，由父亲的卫队保护着，她飞出家庭，从哈尔滨来到向往已久的上海[①]。

从教会学校出走到革命中学

> 去静安寺二里许，高屋崇宏巍然而突起者，吾中西女校也。校之广大约数十亩，背田而立。东有莲塘，西有鱼池，

[①] 王伊蔚：《王伊蔚自传》，上海市文史馆编：《上海市文史研究馆馆员传略（一）》，第105—106页。另外，王伊蔚去世前，妇女史学家王政曾对她有过四次访谈。王政将这些内容与王伊蔚的自述、回忆结合起来，整理了王伊蔚的讲述，对王伊蔚的人生有精彩的解读。见 Wang Zheng, *Women in the Chinese Enlightenment: Oral and Textual Historiesm*, Berkeley: University of California Press, 1999, pp. 221-259。

绕屋四周，插柳成荫。苍翠参天，几不辨其为天为树也。面南有屋三层，轩窗莹澈，即吾等学生之宿舍，与夫饭厅、礼堂所在。左为书室，缥香卷轴，芸馥袭人，藏书阅报，悉在其中。右为客室，有琴可弹，有榻可卧，茗话未歇，歌声绕梁，无复有尘世之想。面西一带，筑屋一座，为吾等课堂。屋后引泉，注为方池，清可鉴人。池上周以假石，为莲萼形，依石而瞩，影来池里，日光坠于水底，游鱼历历可数。池之左折数武，有亭翼然，其建筑也，非瓦非竹，乃纯以玻璃构成。下罗竹椅八九，兀坐其间，觉天光云影，如在镜中，而野草幽花，复相与助其清景。真夏日纳凉胜境也！当腊尽春回，围炉暖酒，对雪观梅，恍若珠宫璿室。入秋则蓉菊满园，掩映于疏篱曲槛，临风舒啸，不减彭泽襟怀。故吾等每值课余，或流觞于水曲，或撷笛于墙阴，或对月而吟诗，或临窗而作画。夏日虽长，不觉暑气之可畏；春宵苦短，奚辞晚卧之轻抛。此吾校之大概风景，因约略记之。①

这是王伊蔚发表在中西女中校刊《墨梯》上的文章，题名"吾校之风景"。在王伊蔚笔下，学校的建筑样貌与四时之景被细致地勾勒出来。可以看到，年少时接受的家庭教育发挥了作用。她敏于观察，富有古典文化素养，文笔稳健，使人读之如身临其境。

中西女中是近代上海最著名的女子学校之一，1890年由美国女传教士海淑德（Laura Haygood）创办，宋庆龄、宋美龄都曾就读于此。初来此地，王伊蔚觉得心旷神怡，她还作诗记录了

---

① 王伊蔚:《吾校之风景》,《墨梯》1923年第6期，第44—45页。

自己雨后读书的闲趣雅致："雨过凉生夕照明，远山如画斗新晴。绿茵三径含余润，窗下开编倍有情。"① 得以在如此胜地求学，王伊蔚希望交到志同道合的朋友，一起竞学与游玩，她发表启事约友春游：

> 春水绿波，夕阳残照，隔岸渔舟，歌声互答。野航竞渡，似漾漾之浮鸥。窄径回波，如婷婷之白鹭。苏子瞻之遨游，正刊学步；宗少文之图壁，奚足怡情。况乎燕语莺啼，何物不关学问；风轩日丽，大块尽是文章。若非曲水流觞，效兰亭之修禊。何妨扁舟一叶，步赤壁之后尘。芳草堤边，松浦江上，幸姊移玉，毋任钦迟。②

不只是埋首于窗内，寄情于山水风景，王伊蔚的文字亦关注国是。此时国家财政混乱难继，王伊蔚撰文讨论了乱象筑成的原因与对策。她从地理角度出发，指出"我国地居温带，江河输贯，物产丰美，而财政又不能裕如者，非财源之不足，实用途之不当耳"。接着对时局展开分析，点明南北分裂经年，政府借款悉供兵饷的政情，由此反问："如之何不贫且弱也？"王伊蔚认为，整治财政应当捐除积弊，求"根本上之治法"，才能挽救"覆亡之祸"。首要之事即在裁兵，方得以养兵巨款移为振兴实业。不过，裁兵应注意关照其后，不可使退伍之人游手无业，以致铤而走险沦为盗贼，酿成祸患。应在退伍之前为其筹划安插土地，使其能够以经营实业为归。如此既节约兵饷，又扩充

---

① 王伊蔚：《雨后读书》，《墨梯》1923年第6期，第61页。
② 王伊蔚：《约友游春启》，《墨梯》1923年第6期，第45页。

利源,可以一举两得。而比之今日政府作为,动辄以借款为不二法门,却不作长远考虑而不择用途。如此虽然"时时倡言理财",但"南北仍以战争为事",国家前途不堪设想。文末王伊蔚表达了希望南北早日统一、国家能够转贫弱为富强的愿望。①

在中西女中求学时期,王伊蔚的笔触虽显稚嫩,但已能对世运国情做出颇有见地的分析。不过王伊蔚逐渐发觉自己并不喜欢这所教会学校高度西化的教育方式,对这里学生的生活状态也颇有微词。中西女中早期的教材取法欧美传统教会女校的课程,设有国语、算数、音乐及家政教育等课程,除国语以外,其他学科均用英语教学,教师绝大多数是美国人。每天早上都要祷告、读圣经,每个礼拜天要花半天时间在礼堂听布道,这些令王伊蔚十分头疼。中西女中的学生主要来自上海的上层家庭,她们穿着时髦、精于打扮,课后与好友成双结对地在运动场上并肩散步,久居北方的王伊蔚也显得格格不入,她觉得自己是"离群的孤雁",像个"乡巴佬"一样。

早在1925年,在学校中文文艺会编辑出版的《文艺会刊》所设的"言论"一栏上,王伊蔚便发表了对同学和学校教育的相关看法,以作为"对于诸同学的两大贡献"。她在文中指出,人类之所以灵于万物,不在形貌的美恶,而在于智识的高下。像孔雀一般美于外在的结局,不过是被人所观赏而毫无价值,因此主张同学应"尽力在智识方面求长进",而不可"专在形貌一方去研究"。王伊蔚以男尊女卑的历史为依据,呼吁大家推翻这种陋习,提高觉悟,奋发自振,努力捍卫女子的人格与权利:

---

① 王伊蔚:《论中国今日宜如何理财》,《墨梯》1923年第6期,第13—14页。

我们中国社会，数千年来演成重男轻女的风俗，端在女子没有机会去求智识，伊们天天在家里所研究的，无非是装饰罢了，伊们的目的就是想借着形貌的美丽，可得一个终身的倚靠。那知一般自命为文人的，将伊们的一举一动，形容出来，什么"体态轻盈"呀！"艳若桃李"呀！简直将女子当作玩具一般，这是何等可伤、可痛、可泣、可耻的事呀！年来欧风东渐，男女平权的声浪，布满中国，于是才有女子学校发现，我们女子有这样的好机会，应当怎样努力前进，怎样发奋自振，去推翻以前种种陋习，而挽回我们天生的权利，提高我们的人格，洗去我们数千年来的羞辱，才不愧为二十世纪的女子呢……①

王伊蔚记得，自己初次来沪的时候，便听说中西女中是"上海女校成绩最优美的"，可惜同学装饰奢华，致使一些父母唯恐子女养成奢华习惯，不令子女来此求学。因而提出"应破除装饰美丽的观念"，让一般有志于学的姊妹也有机会来享受同等的教育。除此之外，她觉得教会学校的教育内容也有问题，未能积极关注中国历史与时代风向，培养学生的智识水平，所教与所学皆有不切实际之嫌。由此弊端，王伊蔚希望同学还应"注重课外工作"，可以组织课外读书会，并制定了简要规则以作推行。

教会学校之不满人意，已非一日，自五四运动以来，中国智识阶级受着各种潮流的鼓荡，对于学术上，大开研究，

---

① 王伊蔚：《对于诸同学的两大贡献》，《文艺会刊》1925年第1期，"言论"第1—4页。

然而这种潮流却不能到教会学校里来,他们在文艺上,非但无贡献,而且对于中国以往的历史和现在潮流的趋向,也茫然不知。年来教育部考察各校的智识的程度,其结果教会学校的智识,远不及各国立省立以及各私立学校,其原因都为教会学生平常专注重课本,只求能达到及格的分数,其余对于课外的书籍,如新出版的各种杂志报章,从不加注意,因此文艺之变化,社会之情形,一概不知,将来出而任事,撂撂扰扰,不知所适,无怪乎所学非所用,良足叹息!①

王伊蔚此番针砭学校弊端的言论显然引起了一些争议。同学钱长本读后,对她所发表的看法并不赞同,因而在接下来一期的"言论"栏上刊登文章进行商榷。钱文首先肯定了王伊蔚留心学校状况,将所见所思发为言论贡献同学的良好用意,并觉得同学自由言论、发表个人意见,本就是刊物设立宗旨而无可厚非。她认为,王伊蔚所提"应破除装饰美丽的观念"有一定道理;然而爱美之心人皆有之,不得厚非,只须适其身份而已。对王伊蔚文中提出的,因同学不能破除美丽观念,遂致一般有志求学者不能来受同等教育的看法,钱长本尤其不能认同。她称中西女中既如王伊蔚所见"成绩优美",则真正有志于求学者必会择其善者而从之,耽心求学而鄙弃奢华。而对于王伊蔚所提出的第二个贡献,即"应注重课外工作",钱文觉得颇有些无知之下的贸然。她猜测王伊蔚恐怕仅知埋首案头,未能与同学合作,以至于

---

① 王伊蔚:《对于诸同学的两大贡献》,《文艺会刊》1925年第1期,"言论"第1—4页。

对学校同学的课外工作茫然不知。学校注重历史教育，各级历史教员常令学生参考报纸杂志，洞悉近代时事；新校区图书馆规模一新，各种中西图书、杂志不胜枚举，常见同学在馆中阅览；本校学生并非不注意课外工作，已于邻近村落捐款设立义务学校一所，课余常见学生三五成群去义务教授。这些"王君反而不知"，"大可异耶"，因此发文澄清真相①。

这一期的《文艺会刊》还刊发了王伊蔚的一篇新作，并非回应同学的质疑，而是表达对文学与社会之间关系的看法。王伊蔚以为，文学之昌明与社会之盛衰密切相关。她旁征博引、以古论今，认为写文章应该关注民间疾苦，有益于世道人心，而非以其为自私自利之器，倡导莘莘学子为社会而学，以文学效用于社会。②同一期"诗词"一栏还刊登了王伊蔚的诗作《破规》："如风还讶不成字，似月翻嫌只半明。积尽古来多少墨，才人对此泪潮倾。"似乎表达了无可奈何的缺憾之意。

同年，王伊蔚担任了校刊《墨梯》的编辑③。在年底刊行的校刊中登有她的三篇作品。其一是《我梦里之村落》，文中描写自己伏案批阅陶渊明《桃花源记》时，忽而只身梦入桃花源，见到一片安详和谐、自由可爱的村落，希冀其能实现于今日之世界④。其二为《文虎》，辑录了几条谜语⑤。其三是篇寓言短文，题为"雪美人与泥弥勒之相嘲"，貌似意有所指，仍在批判探讨人之形貌美丑与智识深浅一题。

---

① 钱长本：《读王伊蔚君〈对于诸同学的两大贡献〉》，《文艺会刊》1925 年第 2 期，"言论"第 6—8 页。
② 王伊蔚：《文学与社会》，《文艺会刊》1925 年第 2 期，"言论"第 8—10 页。
③ 《中文编辑部》，《墨梯》1925 年，第 100 页。
④ 王伊蔚：《我梦里之村落》，《墨梯》1925 年，第 5—6 页。
⑤ 王伊蔚：《文虎》，《墨梯》1925 年，第 13—14 页。

雪：丑哉君也！低其眉，露其齿，便便其腹。见君状态，不几令人作三日呕耶！

泥：吾貌固寝，然入吾门者，莫不焚香膜拜以敬我者，求福于我。几会见人之拜尔敬尔耶？

雪：噫！以余洁白之肤，见吾者孰不我爱。人人爱我较之爱汝，固胜过万万也。

泥：彼等固爱汝，然特以玩具观汝耳。一旦日出，照耀子面，吾恐子必汗颜避去，绝不能一刻勾留也。

雪：是也。然不幸而雨，则子岂能独存乎？行见子壑其鼻，失其耳，散为泥沙，被千人践踏耳。

泥：呜呼！噫嘻！茫茫宇宙，吾生若梦。君不见六朝金粉今何在，千载英雄尽土丘。庄周幻梦化蝴蝶，陆子达观识蜉蝣。况吾与子朝不保夕，危在顷刻，一朝黄粱梦熟，又何论乎美丑与善恶。①

王伊蔚在中西女中接受了三年教育，打下了良好的英语基础，但日常生活却很孤单，对学校里的很多事情不习惯。她整日在宿舍埋头苦读，甚至在熄灯后还偷偷溜到厕所继续读书，有一天被巡夜的老师发现了，被严厉地训斥了一番。她渴望离开这里。正当这时，王伊蔚的父亲从哈尔滨调回北京，趁此机会，她离开了上海，考取了冯玉祥在北京创办的今是中学②。

今是中学是冯玉祥在五卅运动后为收容被开除的进步学生

---

① 王伊蔚：《雪美人与泥弥勒之相嘲》，《墨梯》1925年，第18页。
② 王伊蔚：《王伊蔚自传》，上海市文史馆编：《上海市文史研究馆馆员传略（一）》，第106—107页。

而创办,校名取自陶渊明《归去来辞》的知名诗句"突迷途其未远,觉今是而昨非",在王伊蔚的记忆中,这是中国第一个男女合校的中学,由五所教会学校的进步教师脱离原校共同举办。由于学校的经济基础薄弱,师生们一起节衣缩食,生活非常艰苦。王伊蔚被选为学生会文书,在进步教师们的引导下,参加了一系列的进步运动。1926年,日本联合英、美等八国向段祺瑞政府施压,提出撤除大沽口国防设施的无理要求,北京学生与市民群众在李大钊等人的号召下集会抗议,今是中学的师生也上街参与游行示威,抗议段祺瑞政府卖国求荣,李闽学高举旗帜走在游行队伍前列,被军警开枪射中胸部,不幸遇难。同龄人的牺牲使王伊蔚对北洋政府无比愤恨,"三一八"的斗争也教育了这个从小立大志的女生。

不当护士要学新闻

不久,父亲因严重的心脏病无法继续工作,举家迁回了老家福州。在福州,父亲领着政府的津贴,姐夫又是福州一个造船协会的会长,生活可以过得很安逸,但王伊蔚不愿中断学业,选择一人留在北京,想要进一步升学。这时,家里已不愿支持她读大学或出国留学了。为自食其力,中学毕业后王伊蔚考入了协和医院高等护士专科学校在燕京大学开设的护士预科。协和护校成立于1920年,是国内第一所具有本科水平的护士学校,协和医院提供奖学金,学生毕业后到协和医院当护士,每个月的薪水能有80块大洋。但是进入护校后,王伊蔚发现自己对打针、清肠这些工作提不起兴趣,时常怀疑这份工作的意义,而且作为外国教会医院,协和医院里种族歧视的氛围让她很不自在。

1929年,听从了在南京读书的同学的建议后,王伊蔚从协和护校退学，放弃了即将获得的待遇优厚的工作，在朋友的资助下奔赴南京，考入金陵大学历史学系。半年后，当得知复旦大学新闻学系开始招收女生后，王伊蔚果断决定转学复旦，要做中国第一代女新闻工作者，用笔杆子宣传她所追求的男女平等理念。1929年9月5日，在《申报》公布的"复旦大学录取男女新生名单"中，王伊蔚的名字出现在"文科一年级生"中。

　　复旦大学的新闻科始于1924年，在陈望道先生的倡议与主持下，由国文部主任邵力子开设新闻学及现代政治课程。1926年9月，中国文学科设立新闻学专系开始招生，聘毕业于日本早稻田大学，曾任商务印书馆编辑、《文学旬刊》主编的谢六逸主持新闻学组教学工作，陈望道和邵力子共同担任新闻学的讲授。1929年9月，按照教育部颁布的大学规程，改科为系，正式成立复旦大学新闻学系，以"养成本国报纸编辑与经营人才"，谢六逸任第一任系主任。1929年颁布的《复旦大学新闻学系简章》言明了新闻系设立之缘由：

《复旦大学录取男女新生》（载《申报》1929年9月5日）

> 　　社会教育，有赖报章，然未受文艺陶冶之新闻记者，记事则枯燥无味，词章则迎合下流心理；于社会教育，了无关涉。本系之设，即在矫正斯弊，从事与文艺的新闻记者之养

成,既显示以正确之文艺观念,复导以新闻编辑之规则,庶几润泽报章,指导社会,言而有文,行而能远。①

据王伊蔚的同学冯志翔②回忆,当时复旦大学新闻学系的教授阵容豪华,教学内容注重实用,不仅重视知识传授,还重视经验传授③。利用上海的地缘优势,复旦新闻学系还常能聘请一些新闻界颇具名望的主笔、记者、编辑等,来校为学生讲授新闻学理论与实践。如曾请《时事新报》主笔陈布雷讲授社论写法,经理潘公弼主讲新闻编辑,编辑周孝庵主讲新闻编辑和报馆实习;《申报》总经理助理戈公振主讲中国报学史,编辑赵君豪讲授新闻学等。不唯如此,新闻系注重培养报学智识,除学理外,尤重实地工作,常常组织学生观摩申报馆以及《新闻报》《时事新报》《民国日报》等沪上各大报馆。④ 在系主任谢六逸的指导下,新闻系还举行"每周谈话","其意义即每周内有一位教授带领本系之愿意参加的同学,至一指定之地点,自由谈话,问难释疑,以补课堂之不足,不若在课堂中之枯燥也"⑤。经过教师们的热忱指

---

① 徐培汀:《中国早期的新闻教育》,《新闻研究资料》1981年第4期,第134—142页。
② 冯志翔(1908—1989),湖南湘潭人,1932年毕业于复旦大学新闻学系。毕业后,进入中央新闻社担任记者,1934年筹办中央社南昌分社,并任分社主任;1935年筹备成都分社并任主任。在成都期间,还以新闻记者公会理事长身份获选四川省临时参议会全第一、第二届参议员。1944年任陕西省南郑(汉中)县长。抗战胜利后,转赴北平,与友人合办《北平日报》并任总编辑。1949年2月赴台继续从事新闻工作,1989年病逝于台北。
③ 冯志翔:《新闻系的前前后后》,彭裕文、许有成主编:《台湾复旦校友忆母校》,第115页。
④ 徐公远:《特载:参观沪上各大报馆记》,《复旦五日刊》1930年第68期,第3—4页。
⑤ 郭箴一:《新闻学系别开生面的"每周谈话"》,《复旦五日刊》1930年第68期,第3页。

导，加之学生们的好学勤勉，复旦大学新闻学系的地位与声誉蒸蒸日上，其办系与施教方针为国内其他大学新闻系的设立提供了参照标准。

第一学期结束时，新闻系举办了全系大会。会上选举了下届执行委员会九人，王伊蔚与同学郭箴一①均在其中。《申报》报道了这次大会的详情："郭、王两女士善交际、长口才，对于新闻学极有研究，亦为该系中坚分子，王女士平时更为它系女同学们所注意，这次均被选为执行委员，对于办事之成绩定有可观，这当为同学们所预料的。"②对王伊蔚评价颇高且怀持期许，可见她确为学生中的佼佼者。上述报道中与王伊蔚一起被特别提及的郭箴一，毕业后与王伊蔚过从甚密。在同学冯志翔的印象中，郭箴一是湖北人，她才华卓越，曾代表复旦参加华东大学国语演讲，获得第二名，"仍以未获冠军为憾"③。郭箴一大学期间亦关注男女平等议题，在各报发表了多篇文章，1931年6月毕业时，新闻系还铅印出版了她的毕业论文《上海报纸改革论》，足见其学业能力与水平。

在复旦接受了系统的新闻专业训练后，王伊蔚的专业素养日渐扎实。在校期间，她曾发表文章《狂风的转机》，抒发自己对小报杂志热衷于谈论女人的看法。文章颇为尖锐地指出，以往的小报杂志专作一些讽刺、玩弄女人的消遣文字，其作者多是上海的学校制造出来的青年学生，他们毕业后胸中烦闷无可寄

---

① 在校时的名字亦写作"郭贞一"，湖北黄陂人，1931年毕业于复旦大学新闻学系，1930年代出版《中国十说史》《中国妇女问题》等书。1941年冬到延安，在中央研究院中国历史研究室工作。
② 冰也:《复旦新闻系全体大会》,《申报》1930年12月19日。
③ 冯志翔:《新闻系的前前后后》,彭裕文、许有成主编:《台湾复旦校友忆母校》,第110页。

托，在繁华享乐的上海谋求物质的、精神的出路。而中国人的生活沉闷无味，二十余年的内政外交乏善可陈，难以从中摄取做文章的材料，只好满载讽刺女性的文章以博销路。王伊蔚观察到，"九一八"事变后，这些宣泄烦闷的无聊文章逐渐减少，被政治疾难的狂风转动卷去，令人得到一点哀恸中的痛快。因此，她在文章中敬告呼吁：

> 国事已至此，我们此后所需要的是专以唤醒民众为责任的、而不是专谈女人与喊叫东宫与西宫的文字了。诚恳与效果是我们此后文字所急需的两个要素。东北不幸的狂风，请你们利用它吧！把它当作改造小报杂志的一个起点、一个新纪元，以新生的毅力与热忱去溶化此前专事侮辱女性的乌烟瘴气，也就是为此次东北不幸的事变了一个永远的纪念。①

王伊蔚是在多方襄助下完成学业的。在复旦求学时，王伊蔚的姐夫从福州调回上海，平时资助她的一些开销。她自己做家庭教师挣钱，还得到表姐的丈夫和父亲的一个朋友的帮助，姐姐和妹妹在经济上也对她有所帮忙。王伊蔚的妹妹在那时接受父母之命，给一个大她很多岁、育有五个子女的银行家续弦。王伊蔚曾写信给父母，试图帮助妹妹抵抗这桩婚事，但无济于事。王伊蔚的姐姐早年也是在父亲的安排之下，嫁给他挑选的一个学生。姐妹两人的生活虽然富裕，却承受着丈夫不时的背叛与不忠，内心十分痛苦。看到周围妇女们沦为不幸婚姻的牺牲品，王伊蔚在哀

---

① 伊蔚：《狂风的转机》，《循环》1931 年第 1 卷第 29 期，第 9 页。

叹之余感到愤怒①。

在今是中学和复旦大学新闻系求学阶段，王伊蔚的思想渐渐起了变化。她不再是那个两耳不闻窗外事、一心只想读书留学的女学生。在陈望道等进步教师的影响下，她开始阅读革命理论书籍，并学习了马克思主义对妇女问题的基本主张。她逐渐意识到，民族危机日益紧迫，同胞苦难愈发深重，广大妇女处于社会最底层，生活在水深火热之中。王伊蔚希望自己能真正做些什么，为广大妇女的命运去呐喊和斗争。②

发出女人的呼声：《女声》主编

1932年6月，王伊蔚结束十年苦读的求学生涯，从复旦大学新闻系毕业。她下定决心寻觅一份新闻工作，不惜为此放弃银行老板妹夫为自己准备好的银行科长职位。上海报馆众多，仰仗地利之便，复旦大学新闻系毕业的学生亦多去往各大报馆任职，成为业界翘楚。《晨报》主编潘公展曾担任复旦新闻系教授，同学郭箴一在其帮助下已就职《晨报》，任"妇女栏"编辑，王伊蔚借由同学关系，成为特约外勤记者，出外采访各种妇女消息。

王伊蔚采访的第一个名人就是中国著名的节育运动领袖、妇女活动家刘王立明③。两人志同道合、一见如故。刘王立明当时

---

① Wang Zheng, *Women in the Chinese Enlightenment: Oral and Textual Histories*, pp. 226–228.
② 王伊蔚：《王伊蔚自传》，上海市文史馆编：《上海市文史研究馆馆员传略（一）》，第107—108页。
③ 刘王立明（1896—1970），安徽太湖人，妇女社会活动家。1915年加入世界妇女节制会，并在中华分会任职。1916年，考取留美学习奖学金，赴美国西北大学留学，获生物学硕士学位。1920年回国后，担任中华妇女节制会总干事，后被推选为会长。1923年与哲学博士刘湛恩结婚，共同主张教育救国。1938年，刘湛恩拒绝出任汪伪教育部部长而被特务暗杀，为纪念丈夫，她在姓名前冠以"刘"字。

担任中华妇女节制会会长。这是一个基督教妇女组织，提倡节制生育、节制饮酒，主张废除吸鸦片、逛妓院、赌博等陋习，促进妇女身心健康，鼓励妇女服务社会。中华妇女节制会定期出版《节制》月刊，但刘王立明对这份刊物不甚满意，她不想受到教会和政党的影响。因此，她邀请王伊蔚，提议合作办一份独立的妇女杂志，宣传妇女自己的思想，公开讨论各种妇女问题，动员社会底层的妇女姐妹站起来，主动掌握自己的命运。刘王立明所提恰是王伊蔚一直以来所希冀的，她欣然接受了邀请，随即着手筹划起来①。

她们决定把刊物的名称定为《女声》，意即"妇女的呼声"。刘王立明结束了《节制》月刊，转而将办刊经费用于支持《女声》杂志。王伊蔚也说服妹夫和几个银行家在杂志上刊登广告，用广告费补充出版经费，并负责杂志编辑工作。1932年9月18日，《申报》刊登消息先行造势，称"近来女子入校求学与服务社会的人数日增，惟于报纸杂志，除男界所主持刊物外，殊不多观，兹闻本埠女界杨美贞、王伊蔚女士等，为发表妇女之主张、鼓励妇女之工作及指导青年女子之思想起见，特组织女声社发行

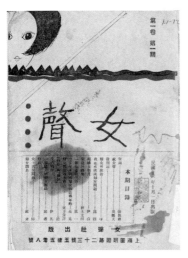

《女声》第一卷第一期

---

① 王伊蔚：《回忆〈女声〉杂志》，上海市文史馆、上海市人民政府参事室文史资料工作委员会编：《上海地方史资料（5）》，上海社会科学院出版社，1986年，第100—111页。

旬刊，定名《女声》"①。经过两个月的准备，1932 年 10 月，《女声》第一期正式出版，王伊蔚的同窗郭箴一亦在撰稿者之列。

《女声》是在抗日救亡的浪潮中诞生的。当时，日本在上海蓄意制造"一·二八"事件，驻上海的十九路军奋起抗击，举国上下民情沸腾。《女声》的发刊词慷慨直书国家民族的迫急情势，呼吁青年妇女——无论何种身份、职业，一致团结起来投身参加救亡运动，在积极的斗争呐喊中争取男女平等，实现妇女解放与民族解放的目标：

> 秋风萧瑟，秋雨凄凉，盛夏已过了，我们再听不见惊人迷梦的雷声，我们再听不见绿荫丛里的儿童欢笑声。在这里，我们只听到东北战场的杀伐声，敌人胜利的狂笑声，马路上富翁的汽车声，跳舞场里的音乐声，内地的灾民悲号声，少数忧国志士的狂叫声，于是我们也不忍再寂然无声！
> ……起来呵！青年的姊妹们，东方已白，不要再昏睡了。抖擞精神，重新揉和这盘散沙，建筑巩固的城堡，直接的肩起解决妇女自身问题的责任，间接地解决整个民族问题。②

1920 年代就已成名的散文家、《语丝》杂志的发起人之一吴曙天女士为《女声》撰写了"发刊词"："因为这是我们妇女界同人的唯一发表文字的场所……她没有党派，没有政治上的作用与目的，她唯一的使命，在唤醒黑暗沉沉的女界"。吴曙天认

---

① 《女界组织女声社》，《申报》1932 年 9 月 18 日。
② 《发刊词》，《女声》第 1 卷第 1 期，1932 年，第 1 页。

为，中国妇女运动应从文化上做起，希望《女声》杂志能够担负起文化启蒙责任，并指出"解放不能倚赖别人，自由也不能从天而降。要有许多识字读书明理而且肯工作的妇女，中国的妇女前途才有希望"①。这也是王伊蔚与刘王立明创办《女声》的动机与愿望。

王伊蔚四处奔波，除了自己不断撰稿之外，还向同学和知名人士组稿，以充实杂志的内容。她们刊登广告称："《女声》是每个女子的报！近代女子不可不看！男子欲知女子的作品不可不看！"②《女声》会刊登一些理论文章，以夯实妇女运动的理论基础；也紧跟时事、针砭时弊，帮助读者了解国内外政治形势与妇女运动情形；并且注意关注劳动妇女的生活现状，广泛搜集和报道了全国各地各阶层的妇女情况；还曾介绍过宋庆龄、何香凝、邓颖超、丁玲等知名妇女的光辉事迹，为社会树立榜样；另外，还连载小说、诗歌、漫画，设置"读者信箱"栏目，为妇女朋友排忧解难。由于《女声》旗帜鲜明、形式新颖，敢于为妇女发声，深受读者的欢迎。自《女声》问世之后，妇女界陆续自办了不少刊物，引发了一定的规模效应。

《女声》声势日盛而销路广开，究其原因，横跨各界的作者群与扎实的文章质量至关重要。1933年8月1日，《申报》报道称，"《女声》杂志在暑假期中销路陡增，大致以该刊作者均系各界妇女先进"，包括文学界、新闻界、法律界等；所载文章又"短小精悍、富有刺激性、极有力量，使读者阅之不倦，较之其他妇女刊物，可谓别开生面"③。至1934年4月22日，《申报》

---

① 曙天：《祝〈女声〉》，《女声》第1卷第1期，1932年，第1页。
② 《申报》1933年4月1日。
③ 《出版界》，《申报》1933年8月1日。

登载的《妇女刊物介绍》中,对《女声》的内容、旨趣大加赞赏,认为其"不要说是现代妇女刊物中首屈一指的,就是一般的刊物中也可算是凤毛麟角",更对《女声》杂志本身予以仔细的介绍:

> 它指导的范围,不仅限于妇女问题的讨论,举凡内政、国际、学术,以及各种社会问题也都论及。尤以妇女特殊性的解剖,两性不平等关键的探究,最能领导妇女解放走向正确的道路。且该刊完全是由女性主持的,长期撰稿的如黄庐隐、何香凝、伊凡、黄养愚、梅美贞、金石音、何梅、陈碧云、苏杨、樊英、碧遥、郭箴一、凤兮、李文灿、陈维姜、查欧等均为见解超卓、思想透彻的女作家,特此介绍。①

《女声》在创办的过程中得到许多扶助,也遇到不少困难。王伊蔚与妇女界同仁一起并肩奋斗,她们有的撰稿支持,有的义务推销,有的募集资金,使《女声》成为舆论场上宣传妇女解放的中坚力量。《女声》还博得社会上一些知名人士的爱护:何香凝曾再三鼓励她们,要不怕艰难,坚持到底,把《女声》办好;女青年会总干事蔡葵(即蔡慕晖,陈望道夫人)对王伊蔚十分赏识,邀请她去编《女青年》;夏衍也曾亲临指导,并向王伊蔚赠送自己翻译的《妇女与社会》一书,使她更加明确了目标,坚定了斗争的意志;一些著名学者、作家踊跃撰稿,为杂志增色不少。王伊蔚担负编辑之责,日常进行组稿、催稿、取稿、校对、编排等事项,具体过程细碎繁杂,有时不免得罪人。除了编辑之

---

① 曼仑:《妇女刊物介绍》,《申报》1934 年 4 月 22 日。

外，她还要对付国民政府的审稿检查，联系广告业务，和印刷所打交道，亲自到报摊推销。王伊蔚曾告诉友人，为了保证刊物及时出版，她经常顾不得吃饭，校对到深夜才回家；为了省钱，也常常要步行，有时会碰到无赖骚扰，使她深感女子在社会上做事的不易①。

独立办刊

正当《女声》声誉大振之时，王伊蔚与刘王立明之间的意见分歧越来越大，最终导致《女声》独立。刘王立明是基督徒，她始终认为《女声》是中华妇女节制会的宣传工具，要求每期都要刊登节制会的活动消息。王伊蔚对此不以为然，并未完全照做。二人更大的分歧则是，刘王立明的思想带有明显的宗教色彩，热衷于鼓吹贤妻良母主义，主张每个妇女首先应做好妻子、好母亲；王伊蔚则号召妇女冲出家庭，走向社会，投身于波澜壮阔的社会运动。王伊蔚对刘王立明提供的稿件并没有一一刊登，认为其与《女声》杂志的创办宗旨不完全相符。起初，刘王立明做了一些克制性的让步，后来，随着《女声》的经费开支日益庞大，刘王立明感到难以负担，经过多次商讨，最终女声社与中华妇女节制会分道扬镳。

《女声》走上独立道路，面临的首要难题就是经费来源。王伊蔚临时召集女声社，设立改组委员会，通过原来的作者和友好人士发起女声社游艺大会，邀请著名演员郑君里、胡蝶等人举行义演，卖票募捐，积极筹措经费②。游艺会的卖座率很高，由此

---

① 言成：《〈女声〉总编辑王伊蔚》，《上海妇女》1939 年第 2 卷第 9 期，第 19 页。
② 《女声社举行游艺大会》，《申报》1934 年 5 月 25 日。

集中了一笔很可观的款项。之后，王伊蔚又只身前往南京和青岛，向父亲的好友们请求资助，妹妹也不断以私蓄接济，再加上一些广告费用，办刊的经费困难得以解决。

1934年8月，女声社进行改组。刘王立明以"事务纷繁，不暇兼顾"本想辞职，但全社成员以其为"创办人及妇运先进"，且"社务上亟待领导"，一致恳切挽留，最终仍以刘王立明为名誉社长，王伊蔚担任总经理及编辑部主任①。1934年9月10日，《女声》出版了一期改组特号，向读者们宣布改组的情况。王伊蔚称，《女声》的功绩即在于为妇女界尽了些号召的责任，过去的编辑工作受到主观与客观条件的限制，不能满足读者的要求，这是非常抱憾的。而今为进一步完成号召呼吁的任务，编辑同人将有所扩充，团结更多更大的力量日益进展，更注重内容的深刻化与专门化，以期无负读者期望；希望读者大众共同努力，达到妇女解放的目的。王伊蔚在卷首慷慨激昂地申明《女声》的立场，向贤妻良母主义开炮：

> 几千年在礼教的魔力与经济的威权双重压迫下的妇女，由于自身的奋斗，方庆获见一线的曙光，而今不幸在这礼教复活与经济破落的年头，又遭遇着狂风暴雨般的袭击了！"妇女回到家庭里去"！"妇女应该做新的贤妻良母"！……这些都是教人向我们进攻的新武器！什么"提倡朴素装饰"，什么"男女防闲"……都是敌人新装的烟幕弹！陷在这重围中的妇女，如果还是采取"不抵抗主义"，只是等于自杀！

---

① 《女声社内部改组》，《申报》1934年8月28日；另见《本社改组同人一览》，《女声》第2卷第23期，1934年，第29页。

> 时代的车轮是前进着！敌人最后的戏法只是刹那间的回光返照！"知己知彼百战百胜"，我们反攻的武器，惟有更团结自身的力量！巩固自己的阵线，换句话说，即是集中大众的力量起来奋斗！坚决的，勇敢的，无情的奋斗到底！

在本着过去的方针之上，王伊蔚力求改善，使其日益进展。除了继承过去的一贯精神，在政治、经济、社会、文化各方面为大众妇女要求平等的待遇之外，王伊蔚还将妇女问题放置在整个社会问题中希求改造。她认为，妇女问题不是孤立的，而是和整个社会问题有着密切的联系，是整个社会问题的一环；在社会问题未解决之前，妇女问题决不能有彻底的办法。因此，《女声》的旗帜标明着"解放妇女"，而同时又要求"改造社会"①。10月10日，《女声》又出版了两周年纪念号，这是旗帜鲜明改弦更张的一期。王伊蔚感慨着两年来的收获，也清楚明白地宣告了《女声》杂志的独立：

> 两年来，在荆棘丛生的荒原中，我们的呼声，居然在大众的四周得到了同情的反应：这是何等的欣幸！现在我们更由思想接近，内心共鸣的一致努力之下，进一步开展我们的前途了。明白地说：今后的女声，再不是某种机关的附属物，而是发展成为妇女文化事业的新武器了。

王伊蔚称，过去由于女声社不是独立组织，所刊稿件往往有不一致的现象，具体的主张未能完全发表，读者与社会人士不免

---

① 伊蔚：《卷首语》，《女声》第 2 卷第 23 期，1934 年，第 1—2 页。

对此发生误会。而今女声社宣告独立，敢将自身的思想与主张明白地宣布了。接着，王伊蔚以马克思主义唯物哲学的分析方法，论述了人类历史的演变与世界大势的趋向，再次重申妇女问题是整个社会问题的一环，在整个社会问题未解决前，妇女问题决不能有彻底的办法；反之，妇女问题没有彻底办法，社会问题也不能算是根本解决。她指出，目前中国妇女运动存在两个倾向，一是提倡新贤妻良母主义，造成了新的束缚；一是进行狭义的女权主义，是少数人的投机所为。两者均不能为大众妇女谋得出路，应该坚决反对。"我们所需要的是深入群众的妇女运动，从民族解放运动中达到全人类的解放"，王伊蔚希望大众共同努力，让《女声》成为"社会之声"①。年底，刘王立明在报上发表声明，辞去了女声社社长一职，此后社中一切概由王伊蔚负责②。

王伊蔚在复旦时就接触到共产主义思想，并对其产生了一定的信仰，因而在编辑《女声》时也有意介绍相关理论，用以分析性别问题。她在《女声》创刊阶段便指出，男女平等问题的症结"完全建筑在社会经济制度之上，在社会与经济制度未改变之前，男女不平等不能有十分把握的"③。《女声》办刊一周年时，王伊蔚更明确表明，刊物的立场是以大多数人的福利为前提，坚持社会主义的认识，铲除世界上种种不平等现象，以求合理化社会的实现④。之后，王伊蔚还曾向读者介绍科学社会主义的特征和主张⑤。独立后的《女声》面目一新，受到进步人士的赞赏和广大

---

① 伊蔚：《今后的〈女声〉》，《女声》第3卷第1期，1934年，第1—2页。
② 《刘王立明启示》，《申报》1934年12月9日。
③ 伊蔚：《男女平等问题的症结》，《女声》第1卷第3期，1932年，第2—4页。
④ 伊蔚：《我们的立场和态度》，《女声》第2卷第1、2期，1933年，第1页。
⑤ 伊蔚：《什么是社会主义？》，《女声》第2卷第4期，1933年，第9—10页。

读者的喜爱。但是，由于《女声》介绍解放区妇女的生活情状和苏联妇女运动的状况，积极宣传民族救亡运动和妇女解放的革命理论，在批判、揭露社会黑暗时直指国民党当局，因而不断遭到刁难和打击。

1935年，国民政府加紧了新闻审查，《女声》的稿件经常被扣压，甚至被肆意删削，不能及时排印发行，好不容易得以艰难发行的刊物，也被改得面目全非、支离破碎。王伊蔚个人也被华洋两界主管机关注意上，一位朋友告诉她，她的名字已经上了工部局黑名单。再加上经济困难，来稿急剧减少。在政治和经济的双重压迫之下，《女声》的发行数量日益下降，广告难以兜揽，陷入困境，不得不忍痛宣布停刊。①

投身抗战与重办《女声》

《女声》因为种种原因被迫停刊后，王伊蔚迫于生计，在邮政储金汇业局工作了两年半。这段时间王伊蔚的情绪很消沉，她对友人说："我原来的志愿，是希望做一个新闻记者，所以我当初特地由金陵大学转到复旦的新闻学系。从复旦毕业后，我就在《晨报》充当妇女栏记者，因此便认识了刘王立明。后来脱离《晨报》，和她创办《女声》。最后因为意见背道而驰，而独办《女声》……由于过去的经验和当前的问题，我才深深地了解，办刊物不是简单的事，我太坦白……现在我不敢再做新闻记者的梦了！只希望将来能做点翻译工作，我已开始读日文，一方面还继续研究英文……"②

---

① 王伊蔚:《王伊蔚自传》，上海市文史馆编:《上海市文史研究馆馆员传略（一）》，第108—109页。
② 言成:《〈女声〉总编辑王伊蔚》，《上海妇女》第2卷第9期，1939年，第19页。

卢沟桥事变后，全面抗战爆发，但王伊蔚却逐渐脱离了文化圈，一些朋友鼓励她回到新闻界，动员群众抵抗日本侵略。1938年10月中旬，友人接到王伊蔚来函告知近况，她称自己现在身体常生病，打算等身体好点后离开"孤岛"，去参加抗战工作[①]。后来，经一位广东友人相邀，王伊蔚前往韶关。一次偶然的机会，她在书店看到一本《广东妇女》杂志，上面刊登了一篇简要的列宁传记，暗示这本杂志的进步立场。王伊蔚立即写了一篇文章，记叙了在广东的旅途所见，并告知对方自己曾是《女声》杂志的主编，将之一并投寄过去。没过几天，王伊蔚收到回信，聘请她担任《广东妇女》的编辑。

主办该杂志的是广东省政府主席李汉魂的夫人吴菊芳，王伊蔚随着广东省政府转移到荒僻的黄泥岗。当地生活相当艰苦，白天需要翻过五座土丘去印刷所，夜晚睡在泥地上，头顶经常有老鼠窜过。有一天，王伊蔚正在印刷所，一阵空袭警报急骤响起，她跑到山顶，听到上空密密麻麻的机枪声和远处的炮声，警报解除后，她摸黑回到住所，听到同事议论，为了阻止日本人追击，广东省政府炸毁了一座重要桥梁，决定转移到广西。王伊蔚觉察到，国民政府无心抗战，她心灰意冷，又感染了疟疾屡治不愈，于是准备返回上海。

在广东游历工作时，王伊蔚认真体察这里的风土人情，尤其关注农村妇女的生活。看到粤东的农村妇女"和劳动男子同样的结实、吃苦、有气力，能够担任一切劳动工作"，她感到惊异与赞叹，联想起城里人生活的种种情况，她升起"一种浓烈的同情"。王伊蔚记叙了这些妇人的劳动状况、文化水平和婚姻制度。

---

① 言成：《〈女声〉总编辑王伊蔚》，《上海妇女》第2卷第9期，1939年，第19页。

一位广州的朋友批评道，这些妇女既可怜又可敬，她们完全不了解自己生存的意义，愚昧无知地生活着。王伊蔚对此深以为然。这些妇女"终年耕种，汗血流尽，而所换取的代价只是一些维持生命的野草泥水"，更不幸的是，"到了今天，连这种牛马生活，最低限度的生存权利也将被人掠夺去了"。但她也认为，塞翁失马，焉知非福，"不幸的不幸，却正是光明和幸福的先声"。战火中，"一般智识阶层的份子"的觉悟被唤醒，了解到应该团结这些坚苦耐劳的妇女群众，开展广大的农村妇女运动。王伊蔚深深希望，这些粤东姐妹能够"以崭新的姿态呈现于崭新的中国"[①]。

回到上海后，王伊蔚又为《大美晚报》"妇女栏"撰稿，鼓动妇女参加抗战。然而，好景不长，《大美晚报》总编辑张似旭遭到日本人暗杀，报纸就此停刊。为了躲避日寇的暗算，王伊蔚改名王耐一，回到母校中西女中担任语文老师。多年后，有学生撰文感念国文老师王耐一，称她在学校里面独一无二，曾特别指导自己的写作，使自己深受鼓励[②]。当时中西女中的校长是薛正，她与政府周旋，使学校教学未受日方干涉，教师可以自由选择国语教材。王伊蔚在中西女中任教两年，学生们的语文水平大有起色，她因此得到校长赏识。无奈遭人嫉妒，校长找王伊蔚前去谈话，怕她所选的教材引起家长们的反感。王伊蔚非常气愤，眼看日本即将投降，她当即辞职，筹备《女声》复刊事宜。

之所以复刊《女声》，除了继承往日志业之外，还有一件事情刺激了王伊蔚。"太平洋战争"爆发后，孤岛上海彻底沦陷，日本女作家佐藤俊子和中共地下党员关露合作在上海办了一本杂

---

① 王伊蔚：《粤东的农村妇女》，《上海妇女》第3卷第10期，1939年，第12—13页。
② 陈云德：《国文老师王耐一》，张珑：《回忆中西女中（1900—1948）》，同济大学出版社，2016年，第15页。

志,也叫《女声》。那时,王伊蔚在中西女中任教,终日忙于教学工作,根本没有看书报的时间,还是从一位内地朋友的来信中得知了这本《女声》的存在。王伊蔚特地前去书报摊察看,发现这本杂志在开本大小和编排形式上均与自己从前所办的《女声》相同,甚至连封面设计的"女声"字样都一模一样,她非常气愤。这本由日本人主办、有日本人注资的《女声》令王伊蔚始终耿耿于怀。1945年9月2日,王伊蔚在报上发布申明,为《女声》正名:

> 鄙人于民廿一年与王立明女士合办《女声》半月刊,出版四年停刊,八一三后,鄙人赴粤任省政府主办之《广东妇女》编辑。嗣韶关沦陷,鄙人来沪任《大美晚报》妇女栏编辑,太平洋战事起停刊,自是息影不问外事。讵有某某等盗窃《女声》名义,肆播狂言,黑暗之中无从与较,今光明重见,蟊贼销声,恐外界不明真相,特此声明。①

靠妹妹给的五百元赞助费,王伊蔚邀集《女声》留在上海的部分老撰稿人,如黄养愚、凌集熙、曹静渊、袁宝月等,接洽印刷所和书店,着手进行复刊工作。在朋友和学生的协助下,1945年11月1日,复刊后的《女声》终于与读者见面。回顾即将过去的1945年,王伊蔚动情地写道:"1945年是伟大的,伟大的,因为她粉碎了侵略者的迷梦,并粉碎了侵略者自身。然而,她的代价也太大了,太大了,令人回想不得。"她满怀希望地寄语即将到来的1946年:"1946年应该是更伟大的,因为她将给人以

---

① 《王伊蔚(耐一)为〈女声〉声明》,《申报》1945年9月2日。

复刊后的《女声》月刊

和平与安息，建设与改造，自由与解放。"在辞旧迎新之际，王伊蔚鼓动妇女姐妹们一起推动这"时代的巨轮"，使它行向"我们所希望的方向"，让 1946 年"是我们妇女，我们社会解放的伟大的一年"！①

在复刊最初几期，《女声》发表了一些文章，对我国妇女在抗战中的积极作用予以肯定；同时，正确评价了现阶段我国妇女的革命贡献，指出接下来进一步努力的方向。后来，许多老作者陆续从内地返回上海，编辑人员得以扩充，稿件来源日渐充足，增加了不少新的栏目，如"一月时事""科学常识""小茶座""妇讯集锦"等。其间，《女声》编辑部还邀请社会各界的妇女代表，召开了几次专题讨论会，讨论女子参政问题、妇女教育问题、知识妇女的出路问题、抗战夫人问题等，呈现了战时与战后妇女生活的真实处境，积极探讨着战后妇女的前途与去向，在舆论上推动社会为妇女营建一个更为合理化的环境。

因为经费困难，复刊后的《女声》曾与出版商康丹有所合

---

① 本社：《新年献辞》，《女声》第 4 卷第 1 期，1946 年，第 4 页。

作，由他们专管发行。后来，出版商试图干预《女声》的编辑方针，王伊蔚便不再与之合作，发行陷入了困境。刚巧刘王立明从重庆回到上海，经过抗战洗礼后，她的思想发生了深刻的变化，从贤妻良母主义中解脱了出来，投身于妇女运动的具体实践中。刘王立明十分赞成王伊蔚复刊《女声》的举动，她对王伊蔚说，目前中国的形势较之从前更为黑暗了，劳动妇女的生活处境更加惨苦，我们应该加强团结，努力办好《女声》，维护妇女利益，为推动社会的进步出力，继续抗争前进。于是，王伊蔚与刘王立明重新合作。再次合作后，基本延续之前的行政安排，刘王立明担任社长，王伊蔚任总编辑，其余事务均由节制会职员兼任。《女声》的编辑方针也有所改进，广泛征集教育界、文艺界、医学界、法律界等妇女的作品，培养妇女同胞的写作兴趣与能力；还特约了一些记者，分头采访各阶层妇女进行报道，使《女声》更加光彩照人，读者群更为广泛。

而此时，国民政府行将灭亡，疯狂迫害进步人士，对言论的管控愈发严厉。在白色恐怖的笼罩下，刘王立明身为民盟成员，经常抛头露面参与社会政治活动，因此遭到反动派的追捕，不得不离沪前去香港。临行前，刘王立明嘱咐王伊蔚尽力把杂志办下去。然而，局势越来越紧张，有时排好版正待付印的稿件也遭销毁，《女声》的处境十分艰难。王伊蔚等人为了筹措经费，不得不举办义卖活动和联谊舞会进行募捐，此举得到很多旧友的支持，他们捐献了不少书画和古董。但国民政府滥发纸币，通货膨胀日益严重，人们的购买力大不如前，义卖以失败告终。面对种种压力，王伊蔚感到心力交瘁，《女声》不得不再次停刊。①

---

① 王伊蔚：《王伊蔚自传》，上海市文史馆编：《上海市文史研究馆馆员传略（一）》，第109—110页。

在《女声》的最后一期上，回望即将过去的1947年，王伊蔚看到的，是繁华表象之下的满目疮痍："圣诞节来了，1947年就要和我们告别。战争一年又一年的打下去，整个的中国陷于烽火与饥馑中，上海表面上虽然歌舞升平，一些阔佬以一百多万一只的火鸡来闲情逸致地点缀圣诞，然而广大的市民看看米价已跳出百万大关，正为着生活威胁而发忧，街头的贫民在一夜之中已冻死了一百多人，这年头真正能贺新年过圣诞的，毕竟是少数啊！"再看1947年的妇女生活，王伊蔚更觉不堪回首："自杀与被杀的是那样普遍，被迫为娼的如此之多，始乱终弃的案件不断的发生，离婚与通奸等的家庭纠纷炽盛一时，这一切充分说明在战争不停，通货膨胀之下，一般人生活陷入空前的劣境，而妇女更随着遭受残酷的践踏。"面对即将到来的1948年，王伊蔚振作精神分析时局，鼓励广大妇女往深远处看，相信革命的光明前景，咬紧牙关继续奋斗：

> 看一九四八年的局势，战事已逼近决斗的阶段，我们的生活当然不会马上好转，苦难也许还要加重；然而我们放眼往远处看，从深处看，和平民主的火炬正在向我们照耀、迫近，我们深信黑暗的尽头就是黎明，让我们咽下痛苦，咬紧牙关，认清方向，携起手来，踏过这黑暗。
>
> 姊妹们！
>
> 光明在前面！
>
> 幸福在前面！①

---

① 蔚:《迎一九四八年》,《女声》第4卷第10期，1947年，第4页。

不服输的女生

从 1932 年创办到 1947 年最后停刊，王伊蔚为之奋斗的《女声》杂志断续十五年，占据了她人生最为活跃的青壮年时光。她践行了在复旦求学时立下的"做中国第一代女新闻工作者"的志愿，在筚路蓝缕中开启了一片属于妇女姐妹的山林。她与同人所搭建的《女声》平台，关注与妇女相关的社会政治文化动态，积极勇敢地针砭时弊，为社会各阶层的妇女发出声音，齐力探索妇女问题的迷思，这些时代声音直至今日仍有回响。

《女声》停刊后，王伊蔚只得靠做家庭教师、卖旧书苦度时光。上海解放时，王伊蔚身体衰弱，一时无法参加正式工作，就在家中招收些学生，替他们补课。学生们个个考上了重点学校，王伊蔚却患上肺结核，经过一年住院、两年疗养，她的身体状况才有所好转。1962 年 6 月，王伊蔚被聘为上海文史馆馆员，生活得到保障。在文史馆，受到一些习诗作画的老人影响，王伊蔚开始学习绘画，并且小有所得，参加了文史馆内举行的展览会。学画之余，王伊蔚还学习作诗，表达自己在解放之后的欢欣鼓舞之情。她念念不忘妇女工作，希望继续设法提高妇女的素质，以推进男女地位的真正平等。

早年办《女声》时，王伊蔚曾有过一段婚姻。对方在国民党的县政府里任职，是《女声》的读者，后来成为《女声》的撰稿人之一。他经常写信给王伊蔚，两人渐渐熟悉并确立了关系，但他后来背叛了王伊蔚，两人最终分开。王伊蔚没有孩子，在成为文史馆馆员后，她时常利用空闲时间为一些青年妇女义务补习文化知识。她的身边常环绕着一批年轻人，他们经常在其狭小的家中举行青年沙龙，一起高谈阔论。在与青年朋友的交往接触中，王伊蔚被年轻人的青春活力感染，与他们成了忘年交。

年轻朋友对王伊蔚非常信任，王伊蔚也"抖擞精神发挥余热"，借此机会在其中牵线搭桥，主动当起年轻人之间的"红娘"。她还做了两首诗，表达自己对青年妇女择偶的看法。一首是："天赋无盐貌，偏怜宋玉才。佳音悬似月，坐待鬓毛衰。"另一首为："梨花满地春将暮，寂寞空闺唤奈何。莫怨红娘惜脚力，鸳鸯楼少朱儒多。"①1988年，王伊蔚在复旦新闻系的学妹、著名记者陈桂兰采访了上海这位小有名气的"老红娘"。在采访中，王伊蔚对"做红娘"一事颇有心得，她说："做红娘并不比写文章容易。写文章要取材立意，谋篇构思。做红娘也要观察思考，找准目标。每个青年各有特点，世上没有两个青年是相同的，我从各种青年的想法着手，探索他们的内在气质，才有了介绍的基础。我不贸然搞拉郎配！"王伊蔚还鼓励女青年，不要在传统意识的左右下产生"慕强"心理，全然依靠丈夫，在寻找理解的时候要增强自我意识②。

1990年，王伊蔚在苏州凤凰山为自己立了一块墓碑，请一位朋友为她写了碑文。在人生的最后阶段，王伊蔚希望为自己，也为曾经一起并肩战斗过的战友们，作最后的纪念，并试图将《女声》这份杂志的立场与真伪，再次澄清告知世人。1993年，王伊蔚因病去世，享年88岁。

对王伊蔚来说，为自己一手创办的《女声》正名仍是她最大的心愿，这位复旦女生生前确认过的碑文这样写道：

---

① 王伊蔚：《王伊蔚自传》，上海市文史馆编：《上海市文史研究馆馆员传略（一）》，第110—111页。
② 《上海有个老"红娘"——访〈女声〉杂志创办人王伊蔚老人》，陈桂兰：《空谷幽兰——穿梭在大上海城市空间》，上海大学出版社，2018年，第61—63页。

王伊蔚女士毕生致力于妇女解放和爱国反帝斗争。1932年日本侵华，王伊蔚站出来联合进步妇女如刘王立明，组织女声社，创办《女声》杂志。撰稿人包括刘王立明、杨美贞、何香凝、彭子冈、黄碧遥、金石音、章乃器和沈志远。《女声》在救国运动中发挥了先锋作用，读者反应强烈。因此，上海沦陷后，日本人利用《女声》的声望出版了一份伪"女声"，宣传"大东亚共荣圈"的卖国主义。它向中国人灌输投降立场，企图消灭中华民族和种族。但是结果恰恰相反。愚蠢的日本人被彻底打败，赶回了他们的老家。今天，我们中国人已经站起来了，妇女已经解放了。王伊蔚女士在推动历史车轮前进的过程中做出了自己的贡献。①

---

① Wang Zheng, *Women in the Chinese Enlightenment: Oral and Textual Histories*, pp. 236-237.

新中国女子不朽的典型：烈士黄君珏

> 君珏，
> 你是新中国的卫士，
> 站在战斗最前线。
> 你是钢铁的女儿，
> 经过熔炉百炼。
> 你抛去宝贵的青春，
> 为民族燃起了不灭的火焰。
> 你迸出鲜红热血，
> 写下了光辉的英雄诗篇。①

黄君珏，又名维祐（也写作维佑），1912年出生于湖南湘潭。其父黄友郢曾任国民政府社会部参事，舅舅余籍传曾任湖南建设厅厅长。君珏是家中唯一的女儿，在这样的家庭中，她本应成为一位无忧无虑的富家小姐，然而，不平静的时代造就了这位女性不寻常的人生。

---

① 刘思慕:《太行山不朽的女儿——悼黄君珏烈士》,《力报》"文艺新地"副刊第78期，1944年2月16日。

十五岁时,黄君珏参加了共青团,在长沙从事妇女运动。马日事变后,她只身来到上海。十七岁时,君珏考入复旦大学经济学系。在复旦,她加入中国共产党,宣誓为共产主义事业奋斗终生。毕业后,君珏运用在复旦学习的英文知识,凭借机敏果敢的性格,在隐蔽战线上发光发热。二十三岁时,君珏因掩护刘思慕被捕,直到国共第二次合作后才被释放。重获自由后,她来到长沙,开办妇女难民工厂,迅速投身抗战热潮。不久,二十七岁的黄君珏接受组织命令奔赴太行革命根据地,先后在太行文化教育出版社、《新华日报》华北分馆和华北新华书店工作。1942年,在三十岁生日当天,黄君珏在敌人扫荡根据地的枪炮声中跳崖牺牲。

这位来自湖南的"官家小姐"是如何成长为"报业女杰"的?她又如何书写自己浓墨重彩的人生呢?

学生时代:女中、复旦与革命之火

1912年6月2日(农历四月十九日),黄君珏在湖南省湘潭市衡山县雷家宅出生[1]。父亲黄友郲(1889—1948)历任国民政府财政委员会秘书、监察院审计部审计、社会部参事等职[2]。舅舅余籍传从美国伊利诺伊大学留学归国后,于1933年任湖南建设厅厅长[3]。哥哥黄维立(又名意明,1910—1935)在中学时代就接受进步思想,参加了中国共产主义青年团和中国共产党,

---

[1] 尹伦:《悼君珏同志》,《新华日报》(重庆版)1942年12月7日。
[2] 刘国铭主编:《中国国民党百年人物全书下》,团结出版社,2005年,第2047页。
[3] 长沙市地方志办公室编:《长沙市志》第16卷,湖南人民出版社,2002年,第252页。

黄维立的学位照（图片由复旦大学档案馆提供，但在校内档案中未找到黄维立的学籍袋，学位照来自1929年的《复旦大学毕业纪念刊》）

黄君珏烈士生平事迹陈列馆展陈，该馆位于湖南省湘潭市湘潭经开区响水乡红星村

同时在远东情报局的秘密情报机关工作。黄维立 1929 年毕业于复旦大学，1930 年初赴德留学，1935 年不幸因煤气中毒死于德国——也有材料显示，在中华民国驻德国大使馆任职、同时在柏林大学攻读经济学博士学位的黄维立是在 1938 年 8 月因感于国难与病痛均"沉疴难返"而选择服安眠药自杀①。

在黄君珏出生、成长的时代，湖南正是中国民主革命、妇女运动的重要中心之一。辛亥革命后，衡阳人唐群英轰轰烈烈地开展妇女参政运动；五四运动后，在长沙创立的新民学会更是有四分之一强的女性成员，向警予、蔡畅等均在列。湖南当时有省立第一女子师范学校、周南女子学校等著名的新式女校，有传记称君珏就曾就读于周南、明德二校②。在进步思想的影响下，君珏十五岁就参加了共青团，负责妇女工作。马日事变后，家里怕她出事，要她离开长沙，她只身一人前往上海，先后就读于启秀中

---

① 本文有关黄维立的生平参照 2023 年刚落成的"黄君珏烈士生平事迹陈列馆"对黄家家人的展陈介绍，这个说法在以往关于黄君珏家世的介绍中是很少见的。黄君珏的儿子黄继祐在回忆母亲的文章里提到舅舅只说赴德留学与不幸去世，说明他并不了解舅舅秘密情报工作者的身份；但黄君珏 1930 年代成为共产国际在远东的情报员，又是因为哥哥同学的介绍，大概可以推测黄君珏知道哥哥的身份，但限于秘密工作的纪律要求，她并没有告知家人。参见黄继祐：《怀念我的母亲黄君珏烈士》，载师德清主编：《烽火太行半边天》，中央文献出版社，2005 年，第 45 页。但是有关黄维立在德身份、死亡时间与原因，有完全不同的记载。1939 年 1 月 19 日，《申报》《中央日报》《新闻报》《时事新报》等大报都报道了中华民国驻德国大使馆职员黄维立在德国自杀的消息，称自杀发生于"上年八月一日"，黄维立除服务于大使馆，同时在柏林大学研究经济，"国难以后，大使馆工作较繁，亦颇能任劳，因而致疾"，在博士应试后，病愈加重，因病事与国事均大吃一惊沉疴难返，遂服安眠药自杀，留下遗书称："国家危难，以病躯不但不克尽力救亡，有生一日，皆为消耗民族财力物力之时，因而不如自去。"

② 王孝柏：《黄维祐烈士传略》，长沙市明德中学百年校庆办编：《百年明德 磨血育人》，2003 年，第 219 页。

黄维佑女士，复旦大学高材生，天资聪颖擅演剧（载《图画时报》1929年第601期封面页，余国琦摄）

学和上海中学，并于1929年考入复旦大学经济学系①。湖南湘潭的官家小姐小小年纪就踏出闺阁，走向革命风暴中的上海滩。

1929年，黄君珏（在校期间，她还使用黄维祐的名字）进入复旦大学法学院经济学系就读（见下图）。

入校没多久，她就被卷入一场关于复旦女生择偶观的讨论，《中国摄影学会画报》以"女学择偶之条件"为题登载了一则消息，点名复旦一年级女生黄维祐提出八大择偶观：

> 复旦大学一年级，有女新生黄维祐者，素不爱与男性交接，但对于男性之批评又极中肯，人有询其将来择偶之目标者，女士侃侃而谈，其言曰：女性之择偶（一）对方

---

① 黄继祐：《怀念我的母亲黄君珏烈士》，载《烽火太行半边天》，第45页。

1931年《复旦大学同学录》
载有黄维祐信息的页面

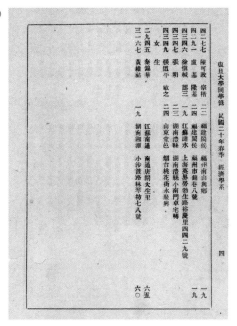

必须有四十万以上之资产；（二）独生子；（三）中等学识；（四）性情好；（五）品行端正；（六）面貌漂亮；（七）须富有服从心；（八）结合后不许再交女友。男子之能合乎此八种资格者，庶可以为我之夫婿。否则宁终我身为老姑娘也。（按：黄女士择偶之八大标准，就表面视之，似无不近人情处，惟详加研究之下，终觉其不宜以四十万资产一语，列入标准之，不知女士以为如何。）①

该画报在下一期刊登了"黄维祐女士来函"：

顷闻贵报第二三二号中载有《女学生择偶之条件》一

---

① 走肖：《女学择偶之条件》，《中国摄影学会画报》第232期，1930年4月5日。

文，涉及鄙人，所述各节，均非事实。此种全凭捏造之记载，并无注意之必要，惟事关鄙人名誉，务请贵报代为更正。

该报在这则读者来信后面又加了一段编者按，称昨日黄女士亲自到报馆，"声明上期一稿之误传"，所谓择偶条件系"某女同学挟嫌所传出，毫无根据"。报纸为了撇清自己的责任，还称"兹闻其同学云黄女士在校品学兼优，性又磊落，妒者颇众。近日'壁报'上及同学竟诸端取笑，实非学者态度，且女士对金钱素不顾及，不具拜金主义"①。

就是这样一位同学眼中的官家名媛在复旦秘密加入了中国共产党。次年，"九一八事变"爆发，全国上下抗日救亡热情高涨。此时，君珏被推选为复旦大学学生会委员，满腔热忱地参与学生救国运动。在复旦学生会的组织下，复旦师生曾三次到南京向国民政府请愿，要求出兵抗日。11月，北京大学学生组织了南下示威团，要求全国动员、一致抗日。12月初，北大学生抵达南京进行游行示威，但遭到军警特务包围、殴打，最终被逮捕。北大南下示威团来沪代表亦遭到特务绑架。君珏闻讯后，在上海大学联合会指示下召集复旦学生前往上海市政府请愿，高呼口号，要求释放被捕学生。在政府被围近二十小时后，市长张群终于下令释放学生②。

1933年6月，君珏本科毕业，她的大学岁月充满着山河破碎的激愤与顽强英勇的斗争。当然，君珏并没有因为参加学生运

---

① 《黄维祐女士来函》，《中国摄影学会画报》第233期，1930年4月20日。
② 《太行女杰 民族光荣——记黄君珏烈士》，桂永浩主编：《复旦英烈传》，复旦大学出版社，2010年，第67—74页。

新中国女子不朽的典型：烈士黄君珏 125

课余之后：复旦女生刘承怡、吴希玲、黄维佑（祐）、周淑娴（载《图画时报》1930年第681期封面页）

黄君珏在复旦大学的学位照
（图片由复旦大学档案馆提供）

动而耽误学业，复旦毕业的她拥有良好的经济学修养。七年后的1940年，一篇名为"关于抗日货币政策的实施问题"的文章在《新华日报》华北版发表，文章作者正是黄君珏。在这篇文章中，君珏运用马克思主义经济学的分析方法，结合个人的亲身实践对抗日根据地的金融局势展开全盘分析。她重视政策与金融之间的相互作用，厘清了抗日根据地复杂的货币种类与货币关系，提出的抗日货币政策精密且周详[①]。在同事程庆丰的回忆中，复旦大学经济学系毕业的她业务精通，富有经济管理知识，对经济理论颇有造诣。她曾向同事讲边币、各根据地货币同国民党的法币、沦陷区的伪币之间的关系，并详细叙述根据地货币发行应注意的数量、面值等问题[②]。由此可见，在组织参与学运之余，君珏不仅没有荒废学业，还受到了系统的经济学训练。

大学毕业后，黄君珏前往南京国民政府财政部会计司任科员。这份工作枯燥乏味，但她并没有沉浸在苦闷中。1934年，哥哥黄维立的友人陈默君从海外回国，二人在南京初次见面，默君留下了这样的回忆：

> 君珏给我的第一个印象是朴素，活泼，天真，大方，没有怎样修饰，但很整洁，有点象男子，没有一般小姐的羞涩或做作。她那时才二十岁，已经在上海复旦大学毕业，正在某机关做职员。从她的谈话中，我感觉到她象是有她哥哥那样的热情和聪明，但他们的性格却象是属于两个完全不同的典型。意明是静的，内向的，活在过去的苦情和未

---

① 黄君珏：《关于抗日货币政策的实施问题》，《新华日报》（华北版）1940年8月7日。
② 程庆丰：《与黄君珏在一起的日子》，《党史文汇》2006年第1期。

来的沉思里头，情感和理智的矛盾终日苦恼着他。而君珏呢？她是动的，乐观的，在现实的行动中活着，跳跃着。谈起时事和思想的问题来，她没有意明那样深入，但也说出一番道理。她表示厌倦那还是类于"花瓶"的地位，那打算盘抄数字的呆板工作。但她没有因此苦闷，只打算改换环境。

君珏在南京期间，与陈默君一家保持着友好的来往。在默君的回忆中，"君珏自己是孩子似的，也很爱小孩，我的小女孩'蜜蜜'，圆圆的小胖脸孔和大眼睛，有点像君珏。君珏很喜欢她，每一次到我家来总带点糖果给她，赢得'蜜蜜'对'胖姑姑'很亲热地依恋。我们同学的会集，常有君珏在内。她很健谈，能喝酒，不怕男友们的开玩笑"①。

1934年9月，黄君珏辞去财政部会计司"花瓶"式的工作，回到上海，在交通大学研究院担任科员②，并在复旦附中兼职任教。更重要的是，此时的君珏获得了另一重身份——共产国际远东情报局的地下工作者。在1935年轰动上海的"怪西人"案中，君珏以其机智、勇敢的举措，协助刘思慕（又名刘燧元）一家逃离军统的包围网。

红色电波：风云变幻的隐蔽战线

1935年4月底，共产国际远东情报局负责人约瑟夫·华尔顿（Joseph Walton，立陶宛人，当年39岁）在上海西区福熙路

---

① 默君：《新女性的典型——悼君珏》，《新华日报》（华北版）1942年12月7日。
② 在她儿子黄继祐的回忆中，黄君珏1934年是入交通大学读研究生。在上海交通大学档案馆保存的档案中，有黄君钰担任研究科员的记载，当时月薪80元。

哈同路（今延安西路铜仁路）口被军统特务逮捕。这位西人被捕后对于"国籍名氏、教育程度、家庭状况均称不知，而于案外枝节，则滔滔陈述不绝于口"①，因而被称作"怪西人"或"神秘西人"，他就是轰动上海的"怪西人案"的主角②。那么，这位奇怪的西洋人与黄君珏之间有何关系呢？这段渊源要从一年前开始讲起。

1934年，刘思慕（1904—1985）③从德国留学回国，潜伏于"武昌行营第五处"，担任"上校法规专员"，利用职务之便搜集情报④。刘思慕是君珏哥哥的同学，根据胡兰畦的回忆，刘思慕与君珏的哥哥黄维立都是1932年"一·二八"事变之后在德国成立的"旅德华侨反帝同盟"的成员，这个反帝同盟是中国共产党的背景，所以黄维立即便此时尚未加入中共，至少也是中共外围组织成员。⑤通过黄维立的关系，刘思慕接近了并考察了黄君

---

① 《怪西人案在鄂高院开审》，《申报》1935年8月24日。
② 本文参考了档案材料，沈醉、曾菀和陈修良的回忆以及各类研究，试图还原黄君珏地下工作的经历。但由于情报工作本身具有隐蔽性，史料记载在细节方面多有出处，因此本文将有多说法的部分以注释形式标明。
③ 刘思慕，广东新会人，原名刘燧元，笔名刘穆。1923年肄业于广州岭南大学文科，早年参与创立广州文学研究会和《文学周刊》。1924年开始发表作品。1926年入莫斯科中山大学学习；1932年起在德国法兰克福科学院、维也纳大学等校学习，开始从事中共地下工作。1936年，赴日本从事译工作。1937年起在香港国际新闻社、世界知识出版社、印尼《天声日报》社、昆明美国新闻社等处任职。1946年任香港《华商报》《文汇报》总编。1949年后，担任上海新闻日报社总编、社长，上海市文化局副局长，北京国际关系研究所副所长等职。参见廖红球主编：《广东当代作家辞典》，花城出版社，2006年，第96页。
④ 《上海神秘西人案 鄂高院已起诉》，《申报》1935年8月10日。
⑤ 旅德华侨反帝同盟，成员有张铭鼎（张铁生）、王炳南、江隆基、黄维立、杨一之、刘思慕、李康、向君实、高文伯、江晴恩、程琪英、陈振飞、许德瑗等人，胡兰畦担任主席，参见胡兰畦：《胡兰畦回忆录（1901—1936）》，四川人民出版社，1985年，第238—239页。

珏，经刘思慕、萧炳实（1900—1970）①等人辗转介绍，黄君珏加入了华尔顿领导的远东情报局，担任华尔顿的交通员和英文翻译。同一时期的地下工作者黄慕兰曾回忆道："在大城市里做党的地下交通工作的，大多以女性为主，因为她们便于利用各种社会关系，化装成各种身份的妇女，适应各种各样的变化，不大容易引起敌人的注意。"②凭借女性身份和优越的家庭出身，君珏成功地胜任了这一地下工作。但一年后，发生了重大变故。

1935年年初，军统湖北站逮捕了一名中共党员关兆南，在审讯多时后，关同意写一封信到上海，要求组织派人与他联系。4月19日，上海方面派出一位名叫陆独步的人携带华尔顿德文密信前往武汉，与刘思慕接头。陆独步是华尔顿的英文秘书、联络员陆海防的兄弟，劳动大学的学生，但不是情报人员。陆海防擅自派出毫无经验的兄弟代替他行动，给情报网带来了毁灭性的打击。这位劳大学生刚一上船就遭到特务跟踪，旋即被捕，所携书信也被搜出。在数度刑讯之后，陆独步供出与上海方面的联络办法，但他并不了解组织内部的运作情况。戴笠决定将其带往上海，由侦察大队接收。按照陆独步交代的与组织联络的方法，特

---

① 萧炳实，又名萧英平，江西萍乡人，长期坚持中共隐蔽战线和共产国际、苏军总参远东情报工作。1924年毕业于之江大学，1926年到燕京大学国学研究院读书，同年加入中国共产党。1929—1931年间在厦门大学任教，以教授身份掩护，将租住楼房作为中共福建省委聚会和中共中央联络的秘密据点；1931年福建省委被破坏后，与陶铸一起赴上海找党组织，结识史沫特莱后，经其介绍为苏联红军参谋部做情报工作，获得很多重要情报。1935年到苏联，1938年回国后奉派到新疆、甘肃，以毛皮商身份掩护，继续从事情报工作。1943年因与苏军参谋部发生原则分歧而脱离工作，回家乡教书。1949年3月，重新加入中国共产党。1949年11月进京，先后担任全国教育工会办公室主任、全国教育工会副主席等职。"大跃进"期间，发表不同言论，受党内严重警告处分，调中华书局任副总编辑。"文化大革命"中被打成"走资派""苏修特务"。1970年去世。1976年6月被平反。
② 黄慕兰：《黄慕兰自传》，中国大百科全书出版社，2004年，第79页。

务先在南京路东亚旅馆开好房间,再由陆独步写信至邮局的指定信箱,特务们守在这个房间里等待前来接头的人。第二天,前来接头的是陆独步的哥哥陆海防,随即被捕[①]。先被押至英租界的巡捕房,当日上午就被引渡到戴笠手下的侦察大队,在逼供与名利引诱下,陆海防很快叛变。当天下午,在大雨中,沈醉和两名特务押解陆海防来到法租界法国公园附近一条僻静的马路,等候他的上级。四点整,一个身材不高的欧洲人打着一把洋伞走了过来。在陆海防的指认下,华尔顿被军统特务抓获。

华尔顿被捕后一言不发。由于没有携带任何证明身份的文件,他的真实姓名、国籍、住址一律无从知晓。此后,上海两租界的中西捕探,加上警察局侦缉总队与警备部侦察大队,以及上海区的特务,几乎全体动员调查,却一无所获。鉴于案情重大,租界当局同意了国民政府的引渡要求,华尔顿被押解到武汉受审[②]。

另一方面,4月27日,在武汉的刘思慕未能按照约定的计划见到陆海防(此时陆独步已经被捕),他立即发电报给交通员黄君珏,询问情况。君珏具告华尔顿,华尔顿即刻判断情况生变,遂派君珏搭乘飞机前往武汉,通知刘思慕立即撤离[③]。在此危急时刻,刘思慕托词父亲病危,要求返穗探望[④]。4月29日,刘思慕与妻子曾菀(又名曾兆蓉、曾容)带着孩子坐船前往上海。5月4日,上海淞沪警备司令部接武昌电报,要求逮捕乘坐

---

① 关于特务如何诱捕陆海防,有两种说法。沈醉回忆录中称特务通过陆独步将陆海防诱至东亚宾馆,曾菀的文章则称当她抵沪后,陆海防来东亚宾馆见她,被盯梢的特务当成了刘思慕,从而被捕。
② 沈醉:《沈醉回忆作品全集》,九州出版社,1998年,第58—62页。
③ 亦有说法称黄君珏看到报纸上对于"怪西人"的报道,感到事情不对,立即向武汉的刘思慕发出"老父病危"的电报,通知其迅速撤离。
④ 曾菀:《只身入虎穴——记刘思慕从事革命地下工作的一段经历》,《群言》1985年第3期。

TUCK号轮船的一男一女①，此时刘思慕已提前下船，夫妇分头行动。5月5日，曾菀抵沪后，君珏向她的同学、同为情报人员的蒋浚渝借了一辆汽车，前往码头接曾菀母子入住东亚旅社。此时，刘思慕、曾菀夫妇的行动已暴露在特务的视线中，因此，前去接送曾菀的黄君珏也被盯梢②。

5月6日，根据陆海防的交代，特务前往爱文义路（今北京西路）872号抓捕黄君珏。特务去时，她不在，也未找到党的文件。当晚，在她常去的爱文坊2号搜查，也未发现文件。特务又到交通大学黄的宿舍搜查，这次搜获了发自华尔顿的英文警告信等。特务在黄君珏宿舍搜到的这封信件，4月12日由"陆海防转交"，"内容系宣传无产阶级革命之重要意义，及其党的组织严密，并劝其应抱牺牲奋斗之决心，成为一员有力之战士"③。数日后，君珏前往警局自首。另有说法是军警包围了黄家，勒令黄父交出女儿，黄君珏在家中被捕④。从台北"国史馆"档案可知，君钰是被父亲送往国民党中央党部投案的。⑤

黄君珏被捕后，与华尔顿同案送武汉受审。1935年8月10日的《申报》上刊登了该案的详细信息与审理过程：

> 约瑟夫华尔顿，男，三十九岁，西人，国籍不明，住上海。黄维佑，女，年二十三岁，湖南人，交通大学研究生，住南京淮海路十六号。陆海防（即吴申如），男，年二十九

---

① 孔海珠：《左翼·上海（1934—1936）》，上海文艺出版社，2003年，第211页。
② 陈修良：《怪西人事件内幕》，中共上海市委党史研究室编：《上海党史资料汇编》第2编《土地革命战争时期》（下），第1086—1088页。
③ 《上海神秘西人案　鄂高院已起诉》，《申报》1935年8月10日。
④ 孔海珠：《左翼·上海（1934—1936）》，第212页。
⑤ "戴笠电蒋中正"，台北"国史馆"档案，典藏号144-010108-002-039。

岁，湖南人，北平师范大学毕业，住上海亚尔培路。汪墨清（即王汉民），年二十二岁，山东人，曲阜师范毕业，住上海霞飞路九百二十五号。胡克林，男，年二十四岁，四川人，读书，住上海新闻路。陈文杰，男，年二十三岁，江苏人，成烈体专毕业，住苏州乌鹊桥弄五十一号。余瑞元，男，年三十六岁，浙江人，杭州之江大学毕业，住海宁。右列被告，因危害民国案件，经侦查终结，认为应行起诉。……

缘被告约瑟夫华尔顿，受共党第三国际格柏乌之指使，匿居沪滨，勾结在逃之共产党徒刘燧元、萧炳实等，及被告陆海防、黄维佑等，刺探中国政治及军事上之秘密。

《申报》对"上海神秘西人案"的详细报道中关于黄君珏的部分称：

查该被告于民国十五年，加入共党主义青年团，十六年曾任湖南南县妇女部工作。去年九月，由刘燧元介绍于萧炳实，复由萧炳实介绍于约瑟夫·华尔顿，担任翻译各种军事政治消息及交通工作，受约瑟夫华尔顿之直接指挥。刘燧元前任内政部编译时，所供给共党材料，即由该被告负责传递，并利用伊同学蒋浚渝①为收受情报机关，迨刘燧元案

---

① 有一说，蒋浚渝是远东情报局的情报员，也毕业于复旦大学，负责通信联络站，以"蒋渊若"的名义收取寄给黄君珏的情报。参见肖湘娜：《太行女杰黄君珏》，湖南人民出版社，2019年，第27—35页。蒋浚渝的父亲是上海银行襄理蒋志元，案发后，她被父亲送交淞沪警备司令部，因情节较轻，旋获保释。但后被陆海防指称在华尔顿的英文账本中的"银行小孩"就是蒋浚渝，遂又被押解到武汉受审。后来据称其父以巨款贿赂法院，其本人除承认与黄君珏系同学关系外，没有供认政治上有问题，黄君珏也将对蒋浚渝的指控罪行一力揽下，蒋浚渝得以逃过一劫，未被判刑。参见孔海珠：《左翼·上海（1934—1936）》，第226页。

发,由沪飞汉,嗾刘速逃,冀免拘捕。未几,刘妻曾兆蓉逃沪,该被告复将曾兆蓉由东亚旅馆藏匿他处。①

黄君珏最终身陷囹圄,但在被捕前她成功地掩护了刘思慕一家的转移。在送刘思慕的妻儿到东亚旅社后,黄君珏敏感地嗅到不安全,旋即将他们转移到沧洲饭店。东亚旅社位于先施公司楼上,在南京路,沧洲饭店则在上海西区的静安寺路。经此转移,给了曾菀母子逃脱追捕的机会;随后刘思慕与妻儿会合,在黄君珏的护送下离开上海,一路辗转,从上海到苏州②,又转西安、太原、济南,最后在泰安得到冯玉祥的保护,但国民党特务仍然紧追不放,冯玉祥只能派人护送刘思慕一家取道烟台东渡日本。③

在台北"国史馆"藏"蒋中正总统文物"和"戴笠档案"中,留下了多份关于黄维佑涉怪西人案的来往电函档案。从这些档案中我们得知:案发后,黄躲藏在其父在国民党中央党部的宿舍里,在黄父的恳托下,两位党部大佬叶楚伧、陈立夫致电蒋介石,为黄求情,说黄维佑是因为与刘燧元的夫人少时同学,"此次事件或系受到夫人蒙蔽,代为转递函件所牵累,若记其参加工作,则恐非事实,请求勿严刑拷讯"。蒋介石没有接受叶、陈的请托,指示"先拟交戴笠,并询戴应将黄女士交何法院"④。在接获蒋的电谕后,黄父不得不将女儿"送押中央调查科"。戴笠并没有因为陈立夫等人的求情而宽待,对黄维佑紧咬不放,认定

---

① 《上海神秘西人案 鄂高院已起诉》,《申报》1935年8月10日。
② 根据刘思慕的回忆,参考胡兰畦的回忆录,在苏州掩护刘家逃脱的,是他们在德国时的朋友,同为留德反帝同盟的盟员程琪英。参见《胡兰畦回忆录(1901—1936)》,第241—242页。
③ 冯玉祥:《我所认识的蒋介石》,陕西师范大学出版社,2007年,第40—41页。
④ 叶楚伧、陈立夫致蒋介石电,台北"国史馆"档案,典藏号:002-080200-00230-087。

"黄维佑为在共党西人下之总交通,凡与该西人工作上有前者黄均知之……此案最重要者在西人之下应首推黄",提出该案是由军事委员会委员长武昌行营第三科所举发,华尔顿被押在上海警备司令部,正在被湖北高等法院要求由上海特区法院引渡;在戴笠和郑介民的一再坚持下,黄维佑未能被从轻发落,被从中央党部移送湖北高等法院审理。戴笠仍不想罢休,认为"法院方面对于审问共党既缺经验,又不认真",还想要挖出黄"在中央各军警政学机关之余党",要求"行营三科"签呈武昌行营主任张学良,"转咨鄂高等法院将黄维佑即交行营审究"①。最后,黄被移交湖北高院,与陆海防并案审理,戴笠交待手下,"对黄志在追究其余党,终要法院方面能使黄尽情吐露而使同党无所幸免"②。

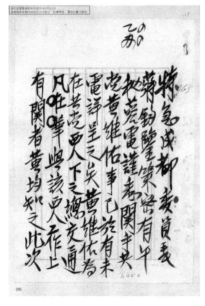

1936年6月26日戴笠就黄维佑案致蒋介石电(下载自台北"国史馆"网站)

---

① 戴笠致蒋介石电,台北"国史馆"档案,典藏号:001-075431-00001-001,144-010108-0002-039。
② 戴笠电周伟龙转郑介民,台北"国史馆"档案,典藏号:144-010108-0003-043。

勇敢的复旦女生当然没有供出同党，最终，黄君珏被湖北高院判处七年徒刑。在监狱中，由于黄父在国民政府任官，监狱看守们不敢过分干涉其行动。她利用这一条件，让亲戚送来英文版的马列书籍，在狱中刻苦学习英文，曾与她在同一监狱关押过的王羲回忆说："黄君珏同志对我像大姐姐对小妹妹一样，她教我许多应付敌人的方法，给我留下很深的印象。"①

多年后，黄君珏的独子黄继祐见到刘思慕，刘感激地对他说：

> 你妈妈是我们全家的救命恩人啊！我们全家的命都是你妈妈救的！……那时，我们都在共产国际远东情报局工作，我打入国民党武汉'剿匪'行辕，负责搜集情报，你爸爸是交通员，负责传递情报，交给你妈妈（那时，他们还没有结婚吧），再由你妈妈传递给上级，一直很平安。但是陆海防这个该死的叛徒（解放后被镇压），为了争权，非要插手，改派他弟弟陆独步来当交通员，结果暴露了身份。我们发现情况不对，马上电告上海。你妈妈立即坐飞机赶到武汉，安排我们出逃，还带给我们五百大洋，我一个人坐火车绕道北平赴上海，你曾阿姨——我的爱人曾容带着孩子们坐船去上海。我们刚走，特务就去抓人，扑了个空。但你曾阿姨一到上海，就被特务盯上了。你妈妈发觉情况不对，迅速把他们转移到沧州饭店，等我到上海，她又把我们平安送出上海。后来我听说，她刚到家，就被特务抓走了。②

---

① 黄继祐：《黄君珏传略》，刘江：《刘江文集》卷2《太行魂（上）》，三晋出版社，2010年，第149—153页。
② 黄继祐：《怀念我的母亲黄君珏烈士》，载《烽火太行半边天》，第46页。

黄君珏生前与丈夫王默磐合影（载《复旦英烈传》，复旦大学出版社，2010年，第67—74页）

直到1937年七七事变爆发，国共开始第二次合作，黄君珏才由八路军驻武汉办事处保释出狱。1938年，她回到长沙。此时，从各沦陷区回湘的大学生和文化工作者汇聚长沙，创办了各种救亡团体，妇女界也在抗日救亡的浪潮中活跃起来。当时，长沙有国民党组织的妇女慰劳会，该会主要宣传抗战，慰劳从上海、南京、安徽等前线运来的伤兵和难民。君珏就常常参加伤兵服务工作①。此外，她还筹办了一所妇女难民工厂，并担任经理职务。工厂将许多流亡妇女组织起来，帮助她们获得温饱和安定的生活，并为抗战做出了一份贡献②。

在长沙期间，黄君珏与王默磐结为夫妻。二人数年前相识

---

① 曹国智：《抗战初期的长沙妇女救亡运动片段》，长沙市妇联妇运史志征编组编：《长沙巾帼新民主主义革命时期长沙妇女运动史资料选编》，湖南人民出版社，1990年，第167—170页。
② 黄继祐：《怀念我的母亲黄君珏烈士》，载《烽火太行半边天》，第46页。

于上海，君珏始终力助默磐，而默磐也倾慕于君珏，但因家境贫寒不敢启口①。王默磐也因"怪西人案"被捕，与黄君珏差不多时间被保释后，也来到长沙，二人最终走到了一起。婚后两人一起被派往山东。从此，君珏以笔代枪，成为文化战线上英勇的战士。②

报业女杰："一个铅字就等于一颗子弹"

1938年，受组织派遣，黄君珏与王默磐离开湖南，奔赴华北抗日前线，先被安排到山东石友三部去做政治工作，一年后又被派往太行革命根据地。

七七事变后，日本对华北进行大规模入侵，扰乱了山西、河北、河南三省交界的太行山区民众平静的生活。八路军一二九师师部和中共晋冀豫省委进入山西后，一面开展游击战争，打击日军的侵略行动，一面利用日军集中兵力在正面战场作战的时机，组织大批文工团、宣传队，分散到太行山区各地，组织动员民众。1937年年底粉碎日军对太行山区的六路围攻，1938年4月粉碎日军的九路围攻后，八路军在太行民众心中扎下了根。1938年秋，党的六届六中全会决定把党的主要工作放在战区和敌后，大力巩固华北、发展华中。此后，北方局机关移驻太行山区，同八路军总部一起，依托太行革命根据地领导指挥华北抗战③。在这样的背景下，太行山区的文化建设蓬勃开展起来。1938年8月成立了太行文化教育出版社，该社由张柏园任

---

① 王默磐：《不朽的女儿》，《新华日报》（华北版）1942年12月7日。
② 黄继祐：《怀念我的母亲黄君珏烈士》，载《烽火太行半边天》，第47页。
③ 太行革命根据地史总编委会编：《太行革命根据地史稿（1937—1949）》，山西人民出版社，1987年，第115—136页。

社长，杜毓沄任副社长，下设三个部门，分别为编辑部、文化教育部及出版后勤部。除三个部门外，另有编辑、党务行政和发行人员。君珏与默磐均在编辑名列中。1939 年 7 月日军占领长治，经北方局的指示，出版社与《新华日报》华北分馆合并，撤退至武乡①。黄君珏夫妇随出版社一同加入《新华日报》报社工作。

《新华日报》华北版的发刊词写道："本报愿在这困难阶段，为鼓励前进的号角，愿与华北文化抗日统一战线的领导者和组织者，将华北全体文化战士紧紧团结在本报周围，为开展敌后的文化运动而与敌寇共战到底。"

黄君珏在《新华日报》华北分馆任经理部办公室主任一职。1939 年元旦，《新华日报》华北版在沁县后沟村创刊，报纸为铅印四开四版，隔日刊，每期发行三万余份。报社实行社长、总编负责制，陈云任社长兼总编，陈克寒任副社长兼副总编。报纸发行时，根据地的物质条件极为艰困。印刷报纸的纸张是自己生产的麻纸，一面光，一面糙。印刷用的四开机有两架，但没有电，动力全靠人工手摇解决，排版时使用的铅字和铸版也均由人工手刻。报纸全靠报社人员自己挑着一根扁担两个口袋，边走边发行。报社收听消息使用的通讯器材也特别困难，因为很难买到电台使用的干电池，报社工作人员只能自行制作水电池用以供能。电台一开始只能收报不能发报，而收到的电讯有时也会错译②。比起工作条件的艰苦，黄君珏这样来自大城市的文化人还经受着

---

① 杜毓沄、赵文敏、高文明等：《回忆太行文化教育出版社》，刘江、鲁兮：《太行新闻史料汇编》，太行新闻史学会编印，1994 年，第 333 页。
② 史纪言：《回忆〈新华日报〉华北版》，太行革命根据地史总编委会编：《太行革命根据地史料丛书之八·文化事业》，山西人民出版社，1989 年，第 198—205 页。

极端艰苦的生活条件的挑战,当时在《新华日报》担任记者的李庄回忆:

> 我们在太行山,过去基本是吃小米干饭。现在却要掺上野菜和树叶。别的树叶还好,最难吃的是花椒叶。这种树叶和它的生产品花椒一样十分辛麻,麻得能使人失掉味觉。……最讨厌的是花椒叶周边的硬刺,那是绝对嚼不烂的,使人难以下咽,只能囫囵吞下肚里。
>
> 如果说这种困难还能克服,用水困难更使我们这些小知识分子终生难忘。……当地没有山泉,又不能打井,村民一年四季用旱井水。……
>
> 1942年久旱不雨,旱井水源断绝。报社同志多有刷牙习惯,用水稍多。领导严格规定:坚决执行群众纪律,绝对不同居民争水。总务科专拨四头驮骡到附近有泉水的熟峪村驮水,每天来回三趟,还要起早摸黑。清晨炊事员分水,每人一搪瓷缸,刷牙、洗脸全在内。①

可以想见,对于富家小姐出身、长期在大城市生活的黄君珏来说,太行山区的艰苦生活是很大的考验。她的丈夫王默磐1944年接受重庆进步刊物《职业妇女》采访时对于君珏有段有意思的回忆,他说被捕坐牢对君珏来说并未受到打击,相反,"这使她更强健,至于她自己,却是一个官家小姐,她是湖南湘潭人,骄傲,自信心很强,喜欢别人屈就她,思想是绝对的上进,而生活却是极舒适优裕,出门必须汽车,比如她家里的客人

---

① 刘红庆:《左权将军》,华文出版社,2015年,第13页。

错用了她的茶杯，她就会不要那个茶杯，这一类的情形很多，对于她的这些习惯，我并不觉得可耻，要从自己生活习惯上改变过来，原是不容易的，但她要算进步快的，记得我们刚到山西的时候，那是一九三九年三月，我们每天要步行一百四十里，而时时还要通过封锁线，要碰到敌人的追击，在这些时候，在最初她总希望碰到意外时我能先帮助她，但我是领导着许多人，我要指挥大家，我没有一次先照顾她的，最开始，她很不习惯，但不久她就了解了这点，而且再也不这样要求我，到山西以后，她的思想和生活都是一致的，随时随地要准备和敌人周旋，要准备和敌人斗争。"①

在新闻斗争的战场上，"一颗铅字就等于一颗子弹"②。为了报纸能够安全稳定地出版，黄君珏和同事们付出了巨大的努力。据同事程庆丰回忆，1940年百团大战期间，黄君珏就要求营业科的同志们一定"要把报纸发行到前沿阵地，特别要送到13号手里（那时中央首长都编号，13号首长就是八路军副总司令彭德怀）"。程庆丰按照她的要求参加了两次战场报纸的发行工作，事后，黄君珏问他上战场怕不怕，还鼓励他："革命中注定要随时准备牺牲，我在白区做学生运动、地下工作就是这样，要过'生死关'。"③

主持经济工作不仅要有勇，还要有谋。黄君珏利用在复旦大学经济学系学到的经济管理知识，为报社提出了不少有价值的改

---

① 啸：《新女性的典型——记英勇牺牲的黄君珏女士》，《职业妇女》第1卷第2期，第38—39页，收录于《红藏：进步期刊总汇：1915—1949 职业妇女》，湘潭大学出版社，2014年，第174—175页。
② 杜忠明：《延安文艺座谈会纪实》，中央文献出版社，2012年，第187页。
③ 程庆丰：《与黄君珏在一起的日子》，《党史文汇》2006年第1期。

革措施。黄君珏还担任了报社的总会计师,她强调要建立各种账簿,订立项目,做预算决算表和资产负债表。此外,她还制定了多项报社会计规章制度。根据地成立新华书店后,黄君珏又担任了书店管委会秘书兼总审计师,制订规章,并且严格执行,程庆丰后来告诉黄君珏的儿子:"你妈妈是我的顶头上司,那些规章制度都是她来了以后一手主持制定的,没有她的批准,一分钱都不能随便乱动,工作上要求得非常严格。"①

在抗日的烽火中,黄君珏在复旦大学受到的学术训练也发挥了作用。黄君珏不仅在工作中制订落实经济管理的制度措施,还将在复旦大学所学货币金融学知识用于指导根据地的工作。1940年8月7日《新华日报》华北版刊登了黄君珏的署名文章《关于抗日货币政策的实施问题》。文章开篇指出抗日货币政策具有保护法币、阻止伪钞、活泼金融的作用,是与敌寇进行经济斗争的重要武器。接着,围绕抗日货币政策的实施,君珏结合马克思主义经济学原理和她在敌后抗日根据地的亲身实践提出诸多实施方法与要点。文章开篇,君珏便指出抗日货币政策正确实施的重要意义:"理想的抗日货币政策应当是统一的,全面性的。实施时要有正确的方法,有计划和适当的步骤,有最高目的和最低目的。"她认为:

> 我们在实施抗日货币政策中,必须避免下列各种不正确的观念:第一种是只顾目前不及将来利害:看到目前市面需用款项,就大量发行钞票;而如何在将来市面收缩时收回这些过量的通货,这问题就不管了。第二种是只顾区域利益不

---

① 黄继祐:《怀念我的母亲黄君珏烈士》,载《烽火太行半边天》,第47页。

计全部利害：例如过去各县多发行县钞，只能在各该县境内流通，弄到几乎每一县形成了一个自主的经济单位，全区呈现经济割裂，使商业流通不能畅旺。第三种是头痛医头，脚痛医脚的办法；看到某一地区通货发生了问题，就整理那一个地区，看到那一种钞票在市面上动摇了，就整理那一种钞票，没有整个计划，顾不了全面，就进行□□补削，这也终究不是好办法。①

那么，如何施行正确的货币政策呢？黄君珏指出，首先在发行新币之前须先行整理旧币。如若不整理旧币，就无法制定新币的发行计划，并且杂乱的旧币还会影响正常的金融秩序。在整理旧币的问题上，黄君珏提出了缜密的方案，考虑到了诸多细节，注意到乡村金融的特点，提出"整理旧票的机关，每县可由县的民意机关如县参议会等推选人员组织整理委员会，并在区村中委托区村公所代理；同时，应严密防范经手人是否有从中渔利等情形，全区整理机关，可由县代表组织之"。此时的君珏早已不是上海滩的女大学生，她对于政治与金融的关系有深入的理解，认为"在整理旧币中应作深刻的政治动员，使人民了解整理旧币的政治意义，使人民了解，即便吃点小亏，也是为了巩固整个根据地的金融，为了避免将来吃大亏"。除对货币本身进行计划之外，黄君珏还强调要注意金融与贸易政策对货币政策的作用，提出了四项建议：第一，金融机关需注意宏观调控，发挥货币政策的最大效能。第二，增加生产是巩固经济基础的必需条件，而增加生

---

① 黄君珏：《关于抗日货币政策的实施问题》，《新华日报》（华北版）1940年8月7日。

产应同时从改进生产力方法与奖励生产事业两方面着手。第三，发挥政权作用，稳定币价和物价，提出通过禁止商人投机、用证券活跃金融机关的力量，调节货物供需不平衡，由公营合作社来限制零售价格等方法来稳定物价。第四，运用保护性的贸易政策来稳固、活泼根据地金融。黄君珏的经济思想是比较先进的，她提出在根据地的贸易保护政策不应该是单纯的禁止，而是"应该一方面允许区域内的自由贸易，并极力设法输出剩余品"①。

从这篇发表的文章中可以读出，黄君珏的经济学修养很高。在结合了马克思对资本的解读以及自己的深入调研后，她能够以简洁明练的文字说明如何制定合适的根据地货币政策，鞭辟入里地分析新币发行的条件，并且能站在更高的角度说明如何结合宏观调控发挥根据地货币的最大效能。如果没有牺牲在战场的话，新中国成立后，黄君珏一定能成为一名优秀的经济学家或者是新中国经济事业的领导者。

黄君珏在敌后根据地虽然从事的是文化管理工作，但也是充满危险的。在敌寇扫荡晋东南长治、潞城的战役中，他们随军撤退，在敌寇的枪林弹雨中，一天奔驰一百几十里②。君珏工作的新华日报社原是后方机关，平时驻在腹心地带，可以正常运营。但一到战时，敌人袭击的目标就是首脑机关、根据地的腹心，那时就不分前方与后方，军队和报社都要与占优势的敌军周旋。所以报社与书店都被编入了八路军总部的序列，称为十八集团军教导队，战时由左权参谋长指挥转移。他们与军人一样穿军装，每人每天一斤四两小米、三钱油、四钱盐。总之，无论是卖书的还

---

① 黄君珏：《关于抗日货币政策的实施问题》，《新华日报》(华北版) 1940 年 8 月 7 日。
② 默君：《新女性的典型——悼君珏》，《新华日报》(华北版) 1942 年 12 月 7 日。

是写书的，无论是干部还是"小鬼"，他们都是战士①。

在敌人残酷的"扫荡"攻势下，这些平时与文字为伍的革命者也必须提枪战斗。而正经历怀孕、生产过程的黄君珏更是需要战胜重重困难，与敌周旋。在山西"她生产过三次，即使在生产的时候，她也不耽误工作"，"有一次，她开了一天的会，晚上十二点回来……到二点钟的时候孩子生下来了，到第二天，她在床上整理着开会后的纪录，整天在床上跟着同志们讨论着工作的进行"②。出身官家小姐、从小生活舒适优裕、出门都要坐车的黄君珏在太行山里已经锻炼成为一名真正的战士了。

奋战抗敌：女英雄喋血太行山上

1941年前后，太行根据地经过三年多的发展，成为华北敌后重要的抗日堡垒。八路军前方总部和中共北方局驻守太行指挥华北的抗日工作，使得日本侵略者更加感到芒刺在背。为了摧垮太行革命根据地，日军从1940年末开始，确定了在华北实行"治安强化运动"的方针，调集重兵加紧"扫荡"，实行"三光"政策。此时，国民党在南方制造了"皖南事变"，驻太行根据地的国民党军队也不断挑起事端，使得根据地处于两面夹击之中。同时，太行山区严重的自然灾害接踵而来，根据地陷入极端困难的局面。从1941年3月至1942年秋季，日军对以太行革命根据地为重心的整个华北地区实行了五次"治安强化运动"。1941年，日军在

---

① 史云诚：《太行山区的出版事业——记抗日战争和解放战争时期的华北新华书店》，太行革命根据地史总编委会编：《太行革命根据地史料丛书之八·文化事业》，第319页。
② 啸：《新女性的典型——记英勇牺牲的黄君珏女士》，《职业妇女》第1卷第2期，第39页，收入《红藏：进步期刊总汇：1915—1949 职业妇女》，第175页。

第三次"治安强化运动"中,对太行区进行了三次较大的"扫荡"和无数次小的"扫荡"。日军在根据地周围大量修筑公路网、碉堡群、封锁沟和封锁墙,还在平汉铁路建了两道封锁线,割断了太行区和冀南区的联系。1942年,日军对太行区的"扫荡"更加猖獗,五千人以上的扫荡就达到四次,总兵力达到四万八千余人。在"扫荡"中,日军采取了"铁环合围"、捕捉奇袭、纵横扫荡、篦梳清剿等战术,并实行"三光"政策,大肆烧杀劫掠①。

1942年2月春节期间,日军集中一万两千人,对八路军总部驻地辽县麻田实行"铁壁合围"。由于此次"扫荡"攻击重点为根据地腹心地带,华北新华日报社的全体工作人员必须冒着风险和严寒撤退。行军途中,正处于孕晚期的黄君珏因体力不支而掉队,躺倒在路边。同行的几位女同志将她搀扶到路边的一块庄稼地里,她的孩子——黄继祐——便降生在反"扫荡"的路途中。那一天是农历正月初五,当时黄君珏周围的同事里只有董玉磐生过孩子,于是她为继祐接生、包裹,陪伴君珏到一个小山村里休息了三天。待君珏与大部队会合后,出生不久的继祐便被托付给一户老乡抚养,而君珏则再次投入革命工作之中②。

日军的春季"扫荡"失败后,随即发动了5月"扫荡"。此次日军出动两万五千余人,采用"集中兵力辗转扫荡"的方法,于24日夜间形成对姚门口、青塔和偏城的合围圈。此时一二九师师部率主力部队跳出合围圈,但八路军总部、中共中央北方局等机关和部分掩护部队一万多人,被敌包围在偏城和辽县交界的

---

① 太行革命根据地史总编委会编:《太行革命根据地史稿(1937—1949)》,第115—136页。
② 黄继祐:《怀念我的母亲黄君珏烈士》,刘江:《刘江文集》卷2《太行魂(上)》,第199—204页。

南艾铺、十字岭一线。25日拂晓,一万多日伪军从四面"铁壁合围",集中炮火轮番轰击。八路军副总司令彭德怀、政治部主任罗瑞卿、副参谋长左权亲自指挥总部、北方局等机关人员突围。激战中,敌人于黄昏占领南艾铺,彭德怀、罗瑞卿率部冲出合围圈,左权在十字岭指挥后勤人员突围,不幸被炮弹击中,壮烈牺牲①。此次"扫荡"进行的时候,黄君珏刚刚生产完不过三个多月。生产时她的神经受到了过度的刺激,导致产后身体十分虚弱。尽管如此,她依然坚守在岗位上。此时,华北新华书店刚刚成立,君珏任书店管委会秘书兼总审计师②:

> 在反"扫荡"中,上级要求《新华日报》"华北版"继续出版八开铅印报纸。经理部办公室主任黄君珏召集经理部主要干部部署:"要组织好人力、物力,转盘铅印机、铅字、印刷材料,要选8匹好骡子驮,在反'扫荡'中出铅印报。老程,你多带现金,途中用。"我问:"要多少?"她说:"两万元。"我说:"得给我一匹骡子。"她说:"那不成问题。"又说:"办公室带不走的东西,你负责埋藏好。"随后,大家就紧张准备起来。当时黄君珏有个取暖手炉放在木箱里,我和王友唐一起把木箱埋到岭南村东南沟里,后一直未取。至今引为憾事。

5月26日5点多钟,天还没亮的时候,敌人的枪响打破了山村的寂静。黄君珏和战友们立即到打谷场集合,那2万元现金

---

① 太行革命根据地史总编委会编:《太行革命根据地史稿(1937—1949)》,第135—136页。
② 程庆丰:《与黄君珏在一起的日子》,《党史文汇》2006年第1期。

是最重要的物资，被放在两个麻袋里，驮在骡子背上。战斗一打响，队伍就乱了，一口气跑出三里地，结果把驮麻袋的骡子也跑丢了。大家急忙分头去找，直到有战友扛着两麻袋钱回来了，大家焦急的心才放下。

情况越来越紧张，急行军跑了一整天，我们追赶上总司令部，宿营在一个村子。敌人离我们很近。我问黄君珏："带这样多的钱，丢了怎样办！"黄说："把它分散带好了，我们的人，每人200元。"当天晚上把钱分散完了。我轻装上战场。万余敌人在十多架飞机掩护下向我军围攻。四处枪声、炮声、炸弹声连成一片。硝烟弥漫，使人出不上气来。山岭上我军整齐地前进，秩序井然。我总司令部警卫团掩护总部和北方局机关转移。报社全体同志也跟着总司令部的队伍走。激战终日，有一些人突围。第二天黄昏，八路军副参谋长左权将军在十字岭指挥突围战斗中不幸壮烈牺牲。28日，报社部分人员突出重围以后，敌人的包围圈越来越小，来不及突围的人员便化整为零。在突围中，社长何云同志不幸遭背后暗枪，为国捐躯，年仅38岁。①

6月2日，黄君珏随队撤退至山西、河北交界的庄子岭一带，隐蔽到庄子岭南的小五台山上，藏在悬崖边的一处山洞内。当时与君珏一起的还有年仅16岁的电务科译电员王健、报社医生韩瑞、马平三位女同志以及程庆丰、刘川峙、万兆连等五位男同志。黄君珏对大家说："我们走到一起，是为了打败日本帝国

---

① 程庆丰：《与黄君珏在一起的日子》，《党史文汇》2006年第1期。

主义。即使有牺牲，也是值得的，光荣的。我们是共产主义者、马克思主义者，要打倒日本帝国主义建立新中国。我们总有幸存者，要告诉我们的子孙后代，我们做的是世界上最壮丽的、人类最伟大的事业。"她还说："我们绝不当俘虏。我还有三颗子弹，必要时非干掉两个敌人不可。"后来，因为山洞太小容纳不了这么多人，于是商定只留黄君珏、王健、韩瑞三位女同志，其他人另寻地方隐蔽。当日，百余名日伪军包围了庄子岭一带，拉网排查，由西向东大肆搜索。下午三时，日伪军登上小山，蜂拥而至。敌人渐近洞口时，君珏自知已避无可避。于是她冲出山洞，以手枪连续击敌，随后纵身跳下悬崖。"打倒日本帝国主义！中国共产党万岁！八路军万岁"的呼声震动了太行山脉。接着，王健、韩瑞先后从洞里冲出，不幸被敌人抓住杀害①。

黄君珏牺牲时刚满三十岁，她的生日也是她的祭日。她的丈夫王默磬当时已被流弹击中左股，隐蔽在不远的另一座山洞内休养，未参与当天的战斗，当晚待敌退后，才到月色掩护下冒死寻找爱妻，他在给岳父报丧的信件中写道：

　　五月初旬，君珏去麻田视察工作，与我作别，而竟永诀！

　　……楚绝洞口，君珏度不能免，恐遭生俘，乃飞步出洞，纵身跳崖而下！其后，敌始蜂拥向前，围住洞口，其余同志悉被格杀。

　　夜九时，敌暂退，婿勉力裹伤蛇行，潜入敌围，爬行至该山，时皓月正明，寻到遗体，无血无伤，服装整齐，眉头

---

① 程庆丰：《与黄君珏在一起的日子》，《党史文汇》2006 年第 1 期。

稍锁,侧卧若熟睡,然已心胸不温矣。其时婿不知悲伤,不感创痛,跌坐呆凝,与君珏双手相握,不知所往,但觉君珏亦正握我手,渐握渐紧,至不可脱！追山后枪声再起,始被惊觉,时正午夜,负遗体至适当地点,以手掘土,暂行掩埋,即觉,敌且至,自觉腿创已无疼楚,收□同志三人,各抢遗弃枪支,与敌作殊死战,短兵突围,飞步□□不□。①

王默磐在信中十分痛苦但又无比自豪地说:"吾岳有不朽之女,婿获贞烈之妻,概属民族无上光荣"。

这一次反"扫荡"斗争中,新华日报社损失极大,包括社长何云在内共有四十六名同志牺牲。5日,反"扫荡"斗争取得了重大胜利,8日,报社召开了隆重的追悼会,宣誓要为死难的战友报仇。报社为黄君珏制作了木棺,将她葬在太行山上②。一个月后的七七事变纪念日,军部举行庄严的追悼大会,旋即赶筑墓地及纪念塔。"九一八事变"纪念日,为黄君珏和同期殉难同志们举行公葬③。

黄君珏的英勇事迹广受传颂。11月4日重庆《新华日报》刊发了《新中国的女战士　黄君珏喋血太行》一文,称赞君珏为女界楷模。12月7日《新华日报》副刊以半个版面的篇幅刊登了王默磐《不朽的女儿》、默君《新女性的典型——悼君珏》以及尹伦《悼君珏同志》。三位作者分别是君珏的丈夫、朋友和同事,他们从不同的角度回忆了君珏的一生,记录了丰富的细节,使得女杰黄君珏的形象跃然纸上。1944年5月28日,《新华日报》

---

① 王默磐:《不朽的女儿》,《新华日报》(华北版)1942年12月7日。
② 程庆丰:《与黄君珏在一起的日子》,《党史文汇》2006年第1期。
③ 《新中国的女战士　黄君珏喋血太行》,《新华日报》(重庆版)1942年11月4日。

再次刊发两篇纪念文章,分别为杨铭《把我们的哀悼寄向大后方——纪念何云与黄君珏同志殉国两周年》,以及短评《悼念何、黄两同志》。文中,杨铭写道:"何云同志与君珏同志,安息吧!我们已踏着你们的血迹,坚持在敌后新闻事业的岗位上,度过了艰苦的两年;而且今后,誓将继续循着你们的血迹,倾全力向前迈进,直到永远!"①

1981年,中华人民共和国民政部追认黄君珏为烈士,颁发了革命烈士证明书,上面写着:"黄君珏同志在山西辽县庄子岭反扫荡战争中跳崖壮烈牺牲,经批准为革命烈士。"②1986年5月28日,在烈士当年牺牲的麻田,"太行新闻烈士纪念碑"正式落成。纪念碑的正面是杨尚昆亲笔题写的"太行新闻烈士永垂不朽"。

2015年8月24日,黄君珏被列入中华人民共和国民政部公布的第二批六百名著名抗日英烈和英雄群体名录。黄君珏短暂但却无比灿烂的人生还在2019年被搬上了戏剧舞台。著名作家姚金成总编剧的大型晋剧舞台剧《战地黄花》就是以黄君珏在太行山战斗与牺牲的故事为原型创作的。

家乡人民也没有忘记烈士,2023年6月23日,黄君珏烈士生平事迹陈列馆在她的家乡湘潭经开区响水乡红星村正式开馆。

当年曾经的隐蔽战线战友刘思慕在听说黄君珏牺牲的消息后,写下了长诗《太行山不朽的女儿》,发表于《力报》的"文艺新地"副刊,称颂她是"新中国的卫士,站在战斗最前线","是钢铁的女儿,经过熔炉百炼":

---

① 杨铭:《把我们的哀悼寄向大后方——纪念何云与黄君珏同志殉国两周年》,《新华日报》(重庆版)1944年5月28日。
② 肖湘娜:《太行女杰黄君珏》,第89—90页。

不怕吃苦不怕险,
日夜同着铁的队伍奔驰,
散发精神食粮,
撒播文化种子。
一部无线电台,
一副油印机,
随身还有两支快枪,
好把敌人杀个如意。
……
太行山,
永远的矗立;
漳河水,
永远的呜咽。
那儿埋着你的忠魂,
那儿流过你的热血。
但是呵,
你战斗的精神,
没有死亡;
战斗的中华民族,
也永远不灭!①

学生时代,在复旦校园,她走在爱国反帝运动的前列;30 年

---

① 刘思慕:《太行山不朽的女儿——悼黄君珏烈士》,《野菊集》,上海文艺出版社,1984 年,第 208 页。

代,她临危不惧、胆大心细,是隐蔽战线上卓越的红色特工。当华北战场需要她的时候,她矜持不苟、舍己为公,在极其艰困的条件下勇挑重担。这位为着民族解放事业一直在战斗中的女性,最终跳出了自己旧有的环境,克服了自己的阶级意识,在敌人的包围网里血战到底,成为一名民族抗战中的英雄战士。

黄君珏以其生命证明,她无愧为新女性的典型。

倡导"男女平等":教育家邵梦兰

> 年来世事乱如麻,我爱巍巍大中华。
> 暂时分手莫惆怅,两岸原来是一家。①

作为闻名海峡两岸的女教育家,邵梦兰的一生是传奇的。1910年,邵梦兰出生于浙江省淳安县,18岁时(1927年)担任浙江始新女子学校校长,在地方女界崭露头角。全面抗战爆发(1937年)后,又先后执教于浙江省多所省立中学,主要担任国文教师一职。1950年后,邵梦兰定居台湾。她在大陆积攒的丰富的教学经验在台湾教育界发挥了重要的影响,曾先后任教于台湾省立基隆女子中学、台北第一女子中学、士林高中等校。2000年,邵梦兰逝世于台北,享年91岁。

邵梦兰一生奉献于教育,是享有盛誉的中学国文教师,也曾在海南大学、东吴大学兼任讲师。对教育的热情使得她"好老师"的形象被两岸学生所铭记。从女学生到女教师、女校长,邵梦兰的名字被深深地烙印在民国女子教育史上,她的人生经历也让我们看到这位"五四"新女性的独立与刚毅。

---

① 邵梦兰:《还乡吟》,彭裕文、许有成主编:《台湾复旦校友忆母校》,第400页。

邵梦兰与复旦的缘分开始于 1930 年，彼时的她 21 岁，插班进入复旦大学实验中学高中二年级。一年后（1931 年），邵梦兰进入复旦大学法律系（后转入政治系）就读，1936 年毕业。仔细回顾邵梦兰的一生，会发现"复旦"在她的生命旅程中扮演了十分重要的角色。在复旦就读期间，邵梦兰奉父母之命（与余学仁）成婚、生女、生子，实现了为人妻、为人母的生命体验。作为复旦开"女禁"后较早入校的女学生，国文功底扎实的邵梦兰在上海滩获得了"复旦才女"的称号。邵梦兰一直以"绝代才华，睥睨一世"的宋代女词人李清照为榜样，历 30 余年终完成一本《李清照词》①。时至今日，我们仍然能读到当年她在复旦就读期间发表的诗作。同时，复旦校友的人际网络帮助走出校园的邵梦兰获得了宝贵的工作机会。即使迁居台湾后，邵梦兰对复旦的情感也不曾中断。两岸恢复交通后，她曾两次赴大陆参加复旦校庆，她为母校庆生的诗句和发表的讲话依然留存。可以说，是复旦成就了女教育家邵梦兰，而邵梦兰的成就也使得复旦的百年校史熠熠生辉。

童年教育："嫁不出去就娶一个进来"

邵梦兰出生于浙江淳安一户传统的江南士绅家庭。淳安姓邵的人很多，可说是"邵半县"，邵梦兰一家在地方上也是有头有脸的"大户"，从曾祖开始经营邵恒源盐栈。据邵梦兰回忆，邵恒源是淳安县唯一的盐栈，规模不小，管事的人也不少。除了账房之外，还有总经理、经理，以及负责各种内外事务的人员。

---

① 邵梦兰：《李清照事迹考》，《严中学生》第 4 期，1940 年 1 月，第 4—5 页；[美] 吴崇兰：《柔情世界》，中国友谊出版公司，1997 年，第 281 页。

邵梦兰生活在一个大家庭，父亲一辈兄弟四人，邵恒源先由四房合管，两位祖母负责总管事务，大小事务均须请示过她们才能做决定。邵梦兰十二三岁时，盐栈由其父管理，总揽所有股份，并自负盈亏。邵恒源盐栈旁是邵家的祖宅，房子"有四个大厅，是三进的房子"。祖宅中间偏西是家族共用的"余庆堂"，这是个"百年老厅，两层楼房，每层高度都很高，里头柱子很粗，砖也厚"。余庆堂是家里最早的房子，后来分给邵梦兰父亲一房。

虽然家大业大，但是邵梦兰一家并非鱼肉地方的无良士绅。相反，他们广行善举，造福地方，因此受到乡亲的尊重和好评。邵梦兰先曾祖将邵恒源视为地方公益事业的中心，"并不纯为家里赚钱，而是要造福社会"[①]。因此，邵家从不任意向佃农加租，与佃农亲如一家。不仅如此，当时常有人在邵恒源盐栈门口丢置弃婴。邵家最初把弃婴"送给愿意领养的人家，还提供钱、布、米等各种津贴"，然而这终究不是长久之计。邵父特意出钱，"另外购置一栋房子作为育婴堂"，配有两个奶妈和一位医生。邵家还"在十里劳山做了亭子，让赶路的人可以有歇脚的地方"。"冬季施送棉衣，夏天布施如意丹"则是邵家的另一项善举。虽然如意丹是昂贵的药，但是邵家却放在盐栈供人索取。盐栈停办后，邵家依然继续着在地方施药、施棉衣的善事[②]。

除了经商有道之外，淳安邵家更令地方尊崇之处还在于邵梦兰的父亲邵鸿烈的"拔贡"身份。邵家世代书香，连女眷亦是，邵梦兰的两位（伯、叔）祖母都出身书香人家，尤其是"先伯祖

---

① 游鉴明访问，黄铭明等记录：《春蚕到死丝方尽：邵梦兰女士访问记录》，台北："中研院"近代史研究所，2005年，第4页。
② 《春蚕到死丝方尽：邵梦兰女士访问记录》，第25页。

母四书五经滚瓜烂熟,是三元宰相——商辂公的后代……家里有家塾,从小书就读得很多"。外祖家也是相似的文化背景,"外公是拔贡,大舅舅是举人,家里有不少人有拔贡、廪生或秀才的身份"。邵梦兰的父亲更是因十二岁中秀才成为"誉满浙东的神童"。虽然一度因各种因素短暂放弃了科举之路,但在邵梦兰外祖家的鼓励下,邵父依旧在二十二岁时(1909年)参加了恩科拔贡,名列第一,成为最后一代拔贡。功成名就的邵父在地方颇有名望,先在盐务署任帮办,后来被推举为淳安县商会会长,之后在省立严州中学、宗文中学教授高中国文。

在邵梦兰的故事中,值得主意的是,虽然她的父亲是旧式科举出身,但是思想非常新式,不仅读过严复、辜鸿铭等人所翻译的有关新思想的书籍,还率先剪辫。以现在的标准而论,邵父是十足的"女权先驱",尊重妇女谋求权利,更赞成男女平等。这一点对邵梦兰的成长非常重要,使得她养成了男女平等的意识。邵父一直注重女子教育,在邵梦兰出生的那一年(1910年),他在淳安县以邵家的郡号"东陵"为名,办了一所私立东陵女子小学。东陵是当时淳安县唯一的一所女子学校,经费完全由邵家负担,"来念书的人非但不收学费,连书籍、簿本、教学用品都一概免费"。然而,晚清民初时期,地方风气终究尚未开放,连学生都得要"拔贡老爷"一个个去请才愿意来上学。和当时全国大多数地方士绅所办女校一样,东陵只存在了两年,因为缺乏女性师资等原因,学校最终不得不停办①。

邵梦兰父亲对女权的支持还体现在反对女子缠足。20世纪初期,已经有不少女性和开明男性公然举起"反缠足"大旗,指责

---

① 《春蚕到死丝方尽:邵梦兰女士访问记录》,第7—9页。

女子缠足是禁锢女性的一种恶习，更是导致国弱的原因。邵梦兰是家族同辈中唯一一个未缠足的女子，其他的堂姐妹依旧照缠不误。邵父虽然极力主张废缠足，但凭他一人之力无法影响家族中的其他亲属，即使连邵梦兰的祖母也担心大脚妨碍婚嫁。但是，邵父反对女儿缠足的态度相当坚决，用"嫁不出去，就娶一个进来"的言论直接回应旧式的缠足论调①。邵父成为邵梦兰不缠足和追求独立过程中的坚强后盾。得益于她的"大脚"，邵梦兰能够更方便地离家外出上学，获得真正的"自立"，而她的堂妹却要经历缠而后放的痛苦过程。

很长一段时间里，邵梦兰一直是家中的独女，因此备受父母宠爱。除了办女学、反缠足外，邵父的另一"事迹"则是为爱女争取宗祧继承权，当然此举也受到家里其他亲属的反对。在传统中国社会"女儿的名字是不能上谱的，不仅不能列入从上到下的系图，也不能入兄弟辈的雁行，无论纵的横的，都没有地位"。当时邵梦兰伯父、叔叔家都有儿子，唯独她家只有一个过继的弟弟，大伯父想把自己的第二个儿子过继到邵梦兰家。在父亲的一再坚持下，邵梦兰的名字被列进了族谱，邵父为女儿争取宗祧继承权有着极大的象征意义。虽然这样开明的家长在当时仍属少数，但为家中女性争取权利成为近代社会开始改变的希望。

"着男装"是晚清民初时期女性争取社会权益的另一表现。鉴湖女侠秋瑾的男装照广为流传。邵梦兰十一岁之前一直以男装示人，"连头发都不蓄，穿的衣服也是长袍马褂，从头到脚完全是男孩子的装束"。邵梦兰在访谈时曾说自己的父母一直把她当

---

① 《春蚕到死丝方尽：邵梦兰女士访问记录》，第8—9页。

男孩看待，这让她从小就感觉自己与男孩并无不同，也让她从小树立起了女子的才能不比男子差的意识①。

除了性别平等意识的培养外，邵梦兰的父母也对她的知识学问和生活习惯养成有着极高的要求。邵家一直采取母亲启蒙、父亲开智的家庭教育方式。十一岁上小学之前，邵梦兰的文化启蒙工作由母亲完成。母亲在家教授她《共和国文》《女儿经》和《昔时贤文》。除教邵梦兰念书之外，邵母还要求她自食其力，自己照顾自己。"什么事你都得自己做"的家庭教育使得邵梦兰从小就学会打扫房间、整理内务和书籍，也为她离开家门做好了准备②。成年后的邵梦兰一直很感谢母亲没有养成她骄奢的小姐习性。

父亲的开智更为邵梦兰进入学校、接受正式教育打下了坚实的基础。从女儿七八岁时，邵父就常常把睡梦中的邵梦兰叫醒，考她某个典故的出处，或者念一段文章，让女儿讲出它的意思。直到晚年，邵梦兰依旧能清晰地在睡梦中回答出某个东西的位置，也能对童年、少年时期的事情如数家珍。不仅如此，虽是旧时代的学者，邵父还非常重视女儿的英文教育。在邵梦兰去杭州女中读书前，邵父让她的表哥找出模范英文第一册的生字，让女儿一周内学会三百个英文生字。认识这三百个生字对刚上初中的邵梦兰简直如虎添翼，所以初中时她的"英文程度在班上都是数一数二的"③。家庭教育帮助邵梦兰树立了自立自强的意识，也为她走出家庭进入学校打下了深厚的基础。

---

① 《春蚕到死丝方尽：邵梦兰女士访问记录》，第33页。
② 《春蚕到死丝方尽：邵梦兰女士访问记录》，第35—36页。
③ 《春蚕到死丝方尽：邵梦兰女士访问记录》，第37页。

少年校长：外出求学的独立女性

小学：始新女子小学和惠英女子小学

1920年，十一岁的邵梦兰离开家塾，开始了正规的学校教育。当时的邵梦兰绝对想不到，自己若干年后会担任所就读的第一所小学——始新女子小学的校长。得益于家塾的积累，刚读小学的邵梦兰就获得了"跳级"的特殊待遇。作为新生，她直接进入四年级下学期就读。民国时期，虽然女性合法地获得了受教育的权利，但是送女儿上学只是大多数中产以上家庭的可选项。对绝大部分挣扎在温饱线上下的普通家庭来说，送女儿上学实在太过奢侈。由此，女子教育尚不规范，学生年龄参差不齐，家庭情况也是千差万别。据邵梦兰回忆，始新小学的同学"年龄大概都比我大，尤其到高小时，学生差不多都二十几岁了，有人已经订婚，连结婚的都有"。但是，混杂的情况并不影响同乡女生求学的热情，即使有些已为人妇，邵梦兰称赞"她们是真的来念书的"。

初小和高小时期，邵梦兰曾短暂地在离家约有九十里的惠英女子小学就读，而后又回到始新。去惠英上学是年幼的邵梦兰第一次离家，当时她寄住在与父亲相识的郑校长家。多亏了邵母在家就培养她独立生活的能力，第一次外出寄宿她不仅十分适应新环境，"自己还学着洗衣服"[①]。直到上学时，一向身着男装的邵梦兰才开始改穿女装，但是读小学时依旧身着短上衣和长裤，直到初中时，才因为学校规定改穿裙子。

---

① 《春蚕到死丝方尽：邵梦兰女士访问记录》，第41—42页。

初中：杭州女中

1923年，高小毕业的邵梦兰考入了浙江全省唯一一所省立女中——杭州女中。少年时期的邵梦兰已经有着强烈的爱国情怀，她拒读教会学校或私立学校，坚持"认为公立的最好"①。这次升学时，优秀的家庭教育又一次发挥了作用，她的常识科考了一百分，国文接近满分。虽然数学基础薄弱，不过后来通过初中三年的不断努力，考高中时她的数学取得了满分的好成绩。

在杭州女中上学时，邵梦兰寄宿在叶墨君校长家中，她独立生活的能力得到了进一步的锻炼。二年级时，因学校搬进黄鹤桥②，邵梦兰也开始了她第一次住集体宿舍的经历。民国时期的学生宿舍条件较为"艰苦"，"宿舍很大，约有四五十张床，一排三张，两两相并，一溜总共六张，印象中共有八九溜，所以大约可以容纳将近五十人"③。这位拔贡家的小姐并没有抱怨住宿生活的简陋，反而乐在其中，十分享受。邵梦兰回忆当时的学习氛围："我们当时读书都是自发自动，不是老师来逼我们，而是我们自己要求自己，不是为考试而读书，真正是为读书而读书。"④

士绅责任：年轻的小学女校长

初中毕业后，邵梦兰本来投考了上海的建国中学，但是因过继来的弟弟生病，她不得不返乡照顾。邵梦兰中断了学业，阴差

---

① 《春蚕到死丝方尽：邵梦兰女士访问记录》，第46页。
② 口述原文为黄鹤桥，应为横河桥，杭州话中"横河"与国语"黄鹤"发音接近。
③ 《春蚕到死丝方尽：邵梦兰女士访问记录》，第51页。
④ 《春蚕到死丝方尽：邵梦兰女士访问记录》，第53页。

阳错之间，却在 1927 年——18 岁那年成为母校始新女子小学的校长。始新校长是邵梦兰的第一个校长/教师职务，这份起点很高的工作部分来源于邵家在淳安的士绅地位。当时因战事不停，当地交通被迫中断，"始新女子小学原来的校长和老师人在杭州，进不了淳安，我则进不了杭州"。那时整个淳安读中学的女孩子只有邵梦兰和她表妹二人，表妹虽是师范生但还未毕业。因此，淳安县知事就认定已经初中毕业的邵梦兰是唯一可接任始新女子小学校长的人选。虽说邵父和她本人都不愿答应，但"战事一时无法结束，交通一直不能恢复，学校不能老是停摆"，最终邵父的朋友认为她有责任为地方出力，代为答应下来，邵梦兰无奈之下当了校长。

为符合小学校长的身份，邵梦兰平时会把自己打扮得"老一点"，以迎合大众对校长的期待，并请了程秀珠老师管理校内职务，自己则负起和外界往来的校长使命。有一次，在新、旧县知事交接典礼上，奉邀观礼的邵梦兰被临时邀请讲话。她引用了《孟子》中的典故说明"县知事固然重要，但县民也要服从领导、大家配合，否则光靠一个人，整个县也办不好"。举人出身的新任县知事对邵梦兰刮目相看，当天下午就特别来家里拜访，并向邵父夸奖"你家小姐真了不起，小小年纪，四书读得这么通，随时就能讲得出来"。

但对邵梦兰个人而言，担任始新校长这三年是痛苦的，因为升学无望，她"每天晚上就在家里哭"，眼睛还得了严重的白内障，几乎失明。然而这三年不仅锻炼了她的能力，收获了地方的肯定，也使她享受了学生身份无法享受自由。"学生"邵梦兰被禁止进入家中的厨房，而"小学校长"邵梦兰却得以免除这一禁令，并能亲自下厨炒菜，第一次厨艺展示还得到了父亲的夸奖①。由"学生"至"校长"的蜕变过程中,邵梦兰在更广阔的平台收获了做事的自由和能力的提升。但邵校长没有满足于在家乡担任小学校长,她的梦想比这个要大,她要去复旦追梦。

复旦才女与校园网络

邵梦兰在复旦大学的毕业照(1936年)(载《春蚕到死丝方尽:邵梦兰女士访问记录》,第88页)

邵梦兰与复旦的缘分开始于1930年,这一年她投考复旦大学实验中学。从1930年入实中到1936年大学毕业,邵梦兰在复旦总共度过了近六年光阴。然而,复旦对她的人生影响远不止于这几年,复旦不仅培养了邵梦兰的文学造诣,更拓展了她的社会关系网络,为她之后的求职与择业打下了坚实的基础。

值得一提的是,邵梦兰是复旦大学实验中学招收的第一批女生,她们这一届仅两名女学生有幸升入复旦大学。凭借优异的成绩,邵梦兰再一次得以成功"跳班",本应是高一新生的她被学校编入三年级,因家长的"讨价还价"学校才同意她"从高二读起"。因此,邵梦兰在复旦实中的高中生涯总共只有一年半②。这一年半里,她的文学才华得以进一步拓展。没有了理工科的课

---

① 《春蚕到死丝方尽:邵梦兰女士访问记录》,第60—63页。
② 《春蚕到死丝方尽:邵梦兰女士访问记录》,第64页。

程，转投文科的邵梦兰得以尽情地阅读冰心、鲁迅、胡适之等人的作品，也看了许多时新的杂志，如《东方杂志》《小说月报》《良友》等①。同时，她还参加了许多与复旦相关的文艺活动。她曾短暂主编过学生刊物《新隉》，也向蔡慕晖先生（陈望道夫人）主编的刊物《微音》投稿。

与始新女子小学、杭州女中等邵梦兰以前就读的女校相比，复旦实验中学的特别之处在于男女合校，而且男学生占据绝大多数。落落大方的邵梦兰并未觉得和男生相处有什么不自然之处。相反，她觉得男女共学更容易培养起在课业上的互相竞争意识，能进一步激发出女学生的潜力②。男女竞争的观念一直影响着邵梦兰，成为教师之后，邵梦兰也认为相比女校，男女合校更有利于女生的发展。复旦一直是性别意识较为先进的学校，在1930年代的复旦实验中学与复旦大学，虽然女生只占少数，但校方给了女学生极大的自由。在复旦实验中学就读时，男女生合住一栋楼，"男生住一、二楼，女生住三楼"。虽然女生不经常去男生的房间，但是学校从制度上并不禁止女生的来访，邵梦兰也曾与女同学一起去男生宿舍聊天。不过男生上女生楼层却是被学校所禁止的。考虑到民国时期对女学生性道德的审视，从这一细节可以看出复旦给予女学生的自由已经走在同类学校的前列了。

1930年时，邵梦兰已有"才女"之名，当时的报纸对其有极高的评价："复旦邵梦兰女士，长于文学，小品、诗歌尤为擅长，与当代作家章铁民、章衣萍、王馥泉等相友善，曾任该校

---

① 《春蚕到死丝方尽：邵梦兰女士访问记录》，第66页。
② 《春蚕到死丝方尽：邵梦兰女士访问记录》，第65页。

《新堤》壁报总编辑，女士别号'诩人处士'，所写文字，多能风行一时，脍炙人口，为今日女学生中之出色人才。"[1] 当时政策规定复旦实验中学毕业可以直升进入复旦大学，不用参加考试。怀揣着当律师的梦想，邵梦兰于1931年8月进入复旦大学法律系就读。

复旦宽松的性别环境给了从小信奉男女平等的邵梦兰崭露头角的机会。在复旦第一次作文时，邵梦兰就大胆地反驳老师的作文题"把天下交给女子，天下能否因此太平？"她在文章里指出治理国家靠的是贤能与否，而不是男女的问题[2]。邵梦兰从幼时就破除了男尊女卑的传统观念，复旦宽松而自由的环境，更给了她大胆实现抱负的机会。

相比初、高中的紧张的学习气氛，进入复旦大学的邵梦兰得以更自由地探索自己的生活、发展自己的兴趣。她的口述访谈里保留了不少关于20世纪30年代上海城市生活和校园文化的内容。读大学后的邵梦兰不仅继续着自己广泛阅读的兴趣，开始大量涉猎翻译小说，莫泊桑、莎士比亚、托尔斯泰等人的作品，她都"整套整套地买入"。电影是20世纪30年代摩登上海的标配，邵梦兰爱看电影。一般每周看一次电影，以外国片居多，秀兰·邓波儿（Shirley Temple）的片子是她的最爱。大学较为宽松、自由的环境也使得体育运动受到复旦师生的重视，她晚年仍然记得复旦女生中的体育健将，如金静虚、陈鼎如等人[3]。复旦多元的课程体系，也使她受到多样化的训练。比如她曾修习社会系的"社会调查"课，她负责在嘉定开展农业调查，让她这个富

---

[1] 《血报》1930年11月6日。
[2] 《春蚕到死丝方尽：邵梦兰女士访问记录》，第74页。
[3] 《春蚕到死丝方尽：邵梦兰女士访问记录》，第82页。

家小姐进一步了解了中国的乡村社会①。

1931年，复旦女生邵梦兰通过《微音月刊》讲述了一件发生在复旦女生宿舍内的恶作剧事件，让人看到百年前的复旦校园轻松活泼的另一面。邵梦兰的表弟寄来家书，却被寝室的同学怀疑是情书。为了打趣同学，从初中开始就将男生情书公开的邵梦兰此次将计就计，表现得"欲盖弥彰"；她的遮遮掩掩引起了同宿舍女生的好奇心，5名女生在宿舍里上演了争抢情书大战，打翻了水盆，弄湿了绣鞋和衣服。一场"人仰马翻"的争夺后，信的内容终于大白于天下。开头的"My Dear Cousin"马上让室友们意识到自己被戏弄了，这只是普通家书而已，并非情书②。这件大学宿舍内围绕着"情书"所发生的趣事，经邵梦兰的公开发表而博读者一笑，让我们看到复旦女生宿舍里的快乐生活。

在复旦就读的这几年使邵梦兰有了明确的职业目标，从最初懵懵懂懂地想当律师到毕业后立志从事教育，让我们看到了大学对一个青年人志向的塑造，而复旦也给了邵梦兰实现人生理想的机会。早在毕业之前，已有各种工作机会，甚至有友人给她介绍了一个当县长的机会，但她觉得自己没有经验，所以"不做没有把握的事"③。作为当届的第一名，邵梦兰毕业的时候有五个工作机会摆在她面前，有上海的教职，有编辑的职位，还有政府部门的助理，最后她选择了去温州中学教书④。此时担任

---

① 《春蚕到死丝方尽：邵梦兰女士访问记录》，第78页。
② 邵梦兰：《校园生活写实》，《微音月刊》第1卷第2期，1931年4月，第82—85页。
③ 邵梦兰：《校园生活写实》，《微音月刊》第1卷第2期，1931年4月，第88页。
④ 邵梦兰大学毕业后的5个工作机会：(1)由校长指定在复旦实验中学教高中国文；(2)浦东中学的教职；(3)由老师推荐，在司法院做助理、秘书之类的工作；(4)在历史学系教授办的《女子月刊》当编辑；(5)温州中学的教职。

温州中学校长的杨成勋先生是复旦校友,他回到母校请求李登辉校长推荐师资,在李校长的推荐下,邵梦兰选择到温州中学教书;这位复旦女生的第一份教职得益于复旦的培养和人际网络,之后的几次工作变动还能看到复旦的交际圈给予她的帮助。

邵梦兰在复旦就读的几年里,除了读书,还完成了结婚、生育子女等人生大事。邵梦兰的婚约遵循着"父母之命"的传统,1928年初中毕业后就与余光凝①的公子余学仁订婚。这桩婚事可谓亲上加亲,因为邵梦兰过继来的弟弟正是余家的老三。1931年,22岁的邵梦兰高中毕业就结婚,这时她的丈夫尚在之江大学附中就读。婚后,邵梦兰马上就进入复旦大学法律系就读,大学一年级她就怀孕了,不得不休学回家待产,生下长女余东明后在1933年复学,转至政治系就读。晚年她口述说,"因为结婚早,小孩又来得快,时局也不安定",才决定从五年制的法律系转去政治系。邵梦兰这一转专业的决定看似是个人选择,从中也可以看到新女性的无奈,她们的人生规划极易受到政治和家庭的影响,充满着种种的身不由己②。

要丢下襁褓中的女儿回复旦继续学业,使邵梦兰陷入了"天人交战"的痛苦中;舍不得刚出生的女儿却又想继续升学,在母亲的启发和帮助下,她终于鼓起勇气选择继续升学。她晚年回忆当时的心境,"将小孩交给母亲,连头都不回,马上就走。因为

---

① 余光凝(1874—1947),浙江遂安人,日本早稻田大学师范学院毕业,同盟会会员,辛亥革命时曾任同盟会东路总干事。曾担任浙江省立第九中学、绍兴中学、台州中学等校校长,是著名教育家。
② 《春蚕到死丝方尽:邵梦兰女士访问记录》,第99页。

不马上走的话,又走不了了"。邵梦兰的求学经历,让我们看到了民国时期新女性故事的多重面相,有女学生的辛苦与无奈,也有奋斗与成功。邵梦兰不再是柔弱的闺秀,她坚强地应对各种不便——"读书期间怀孕、生产或流产,我一点也没有不方便的感觉"。邵梦兰是幸运的,来自家庭——尤其是母亲强有力的支持,让她能平衡学业和家庭。1935 年,长子邵人杰出生,这一胎她没有休学,临产前她还在复旦上课准备考试,是母亲到上海来照顾她,孩子出生后,"白天由我母亲带,我上课并写论文,晚上自己带孩子,此外我负责喂奶"。应该说,一个成功的新女性背后都有一个奉献与支持的母亲,邵梦兰一直在心中感念母亲的付出,晚年时坦言"我对孩子的教育负责很少,都是我母亲在管事"①。

教坛新秀与为人师表

1936 年,邵梦兰迎来了她从复旦毕业后的第一份工作,去温州中学担任国文教师。从教两年后,邵梦兰又应原复旦实验中学主任沈天白之邀转到衢州中学教书,此后又服务于严州中学、第三战时中学等 6 所学校。除抗战胜利后短期服务的宗文中学外,1936 年至 1949 年间,邵梦兰曾任教的 7 所学校中有 6 所学校的校长均是复旦校友。可见,男女同校的大学,为邵梦兰这样的新女性的职业生涯带来了很大的助力,因复旦大学校友而缔结的人际网络给邵梦兰提供了一个又一个在重点学校教书的经历,也为她积累了丰富的教学和管理经验。

---

① 《春蚕到死丝方尽:邵梦兰女士访问记录》,第 103、104 页。

1936—1949年邵梦兰服务的学校信息 ①

时　　间	学　　校	校　长	是否复旦校友
1936年8月—1938年7月	浙江省温州中学	杨成勋	是
1938年8月—1939年8月	浙江省衢州中学	沈天白	是
1939年8月—1944年7月	浙江省严州中学	严济宽	是
1944年8月—1945年2月	第三战时中学（江西上饶）	汪宝瑄	是
1945年8月—1946年1月	杭州宗文中学	钟毓龙	否
1946年2月—1947年7月	杭州建国中学	章宗钰	是
1947年8月—1949年12月	海南大学	梁大鹏	是

对这些学校来说，女教师邵梦兰是特殊的。在民国时期女教师稀缺的情况下，邵梦兰经常是这些男女兼收的学校里为数不多，甚至是唯一的女教师。她的女性身份使得她自然地承担起女生指导的职位，也发展出了一套在男女合校教书的哲学。从女教师的立场来看，邵梦兰认为男女之间的良性竞争对女生更有利，因此她非常支持男女合校的教育模式，她认为男女合班更有益是"因为在功课上会有竞争，男生不想输女生，女生也不甘示弱"，而且"平时同班，男女交往可以疏解他们对性的好奇心理"，有利于同性、异性之间的社交需求②。基于自己的成长经验，邵梦兰支持男女同学，但她却忽略了权力关系下"男（教师）女（学生）合校"对女生造成的困扰，比如说可能会有心怀不轨的男性，利用身份优势骚扰女学生。在严州中学教书时，身为女生指导的邵梦兰就处理过男教师通过日记骚扰女学生的事件。那时严中有80余名女生，女生指导的工作颇为操劳③。学校要求"女生

---

① 《春蚕到死丝方尽：邵梦兰女士访问记录》，第111—139页。
② 《春蚕到死丝方尽：邵梦兰女士访问记录》，第115页。
③ 邵梦兰：《记郑佩琼校长》，杭州市政协文史委编：《杭州文史丛编（6）·教育医卫社会卷》，杭州出版社，2002年，第283页。

不可到男老师的宿舍去",以杜绝课后男教师和女学生不必要的接触。然而,"一位何姓男导师常常把情书夹在学生的日记里,交给学生"。女学生找邵老师哭诉,作为学校唯一的女老师,为了杜绝这位男老师再通过日记骚扰学生,她主动承担了看全校学生日记的苦差事。给自己增添了额外的负担,还跟这个男老师结下了梁子,但总算保护了女学生免受其扰[1]。

邵梦兰的教学经验是在一所所学校教书的过程中逐渐累积起来的。在温州中学教书时,新教师邵梦兰评价自己最初的经历是"热心有余,经验不足,一天到晚逼学生读国文,一星期起码要考两次"。学生们被邵梦兰"逼得"顾不上其他科目,后来还是她在其他班级的壁报上发现学生的困扰才意识到自己没有站在学生的角度上换位思考,马上改变了教学方法,一周只考一次。在严州中学时,即使被攻击是"开倒车",她依旧"利用国文课,选《论语》、《孟子》、《史记》、《左传》、《汉书》、《战国策》中的文章分期作为补充教材"[2]。

幸运的是,邵梦兰在大陆的教学生涯中培养出了多位日后学业大成的学生,比如数学家谷超豪、射电天文学家朱含枢等,他们对邵老师的回忆能更直观地让我们看到邵梦兰是如何教育学生的。

初入温州中学时,刚从复旦毕业的邵梦兰享有"全校国文最优、全系成绩第一"的荣誉身份。谷超豪晚年仍记得这位中学老师,称邵老师对学生的每一篇作文看得都很仔细,篇篇有评语以指出文章的优缺点。虽然邵梦兰只教了谷超豪半年,却使他大受

---

[1] 《春蚕到死丝方尽:邵梦兰女士访问记录》,第120页。
[2] 邵梦兰:《记郑佩琼校长》,第283页。

启发，写作方面的进步很大。有一次，谷超豪写了一篇抗战的作文，以"自七七卢沟桥事变以来"开头，以"最后胜利必属于我们"作结。本来对自己的文章很满意，但自信满满的他却收获了邵梦兰"抗战八股"的评价。邵梦兰教育谷超豪"作文不能用套话，必须要用自己的语言表述自己的真情实感"[①]。

朱含枢是邵梦兰执教建国中学时期的学生。在建国中学，朱含枢受到了较好的数理教育，也打下了扎实的古典文学基础，国文教师邵梦兰功不可没。邵梦兰要求学生全文背诵《孟子》《论语》，并能吟唱古诗词，还要在课堂上默写考试，朱含枢经常交头卷，总得满分再加5分。在邵老师的课上，朱含枢不仅接受了传统文化的教育，还受到了"富贵不能淫，贫贱不能移，威武不能屈"等反映民族气节、民族精神的优秀篇章潜移默化的教育[②]。

毕业于严州中学的徐一心也对恩师邵梦兰的教学方法记忆深刻。徐一心回忆邵梦兰擅长书法，"她写了张小字条幅，从第一个字开始，逐字微微缩小，自然渐变，到最末一个字只有蚂蚁大小为止，字体优美，排列整齐，令我们惊叹不已"。邵老师"选了一些历代文学中的精品作教材，传记、诗词、歌、赋都有"。在邵老师的影响下，有少数同学下功夫苦学，在中学阶段即能赋诗填词，十分出类拔萃。不仅如此，邵梦兰"对学生作业的批改比较认真，引导学生注意用词并使语句简练"。中学时期积累的文学写作功底使得徐一心在参加工作后依旧受益匪浅，十分感念

---

① 张剑、段炼、周桂发：《一个共产党人的数学人生：谷超豪传》，中国科学技术出版社，2014年，第15—16页。
② 中国科学技术协会编：《中国科学技术专家传略·理学编·天文卷1》，中国科学技术出版社，2005年，第358—359页。

恩师邵梦兰的教导[1]。

心系故土、情牵母校

1949年后，邵梦兰移居台湾生活[2]。重回大陆，已是1991年，但是在这四十余年里，她一直思念故土，作为一名"复旦人"的初心也从未改变。

从民国至今，位于上海的复旦大学闻名海内外，却少有人知道在台湾桃园还有一所"小复旦"。这所"小复旦"见证了台北复旦校友会和复旦旅台校友会千余名校友的复旦精神和思乡情结。因在台湾"复建"复旦大学失败，校友们转而筹建私立的复旦中学。1958年，复旦中学在桃园落成，延续存留了上海复旦大学的诸多传统，包括由国文系教授蒋梅笙所订下的"博学而笃志，切问而近思"的校训、刘大白和丰子恺两位大师创作的校歌、刻印有"复旦"二字及校训与乙巳（1905年）八月创校的校徽[3]。作为复旦中学的校董，邵梦兰在创校过程中发挥了不小的作用，初中部的教室"崇信馆"一楼依旧立有邵梦兰主笔的碑文。与复旦大学一脉相承，旅台的"老复旦"在宝岛培养了新生一代的"小复旦"，自大陆来台的复旦校友们希望能将母校的文化，越过海峡，持续茁壮发展[4]。

复旦中学在台湾成为后起之秀后，又一座"小复旦"出现在台北士林区，这就是邵梦兰主持的士林初中。1956年，邵梦兰

---

[1] 周金奎、朱睦卿主编：《新安桃李》，中国文史出版社，1997年，第138页。
[2] 《春蚕到死丝方尽：邵梦兰女士访问记录》，第141—142页。
[3] 史曜菖：《越海座落桃仔园：试析复旦的创立、发展与在台"复校"》，《桃园文献》2017年第4期，第11页。
[4] 史曜菖：《越海座落桃仔园：试析复旦的创立、发展与在台"复校"》，《桃园文献》2017年第4期，第23页。

桃园"小复旦"胡笔江纪念馆落成（左三为邵梦兰）（载史曜菖:《越海座落桃仔园：试析复旦的创立、发展与在台"复校"》，《桃园文献》2017 年第 4 期，第 19 页）

受命主持士林初中时学校几乎是个烂摊子，不仅"没有校舍，设备更谈不上"，而且"学生也都不太读书"。经过邵梦兰数年的整顿，1963 年时，学校面貌已经焕然一新，在台湾教育界取得了不错的声誉："一千六百个学生中，有的在操场练习歌咏，有的在图书馆看书，有的在球场上打球，有的在教室里打扫；鸦雀无声，秩序井然！参观各场所，树木扶疏，盆花遍地，整齐清洁，一尘不染。"[1]士林初中的成绩是邵梦兰在台湾教育界的骄傲，当时"士林初中也是小复旦"的社会赞誉不仅表达了各界人士对士林办学质量的认可，也说明了"复旦"在当时的台湾也是最高学府的象征。

旅台校友对复旦的感情，远不止体现在创办"小复旦"上。早在"小复旦"开办之前，校友们就已创办了《复旦通讯》年

---

[1] 彭裕文、许有成主编:《台湾复旦校友忆母校》，第 429 页。

刊,作为来台校友追忆母校的途径,也为校友们提供了情感交流的空间。该刊于 1951 年 11 月 11 日刊行,每期约 300 页,在每年 5 月校庆日出版,至今长达六十余载,承办单位也已从复旦旅台校友会转由复旦中学承办,半个世纪以来未曾中断的写作与出版成为两岸复旦人情牵一线的证明①。早期的《复旦通讯》以旅台校友们回忆校园生活和大学回忆为主,邵梦兰在其中也有发表回忆文章,纪念教师毛彦文、王授心与温崇信等人,并在复旦五十周年校庆时特别撰文以志祝贺。

素有才女之名的邵梦兰有大量的文学作品发表,除零星在《复旦通讯》上有发文之外,她还主编过《国立复旦大学纪闻》,详述校史沿革、特色、人事、掌故等②。此书于 1986 年出版,在台湾"中研院"各图书馆尚有馆藏,是研究复旦校史的重要参考材料。此外,在复旦百年校庆即将来临时,复旦台湾校友的回忆文章集结为《复旦台湾校友忆母校》一书,于 2003 年由复旦大学出版社出版,其主旨正是"维系复旦校友彼此的心灵"。本文开头引用的邵梦兰诗作《还乡吟》正是出自这本书,"暂时分手莫惆怅,两岸原来是一家"正表达了邵梦兰对故土的思念和对还乡的殷切希望。

1987 年底,台湾当局允许台湾民众来大陆祭扫祖坟、探亲、访友。两岸群众终于可以一解思乡之情,复旦学子也终于可以回到学校一偿多年夙愿。据复旦校长王生洪回忆,已经年逾古稀的校友刘振来到上海,在复旦招待所住了 8 天。复旦的岁月对刘振来说一定特别美好,他每日沉浸在回忆与对比的现实中。临别的

---

① 史曜菖:《越海座落桃仔园:试析复旦的创立、发展与在台"复校"》,《桃园文献》2017 年第 4 期,第 16 页。
② 《春蚕到死丝方尽:邵梦兰女士访问记录》,第 73 页。

那天，刘振在母校的"根"——江湾校址的奠基石前摄影留念后，依依不舍地离去①。邵梦兰旅台之后首次返乡是在1991年，她回千岛湖祭拜了父母，见了多年未见的妹妹。一别半个世纪，家乡早已时移势易，祖宅和父母的墓都已在千岛湖下。

　　两岸交通更频繁后，已界高龄的邵梦兰积极来大陆参加复旦校友会的活动，并撰写诗词表达对母校的感念。1992年11月4日，第二届复旦大学世界校友联谊会在复旦校园内举行，83岁高龄的邵梦兰特意从台北赶来。从《菁菁者莪》（出自《诗·小雅》）一篇中获得灵感，邵梦兰随口吟出一联"菁莪天下乐"。正在苦思下联该对什么的她被邻座提醒"天下雨了。""有了！"此时的邵梦兰快乐得像个小女孩，随即吟诵出"风雨故人来"一句。"菁莪天下乐，风雨故人来"，邵梦兰即兴所作的这两句诗使得当时来自世界各地的近300名校友代表不仅为她的才华所折服，更为诗中所蕴含的深意而感动②。此次返校，邵梦兰在档案馆见到了写有自己的毕业纪念册，毕业成绩第一的她名字排在第一位。她为母校的发展感到高兴，"现在复旦校地扩大许多，比我在的时候大了二十四倍，我去的时候车子绕了半天，还没绕过校区的一半"③。1999年，邵梦兰又参加了在西安举行的第六届复旦世界校友联谊会，已经90高龄的复旦女生即席赋诗一首，用抑扬顿挫的声音吟诵："八方风雨会长安，旧雨新知泪眼看。日月光华旦复旦，年年此日喜团圆。"诗作赢得了全场的掌声④。可

---

① 王生洪：《同心谋发展——王生洪同志在复旦大学的文集（1999—2009）》，复旦大学出版社，2013年，第202页。
② 鄂基瑞、燕爽主编：《复旦的星空》，复旦大学出版社，2005年，第257—258页。
③ 《春蚕到死丝方尽：邵梦兰女士访问记录》，第73页。
④ 王生洪：《同心谋发展——王生洪同志在复旦大学的文集（1999—2009）》，第202页。

复旦大学九十周年校庆时,邵梦兰寻访东宫旧址有感题词(图片由复旦大学档案馆提供)

惜的是,此次聚会是邵梦兰参加的最后一次复旦校友聚会。返台不久,这位历经沧桑、坚韧不拔的女教育家溘然长逝。但是,邵梦兰和故乡、母校的感情却未曾断却,弥留之际,她叮嘱家人将她的骨灰送往家乡浙江淳安,葬于千岛湖畔。

1930 年进入复旦的邵梦兰,是"五四"后的新女性,不同于五四一代的激进,从邵梦兰身上我们可以看到新旧交融的特点。她克服各种困难,从淳安到杭州再到上海,努力学习向上;大学毕业时已是两个孩子的母亲,但毫不犹豫地选择成为职业妇女;不论是当主妇还是当校长,她都果敢担当。战时在严州中学任教时,邵梦兰亲历校内学潮、用家乡资源帮助学校迁校,还带头处理九位学生溺亡的惨案;身边没有丈夫和男性亲属可以依靠的她表现出了男人所不能及的坚毅、勇敢、果断、顽强[1]。但在

---

[1] 《春蚕到死丝方尽:邵梦兰女士访问记录》,第 107—130 页。

婚姻和家庭观念上她又是保守的，初中毕业就接受了家里的包办婚姻，大学一年级就因怀孕而休学，1944年丈夫病逝后，她再未动过再婚的念头。虽然出身开放乡绅家庭，但十七岁开始守贞的叔祖母对她影响很深，认为叔祖母品德高尚，守贞五十多年是"非常了不起"的事，而且"女子从一而终是天经地义的事情，没有疑惑的余地，根本不觉得有问题"①。对邵梦兰来说，新式教育和摩登自由还是两回事，"虽然受了新式教育，但是不知道什么婚姻自由"，对于家里包办的婚姻，"没什么感觉，也不会去反对"。晚年邵梦兰回忆起自己在杭州女中上家事课时，有这样的体悟："内容是如何做一个好的女性，不完全是传统，也不完全是新女性，而是要做一个好的女儿、好的妻子、好的母亲，虽然还是以传统的部分多一点，但是也要念书，要有新知识，这就不是传统的了"。1930年代的复旦女生邵梦兰，正是这样一个旧中有新、新中有旧，不排斥旧道德，但也不囿于旧规范的新女性。

附：邵梦兰部分诗词

嘉陵村之夜

一别簧门十一年，忍将沧海问青天。
楼头明月今犹古，如梦前尘缕缕烟。

过子彬院吊移师

莫道从戎志未酬，先生豪气足千秋。
鳣堂依旧人何在，对月魂销百尺楼。

---

① 《春蚕到死丝方尽：邵梦兰女士访问记录》，第4页。

归途（沪杭道上）

其一
路转碧云低，江田朝露晞。

倚门怜白发，心先火龙归。

其二
庐舍田园过眼明，一声汽笛客心惊。

荷香十里钱塘近，知是人生第几程。

（以上载《复旦同学会会刊》第12卷第2期，1947年9月）

春在仙岩（调寄忆江南）

一九三七年，予执鞭省立温中，春假，偕三五同事率学生十余露营仙岩，携阮咸与俱。仙岩有奇景三：曰梅雨、曰雷响、曰龙须，瀑布以梅雨为最。与来独往，对瀑挥弦，辄增感慨，及归，赋忆江南四阕，以志鸿爪。

梅雨鹃声
梅花雨，璀璨落长天；潭影波光春自碧，断肠空谷听啼鹃，寂寞泪阑干。

梅雨琴韵
凭栏处，匹练逐流年；人籁何如天籁妙，悔将心事付鸣弦，梅雨恨绵绵。

雷响惊天
天地骇，霹雳一声来；惊起冷泉光万丈，白云翠壑浅深开，风紧晚钟哀。

龙须瀑影
濯吾足，凝睇羡深渊；冉冉落霞舒复卷，龙须百尺软如烟，缥缈夕阳天。

（载《妇女月刊》第 6 卷第 2 期，1947 年 7 月）

钓船笛

杜宇一声啼，惊破离人残梦。细雨丝丝无赖，带三分嘲弄。觉来强笑掩深思，寂寞与谁共？且听蛙歌阁阁，任柔情潮涌。

一九三三，五，廿八于江湾复旦大学

（载《文艺春秋（上海 1933）》第 1 卷第 1 期，1933 年 7 月）

荷叶杯二阕

（一）

一抹红云舒卷，春软，绿波融。两三新蝶弄晴舞，无语，醉东风。

（二）

密密柔情如织，谁识？恨偏多！一枝红杏解人意，含泪，问："如何？"

（载《文学月刊》(金华) 第 2 卷第 1 期，1940 年 3 月）

临江仙（和健中先生过杭州故居原韵）

北雁南飞秋老矣，问君底事归迟？白云苍狗信犹疑，出门嘶马，惆怅别离时。

十载凄皇浑似梦，宗周黍稷离离，江山如故事全非，阑干斜倚，闲把紫箫吹。

（载《妇女月刊》第 6 卷第 3 期，1947 年 9 月）

江城子

　　武林春色正宜探，上孤山，且偷闲。独赏憔悴独自倚危阑，不道新来诗味好，一斗酒，两黄柑。

　　梁间燕子太娇憨，眼眈眈，话呢喃。落魄年年何计驻欢颜！回首前尘无限恨，帘卷处，雨潜潜。

一九四七年三八节前一日于杭州省立建中

（载《妇女月刊》第 6 卷第 3 期，1947 年 9 月）

新中国《婚姻法》的执笔人：法学家王汝琪

> 我们中只有王汝琪是上海复旦大学法律系毕业生，懂法律，决定由她执笔。①

1990年10月6日，王汝琪在北京逝世，不举行遗体告别，不开追悼会，是她生前的要求②。

王汝琪是新中国制定的第一部大法——《中华人民共和国婚姻法》③（下文简称《婚姻法》）的执笔人，中国律师制度、公证制度的奠基人，中国妇女运动的杰出活动家。纵观其一生，跌宕起伏，却涅而不缁；功勋卓著，也不矜不伐。她踏踏实实干过的实事不胜枚举，晚年孑然一身，一无所有，依然伏案而作，心怀家国。她以追求女性自由、平等、独立为志，以推进法律的公平、公正为业。但关于王汝琪的专门研究几乎没有，这样的女性

---

① 罗琼、段永强：《罗琼访谈录》，中国妇女出版社，2000年，第102页。
② 《人民日报》1990年10月15日。
③ 《中华人民共和国婚姻法》，《人民日报》1950年4月16日。

本不应被淹没于历史洪流①。

复旦最早的法学女生

王汝琪（1912—1990），原名王里，河北柏乡人，祖籍江苏无锡。著名爱国人士、民革主要负责人、中共地下党员王昆仑（1902—1985）是她的堂兄。王昆仑的故居位于著名的风景名胜区无锡鼋头渚内，但有关王汝琪的童年生活，却已无迹可寻，只能从《大公报》著名女记者蒋逸霄对她的访谈中了解些许。王汝琪把年幼的自己比作青石板下的一苗嫩芽，她在九岁时母亲便去世，长期受继母压迫，"我的姊姊，我的弟弟，都是为着不堪家庭的压迫而自杀的！他们两人的自杀，对于我是多大的刺激呀！"王汝琪为此病了一年，身体每况愈下，消瘦不堪，后来渐渐意识到自己不应怯懦、消极地生活，她变得积极起来，"家庭黑暗，是现在中国的极重大的社会问题。受后母虐待的，世间岂止我们姊妹三个？因此，我想革命，我要改造全中国的黑暗家庭。我现在挺着腰，什么都不怕"②。

---

① 关于王汝琪的研究凤毛麟角，少数几篇论文包括熊先觉的《律师制度的拓荒者王汝琪》(载《中国律师》1999 年第 12 期)，该文以追忆和纪念为主，侧重律师制度、公证制度的视角；何碧辉的《王汝琪：新中国第一部〈婚姻法〉执笔人》(载《世纪》2012 年第 1 期) 也是一篇概述王汝琪人生经历的文章；较系统的研究成果来自日本学者前山加奈子，她的《从制宪运动、抗战到〈婚姻法〉——追随王汝琪的足迹》一文 (日本中国女性史研究会编：《中国女性史研究》，2021 年 2 月) 着重于王汝琪参加制宪运动和抗日战争时期这两段经历。本文的写作激发了李尚阳同学对于王汝琪研究的进一步兴趣，她于 2024 年在《近代中国》发表了英文论文，这是研究王汝琪与 1950 年《婚姻法》的重要论文，见 "Unsung Heroine: Wang Ruqi, 1950 Marriage Law, and State-Legal Feminism"，*Modern China*，2024，No.4。
② 详见蒋逸霄：《上海职业妇女访问记（二十五）——译著家王汝琪女士》，《大公报》1937 年 7 月 22 日。

1931年《复旦大学同学录》所载王汝琪信息

王汝琪与复旦结缘,始于她入读复旦中学,1931年她又考入了复旦大学。复旦大学法学院于1929年成立,但那时"法律学系"尚未在教育部申请备案,为便于招生和教育,1930年开始一边招生一边申报备案。在多位校友的努力下,1931年3月,教育部批准"法律学系"备案,7月,司法部也特许并由政府公报公布。王汝琪就是在这一年进入了复旦法律系,所以我们可以称她为复旦最早的法学女生。

法律系首任系主任是1926年毕业于复旦大学社会科学科的校友、上海知名法界人士裴复恒(1902—?)。1932年,毕业于美国哥伦比亚大学的大律师张志让(1893—1978)出任系主任,复旦法学科开始得到较大发展。张志让1921年回国后曾先后担任过司法部参事、大理院理事、修订法律馆纂修,1927年开始在上海担任执业律师，还先后任教于北京大学、东吴大学，是兼具深厚学养与法律实践的法学家。在民国时期，张志让院长也是著名的民主宪政斗士，1937 年，上海发生著名的"七君子"案，在为"七君子"辩护的律师团中张志让担任首席律师。从 1930 年开始，复旦法律系逐渐汇聚起金兰荪、徐象枢、施霖、潘震亚、张定夫、江镇三、钟洪声和宗维恭等名师，虽处草创阶段，但师资力量已渐雄厚，教学课程日趋完善①。正逢此时，王汝琪进入复旦大学，开始接受系统的法学训练。

日本学者前山加奈子认为，王汝琪在复旦时就已经受到马克思主义和倍倍尔妇女解放理论的影响②，这也可以从王汝琪大学时代发表的作品中觅得线索。1932 年 12 月 26 日，署名"复旦王汝琪女士"的《在法律上男女确实平等吗？》一文在《民报》发表，这位大学二年级的法学女生深刻地剖析了民国时期的"女子受了男子的桎梏，所谓平等依然不彻底"的现象。文章认为在女子未得到经济的解放之前，平等都只是幻想，"因为经济是社会中一切组织的基础，所以，女子在经济上如不平等，即使法律赋予平等的美名，平等仍然是一切幻想；即使有也是不确实，不彻底的"。在《妇女与社会主义》的"妇女的法律地位"一章中，倍倍尔犀利地批判了当时以法国为代表的国家在"通奸罪"上对男子的优待，是妇女在国家法律中处于从属的、被压迫地位之表现③。王汝琪在文章中也指出，《中华民国民法典》"虽然在所谓

---

① 何勤华：《华东政法大学与复旦大学法学院的历史渊源》，《复旦大学法律评论》2020 年第 2 期，第 1—12 页。
② 前山加奈子：《从制宪运动、抗战到〈婚姻法〉——追随王汝琪的足迹》，日本中国女性史研究会编：《中国女性史研究》，2021 年 2 月。
③ ［德］奥古斯特·倍倍尔著，葛斯、朱霞译：《妇女与社会主义》，中央编译出版社，1995 年，第 273—279 页。

王汝琪的文章《在法律上男女确实平等吗？》

根本大法约法第六条上明白规定'中华民国国民无男女、种族、宗教、阶级之区别，在法律上一律平等'。但是，事实给我们的证明是：男女在法律上的平等依然是不确实，不彻底的"。随后她举出实例："关于通奸罪处分的不平等。按照刑法第二五六条'有夫之妇与人通奸者，处二年以下有期徒刑'，而有妇之夫与人通奸仅构成离婚的原因（见《民法》第一零二五二条），丝毫不负刑事上的责任。这显然地是袒护男子，而菲薄女子，因袭着资本主义的传统精神而形成的不平等的法律。"[①] 王汝琪的思想已经开始呈现出对马克思主义妇女解放理论的"本土化"的化用，并运用于其法律思想和她对婚姻法律的认识中。

1933年，王汝琪又在《法轨》上发表了《婚姻制度的昨日、今日与明日》一文。《法轨》是复旦大学法律学系创办的刊物，

---

① 王汝琪：《在法律上男女确实平等吗？》，《民报》1932年12月26日。

由复旦大学法律学系同学会编辑出版，当时张志让担任顾问编辑，本科生王汝琪是出版委员之一。复旦法律系知名的老师张志让、潘震亚、施霖、江镇三等都在上面发表过文章。王汝琪在这篇长文中先是梳理了各个学派关于婚姻制度的起源和形式的论断。她认同马克思主义的观点，认为婚姻制度是建立在经济基础之上的一种社会形态，经济基础的任何变动都足以倾覆旧的婚姻制度，从而产生新的婚姻制度，生产力和生产关系是构成各种婚姻制度的原动力。文章还指出，"乱交是原始社会的婚制，一妻多夫就是它演化的结果。自从耙耕农业开始，男权蒸蒸日上，男子由被动的地位升为主动的地位，而女子则一落千丈，为男子所屈服"[1]。这应是受倍倍尔类似观点的启发："社会上的一切依附与压迫都源于被压迫者对压迫者经济上的依赖。妇女在很久以前，在经济上就处于从属地位……"[2] 除了经济和婚姻制度的关系，文章还指出，一夫多妻婚姻制度产生是成为"封建社会"的特征，也是"昨日"婚姻制度的最终形式。随后文章分析指出当时之"今日"是资本主义社会，她举出《中华民国民法典》的法律条文和生活实际中的实例证明"今日的婚姻制度完全的偏护男子，而压制女子，竭力地伸张夫权，而蔑视女子的人格，虽然，花样儿是翻新了，但是其内容仍然与昨日的婚姻制度毫无二致"[3]。王汝琪分析了当时盛行的几种主义——保守主义（包括生物学派）、唯爱主义、改良主义和社会主义，她严厉地批判前三者，指出这些主义和学派并不会带来性别平等。她同很多当时的社会主义者一样，认为婚姻制度是私有制的产物，最终必将毁

---

[1] 王汝琪：《婚姻制度的昨日、今日与明日》，《法轨》，1933年，第53—73页。
[2] ［德］奥古斯特·倍倍尔：《妇女与社会主义》，第4页。
[3] 王汝琪：《婚姻制度的昨日、今日与明日》，《法轨》，1933年，第53—73页。

灭，随着私有制的消亡，婚姻制度也会随之消亡，只是，在"明日"的社会未完满建立以前的"过渡时代"，婚姻制度的存在并非不必要的。因此，王汝琪在文章中倡导要先废除一切性别不平等的规定，尤其是经济制度和法律法规方面的性别不平等规定，如此才能为女性的经济发展铺平道路。女性在经济上取得发展，其人格亦得独立。可见王汝琪对婚姻制度的认识和从法律上获得妇女解放的观念在复旦时已基本形成。她还用"汝琪""琪"的名字在《法轨》上发表了几篇短文，其中《法律小识录：法律与剃头》一文对当时国民党党部统治的黑暗和司法混乱的现象进行批判。

在1933年发表于《复兴月刊》的《中华法系之复兴》一文中，王汝琪简述了中华法系各学派的哲学思想及内容，论述了相较他国法系中华法系的可取之处。该文章也关注性别问题，分析了中华法系的症结所在："旧法中关于男女权义（益）不平等的规定，未免不合于时代的潮流，在现在全国人民一致要求男女平等的时代，应该力予纠正，在新法上应竭力地促成男女权义（益）的平等，不但理论上应该如此，事实也应该如此。"她认为解决的方法是"积极地厉行法治的政策，实现民主的政治，奋发革命的思想，培植明辨的能力，极力的提倡科学的观念，以破除分歧混乱的宗教藩篱，奖励切实研究的事业，以改革今日法制的缺点"[①]。王汝琪还翻译了《苏俄的家庭与婚姻法》一文。不难看出当时的王汝琪专业功底扎实，深受马克思主义和苏俄共产主义革命的启迪，以追求法律制度中的性别平等为志业。

---

① 王汝琪：《中华法系之复兴》，《复兴月刊》第1卷第10期，1933年，第112—132页。

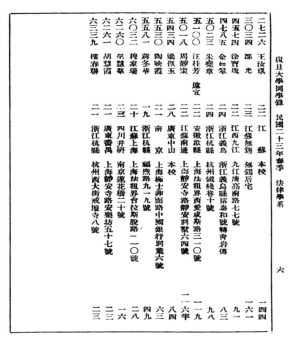

1934年《复旦大学同学录》所载王汝琪信息

实际上，学生时期的王汝琪就深受马克思主义理论和社会主义妇女解放理论的影响，并对苏联局势十分关注。作为法学生的她已经注意到了1929—1930年颁布的《中华民国民法典》中的男女不平等问题，认为《民国民法典》维护的是资本主义经济原则，并不会带来实际意义上的性别平等。对婚姻制度的基本认识和从法律层面解决妇女问题的观念也已基本形成，这一时期撰写的文章呈现了将马克思主义妇女解放论与中国实际问题相结合的论述。毕业后的她，依旧积极地为推动性别平等和妇女解放而撰写文章和进行演讲，号召妇女走出家庭，承担社会义务和参与民族解放。这些都为她在日后担任1950年《婚姻法》的执笔人夯实了基础。

1934年，王汝琪从复旦法律系毕业。这一年，她还完成了终身大事，与中学时代就结识的男友陈传纲（1912—1966，湖北武汉人）喜结连理。蒋逸霄的笔下有对他们小家与陈传纲的生动描写：

> 在环龙路的美乐坊，她赁着一座小洋房，安排了一个小家庭。一切陈设布置，当然说不上华贵与富丽，但也够得上简单整齐的资格。一张小方桌，几把小圆凳，两只沙发椅，一个小条几，位置得极合适，客厅饭堂，可以一兼两用，既不显得太空廓，也不显得过窄挤；墙上，壁槛上，再挂几幅字画，搁几件小玩艺儿，倒也觉得清雅有致。
>
> 当我第一次去访她，她正换上了一袭新衣，准备去参加一位亲戚的婚礼。我同她约定了再访的日期，想要起身告别的当儿，恰好女仆开着大门，进来了一位年纪很青，穿着西装的男子。他大概并没有注意到屋里有位陌生的客人，所以边走进屋子，边嘴里咕噜着：
>
> "那个人真可恶！真可恶透了……"
>
> 愤怒掩不住他的真率与坦白，他一直到我们的近旁，才抬起头来，把左手撩着额上的短发，蓦然看见了坐在沙发上的我俩，连忙停住脚步，站得很恭正，向我鞠了一个躬，密司王才从容地立起身来，跟我介绍说：
>
> "这是外子，密司忒陈。"①

当蒋逸霄第二次去采访王汝琪时，自然就开始"八卦"起了

---

① 蒋逸霄：《上海职业妇女访问记（二十五）——译著家王汝琪女士》，《大公报》1937年7月9日。

她的婚姻：

是我在复旦大学毕业那年，民国二十三年结婚的。说起我的结婚，恐怕一般旧脑筋的人又是要剧烈反对的。我们并没有举行任何的仪式，没有婚书，没有信物，更没有什么证婚人，就在新亚酒店请几个最接近的朋友吃了一席酒。因为我们相信：一对经历相当时期的友谊，由彼此真正的认识与了解，进而谈恋爱，而实行共同生活的伴侣，应该在爱情上是不容易有破裂的；假如一旦要发生变化，那也决不是法律所能维系缚牢的！

……

怎样美满，我们自己也不敢说。不过，我们深信：经过了相当时期的友谊，彼此的境遇、思想、性情以及学识，都有了一种深切的了解，而后再结合，危险总是少一点。……在每次开会的时候，我们对于任何事件的意见与主张，都很接近且相投，由是我们之间的友谊，也就无形中比较其他同学深厚了一层。中学毕业后，我们又一同进了复旦的法律系。后来，他又转学到了东吴大学的法律科。从认识到结婚，前后一共经过五六年，结婚到现在，我们也从没有发生过一点小争执，我们绝对尊重各人的自由；譬如交朋友，他有女朋友，我也有男朋友；我们从未因为彼此不信任而加以干涉过。在家庭经济上，我们是共同去生产，共同来消费，我从没有像普通一般女人似的，把自己所赚的钱私自储蓄起来，而把生活上的一切耗费都仰给丈夫，因为我认为：经济上平等是一切平等的基础，假如自己不生利，或生利而不肯拿出来供给家庭的消费，那就是自己先把自己看作了不是负担家庭经济的一分子,而是希望丈夫处处平等待遇我,岂不是等于痴人作梦想?①

陈传纲虽然只在复旦读了一年书,但却是复旦学生爱国运动领袖。"九一八"事变后,他参加复旦大学抗日救国会,任第一次全校学生赴京请愿大队总指挥。上海各高校学生举行抗日救国示威游行,陈传纲是复旦大学副总指挥②。

王汝琪将她所推崇的婚姻自由与婚姻平等观念实践于她与陈传纲的婚姻中。她还强调由自由恋爱而结合的婚姻不容易出现"破裂"的情况。20世纪40年代之后,在中国共产党执政地区,"情感破裂"就作为司法结婚与离婚的决定性基础和标准,开始广为实践。1980年的《婚姻法》将情感观念纳入法律条文中③。王汝琪号召妇女走出家庭,实现经济独立,从而争取社会性别平等的要求也被她努力践行于自己的婚姻中。她深受当时社会经济理论和梁启超"生利"与"分利"观点的影响,在婚姻中也要求自己实现经济独立的。当然从她的观点中也可以看出,她只认可有剩余价值的物质劳动,并没有认可家庭中的无酬劳动。

为妇女争权利的"译著家"

1935年夏天,王汝琪与陈传纲一同前往山东济南工作。她

---

① 蒋逸霄:《上海职业妇女访问记(二十五)——译著家王汝琪女士》,《大公报》1937年7月22日。
② 《复旦大学百年志》编纂委员会编:《复旦大学百年志(1905—2005)》下卷,复旦大学出版社,2005年,第1475页。
③ 黄宗智:《过去和现在:中国民事法律实践的探索》,法律出版社,2009年,第116—120页。

在济南市立中学任教,常常给学生讲述社会发展史和苏联的情况,她的学生中陶端予、季万先、张效凯等人后来都去了延安。她和陈传纲还组织了一个"抗日反蒋同盟",共有五六人参加,属于共产党的外围组织。1936年,为纪念"三八"妇女节,济南"妇女道德促进会"邀请王汝琪出席会议,讲一讲该节日的来历。该会议在人民公园召开,由韩复榘的妻子主持,国民党省党部的人还进行了道德方面的宣传,王汝琪对宣讲内容颇为反感,她回忆称:"我在会上就讲'三八'节的来历,蔡特金提出要妇女解放,讲男女要平等,讲苏联十月革命时期妇女要求和平,并联系我们处在帝国主义侵略之下,我们不要刀架在脖子上的和平,妇女应该团结起来,跟帝国主义作斗争等。"①

为了扩大宣传,她还用"马杰里"的名字在上海的《妇女生活》上发表了题为"'三八'节在济南"的文章。该文章讽刺了这个由当地军政官员的大小太太们组织的"妇女道德促进会",认为该团体的宗旨是"恢复旧道德,提倡新生活",实际并没有什么作为。当时会场贴的标语,如"妇女不要问政治,要回到家庭去""治家莫忘救国,救国莫忘治家""同性们,不要放弃家庭的责任""妇女应该学习家政""提倡妇女的旧道德""妇女们,担负起救亡的责任"等,充满了新旧和逻辑冲突。王汝琪强调:"妇女运动既非女子想变成男子,也不是女子想联合起来打倒男子,更不是女子想只享受权利不尽义务,而是想使女子自由发挥其个性,和男子一致起来谋妇女的解放以及整个社会民族的解

---

① 刘蔚华整理,王汝琪口述:《访谈王汝琪同志记录》,《山东妇运资料选》第二辑,山东省妇联妇运史编辑室,1986年,第84页。

放,并享受做人的权利,尽做人的义务。"① 她的发言赢得社会热烈反响,当时许多报刊都有报道。

一年后,夫妻俩又返回上海。王汝琪在中山文化教育馆和商务印书馆担任法律编译员,不久夫妇二人都获得了挂牌律师的资格②。1937年6月,《大公报》的系列连载"上海职业妇女访问记"的第二十五记介绍王汝琪时给她所冠名号为"译著家王汝琪女士":

> 大约一月多以前的一个黄昏,在锦江餐饮宴会席上,已经是席终人散时分了,兹九拉着一位身材瘦小,仪态端庄娴静,服饰简素雅朴,眉宇间盈溢着俊秀之气的女子,给我介绍说:
> "这位是你的同乡,也是未来的律师,不久就要挂牌了。"
> 照例的互相换了片子,并说了几句应酬话,也就匆匆地分手了。我从各方面知道了她的英文很有根底,对于法律也有相当的造诣,现在正担任着中山文化教育馆和商务印书馆法律的编译员。对于这样一个具有才能,而且肯切实研究学问的女子,我当然会起着莫名其妙的景仰,正像对于其他的许多学问才能远胜我的朋友一样,愿望着能常往来,常接近,在事业上给我鼓励与帮助,在学识上给我指导与切磋。但是,我说老实话,从我对于她最初一瞥所得的印象来推想,我只把她当作一个闺阁气很深,但还知道潜心研究一

---

① 马杰里(王汝琪):《"三八"节在济南》,《妇女生活》第2卷第4期,1936年,第31—43页。
② 蒋逸霄:《上海职业妇女访问记(二十五)——译著家王汝琪女士》,《大公报》1937年6月14日。

点实学的女子看待而已。我绝没有想到她,在那样一个瘦小的躯壳中,会包裹着一股像火山一般热烈的感情,像钢铁一般坚韧的意志!她有勇敢进取的精神,缜密善思的头脑,清晰而有条理的口才……一切一切,都躲过了我最初一瞥的印象。①

法律系科班出身的王汝琪并没有投入律师职业,相反将更多的时间精力投入上海的妇女运动。她在各类媒体上很是活跃,尤其注意推动妇女参政运动。她在《大公报》上发表《国民大会与妇女》,在《妇女生活》上发表《战争与和平》《全国妇女大团结》,在《新闻报》上发表了《上海妇女制宪运动的开展》等,不停奔走宣传号召:"我们妇女既得尽遵守宪法的义务,就得享制定宪法的权利。"②她主张妇女要争取制定宪法的权利,故号召妇女必须参加制宪。蒋逸霄的报道中对此有所记述:

"我们,对于这次国民大会,绝对不应当默然无表示!我们妇女在初选中,固然是完全失败了,而且也已来不及想出方法来补救了;但最近中央政府又有二百四十名指定名额的规定,我们要赶快唤起全国妇女的注意,大家团结起来,向中央请愿,在这二百四十名指定代表中,规定妇女代表的名额。我们不必问成功或失败,成功了固然很好,失败也可以为下届国民大会妇女争取权利立下一个始基。一次失败,

---

① 蒋逸霄:《上海职业妇女访问记(二十五)——译著家王汝琪女士》,《大公报》1937年6月14日。
② 蒋逸霄:《上海职业妇女访问记(二十五)——译著家王汝琪女士》,《大公报》1937年7月9日。

还有二次，二次失败，还有三次……这样作为一种妇女运动的做下去，不灰心，不气馁，最后的胜利终会有得到的一天！"她这种坚决的论调，现在在上海妇女运动促进会已成了一致的主张，甚至不久将形成为全上海妇女们的一种蓬勃有生气的运动了。她近来不但在集会中，学校里，一有机会就发表她的主张；她并且在《妇女生活》上，在本报的"妇女与家庭"上写文章，希望唤起广大妇女的注意。她，在我们几十个同道中，对于此次妇女应做的运动，可以说是最努力的一分子！

抗日战争全面爆发以后，王汝琪全身心投入到妇女界抗日救国运动中，利用自己"译著"的特长，她出任上海妇女界抗日救国会宣传部长[1]。"八一三"淞沪抗战失败后，在上海的多家妇女刊物被迫停刊，但《战时妇女》却在抗战烽火中得以创办。1937年9月5日，《战时妇女》第一期在上海问世，起初是五日刊，后来篇幅增加了一倍，改为旬刊，这是专门宣传战时中国妇女抗日救亡运动的刊物[2]。刊物主要报道妇女抗战活动的最新情况，揭露日本侵略战争中中国妇女的悲惨遭遇，动员妇女走出家庭加入反法西斯战争，也普及抗战知识，启迪妇女团结起来参加抗战。王汝琪在文章中回忆称，当时"几位负责的朋友都是实际的救亡工作者，同时经济又非常困难，所以感到人力与财力的不足，但是尽管在这种艰难的情形下，我们还是愿意为着满足妇女

---

[1] 何碧辉：《王汝琪：新中国第一部〈婚姻法〉执笔人》，《世纪》2012年第1期，第55—57页。
[2] 王汝琪：《新战时妇女的创造》，《战时妇女》1938年第11期，第2页。

《战时妇女》创刊号

大众的要求支持这个刊物"[1]。从创刊号开始,王汝琪就担任《战时妇女》的编辑委员,主要负责"战时知识讲座"专栏,后又出任主编,每一期都能看到她活跃的身影。

除了"战时知识讲座",王汝琪亦将目光投向了在日本侵略战争中被欺压的妇女弱势群体——日本在华纱厂的中国纺织女工们。其《解放包身工》和《再为包身工呼吁》呼吁社会各界关心她们的处境,并试图为这些包身工寻求出路。妇女劳动力在上海很有市场,这些女性被包工头从扬州、泰州、嵊县等上海周边地区买入再到上海"兜售"。为了在日商纱厂谋到工作,包工头会为姑娘们梳妆打扮,清早带领姑娘们在日商的厂门口等候挑选。更不幸的是,若未被选中,还可能会被当作妓女卖掉[2]。王汝琪还在上海各妇女团体联合办事处的会议上提出解放包身工的提案,该提案通过后,她和沈兹九、朱文央、钟韵琴、杨宝琛被推举负责进行该项工作。当时的提案内容有四:首先是调查包身工人数;其次是尽量将包身工集中到几个收容所中,以便管理和教育;再次是起草教育包身工的包身工教育大纲,不要将包身工送回原籍,

---

[1] 王汝琪:《新战时妇女的创造》,《战时妇女》1938 年第 11 期,第 2 页。
[2] 韩起澜:《解放前上海的包身工制度》,《史林》1987 第 1 期,第 129—138 页。

以防她们的父母继续被包工头敲诈,再次重蹈覆辙;最后,应给她们从事生产工作的机会,帮助这些妇女成为真正独立的人。当然,还需要惩治汉奸工头的行为①。不难看出,王汝琪无论在笔头上还是在实际行动中都为改善妇女生活做着实实在在的努力。

上海的华界全部沦陷后,《战时妇女》迁至武汉续办。王汝琪仍然乐观地认为武汉的氛围更为自由,并信心满满地在文章中表示《战时妇女》会重整旗鼓并向其目标迈进。可这却是她在该刊发表的最后一篇文章。1938年1月在发行了第11期后,《战时妇女》也停刊了。中国的民族解放运动一直是与妇女解放运动相互交织的,对此王汝琪的观点是显而易见的:"假若妇女不从固有的一切束缚下解放出来,又哪里有时间,有勇气,有一切参加抗战工作的条件和男同胞'一致对外'呢?"②

王汝琪的抗战活动并未中断,她担任了新生活运动促进总会妇女指导委员会(简称"妇指会")③妇女干部训练班的教务主任。她在回忆妇女会时说,在庐山谈话中,宋美龄答应把妇指会作为推动全国妇女抗日的组织,所以名义上妇指会是宋美龄搞的,实则是统一战线的组织④。当时武汉的妇女干部训练班由

---

① 王汝琪:《再为包身工呼吁》,《战时妇女》1937年第7期,第2—3页。
② 王汝琪:《怎样使妇女运动与抗战联系起来》,《东方杂志》第35卷第7号,第51页。
③ 新生活运动促进总会妇女指导委员会成立于1936年2月,原是新生活运动促进总会之下的一个妇女组织,宋美龄任指导长。抗日战争爆发后,为了响应国民政府"抗战救国"的号召,该组织经扩大改组,吸收了国民党要员夫人、国民党的妇女干部、共产党妇女干部、救国会人士、女基督教徒及其他无党派人士共同参与,成为战时全国妇女运动的总机构,担负起组织和动员全国妇女参加战时妇女工作的历史任务。参见宋青红:《抗日战争与女性动员——新运妇女指导委员会研究》,上海大学出版社,2018年,第1—7页。
④ 王汝琪:《回忆新运妇女指导委员会》,《武汉文史资料》1985年第2辑,中国人民政治协商会议武汉市委员会、文史资料委员会,1985年,第58页。

刘清扬负责。作为教务主任，王汝琪是训练课程的设计者，也主讲妇女问题，她回忆这一时期的工作称："第一期学员一百多人，期限两个月，课程是我拟的，经全体同志一起讨论过。我讲妇女问题，郭健讲农村服务问题，邓颖超、孟庆树都来讲过课。陈逸云、庄静等国民党员争取来讲课，但主要教师是共产党员，或者是左倾文化人。"1938年10月，当妇指会第二期训练班开始时，武汉的形势也变得紧张起来，训练班内部还出现了矛盾，10月下旬，王汝琪撤往重庆，后又辗转至成都[①]。在武汉期间，王汝琪还去过长沙，在湖南省政府办的地方行政干部学校的妇女训练班担任教员工作，一共训练了六周，学生有一百三十人，其中有二十几个大学生，其余都是高二以上学生[②]。正是在长沙的训练班，沈琬——后来以沈安娜知名的中共最重要的潜伏特工结识了王汝琪、罗琼和罗叔章，跟随她们一起来到武汉，在武汉的八路军办事处重新与组织取得联系。沈安娜在武汉时就借住在王汝琪的婆家，并在王汝琪的居中安排下，与邓颖超秘密见面[③]。

中华人民共和国第一部《婚姻法》执笔人

1938年，王汝琪正式加入中国共产党。1940年王汝琪夫妇来到革命圣地延安。

王汝琪随即在中共中央妇女运动委员会从事研究工作，动员广大妇女支援抗日战争，组织建设巩固根据地。1941年11月

---

① 王汝琪：《回忆新运妇女指导委员会》，《武汉文史资料》1985年，第59—60页。
② 王汝琪：《怒吼中的汉口妇女》，《上海妇女》1938年第8期，第14页。
③ 沈安娜口述，李忠效、华克放整理：《丹心素裹：中共情报员沈安娜口述实录》，中共党史出版社，2016年，第101、114—115页。

下旬，中央妇委会书记王明、委员孟庆树安排罗琼、王汝琪、郭明秋编写供给中国女子大学的教材《妇女解放问题教程》，由于王汝琪旧病复发，另一位也需住院疗养，最后只能由罗琼编写完成①。有一种说法是王汝琪在生病期间还是编写了《七千万妇女翻身》一书②。

1948年9月20日至10月6日，解放区的妇女工作会议召开。10月5日，刘少奇在会上发言指出当时"共产党的婚姻条例不统一，法律不统一，指导不统一，思想不统一，使妇女吃了亏，吃了苦头"③。会后他就婚姻问题做了重要指示——要求新中国制订统一的《婚姻法》："有些解放区政府发布的婚姻条例，不同程度地保留了封建婚姻的旧传统，必须修改，新中国即将成立，要有统一的婚姻法，你们现在就要起草新婚姻法，建立新民主主义婚姻制度。"④包括王汝琪在内，刚参加完土地改革的中央妇委会接受了该任务。

关于1950年中华人民共和国第一部《婚姻法》的起草工作，学界是存在争议的。一种流传较广的说法是由以王明为代表的中共中央法制委员会起草的，如《王明传》以及《毛泽东指定王明起草〈婚姻法〉》《王明在起草新中国第一部〈婚姻法〉前后》《王明口述17小时，第一部〈婚姻法〉出台》《王明与新中国第

---

① 罗琼、段永强：《罗琼访谈录》，第72—77页。
② 参见何碧辉：《王汝琪：新中国第一部〈婚姻法〉执笔人》，《世纪》2012年第1期，第55—57页；熊先觉：《律师制度的拓荒者王汝琪》，《中国律师》1999年第12期，第36—37页。
③ 刘少奇讲话：《讲讲婚姻问题》，《关于新中国第一部〈婚姻法〉制定与实施的文献选载》，《党的文献》2010年第3期，第3—4页。
④ 罗琼、段永强：《罗琼访谈录》，第100页。

一部〈婚姻法〉》①等文章都提出了这一说法。王明曾分管过妇女工作，《王明传》中也详细描述了王明带领法制委员会的同志在山西临县着手准备起草《婚姻法》的准备工作。传记作者戴茂林等人对当时的法制委员会委员李光灿进行了访谈，李光灿回忆他们参加起草，"先后搞了41稿"②。在1950年4月13日的中央人民政府举行的第七次会议上，法制委员会提交了《中华人民共和国婚姻法草案》，王明作了《关于中华人民共和国婚姻法起草经过和起草理由的报告》，李光灿回忆说：报告共2.3万字，是王明口述17小时，由他记录的③。但以《王明传》为代表的观点在叙述中忽略了妇委会对《婚姻法》起草工作的努力，还有一些文章存在逻辑不通，甚至经不起推敲的地方。

其实在《毛泽东指定王明起草〈婚姻法〉》一文发表不久，2001年10月22日，罗琼就给《人民日报》（海外版）去信，作为中共中央妇委委员，罗琼是《婚姻法》起草工作的亲历者。她在信中写道："读了这篇稿子后，我认为文中有一部分是事实，但关于毛泽东指定王明起草《婚姻法》部分不是事实。"④据她的讲述，1948年秋，刘少奇在召集中共中央妇委们在西柏坡村谈话时就布置了《婚姻法》起草的工作。她回忆道："在邓颖超

---

① 参见戴茂林、曹仲彬：《王明传》，中共党史出版社，2008年；江海波：《王明在起草新中国第一部〈婚姻法〉前后》，《党史天地》2001年第5期，第34—36页；霞飞：《王明口述17小时，第一部〈婚姻法〉出台》，《文史博览》2010年第2期，第6—8页；吴跃农：《王明与新中国第一部〈婚姻法〉》，《党史博采》，第29—32页；《毛泽东指定王明起草〈婚姻法〉》，《人民日报（海外版）》2001年8月24日。
② 戴茂林、曹仲彬：《王明传》，第268—272页。
③ 戴茂林、曹仲彬：《王明传》，第271页。
④ 黄传会：《新中国第一部婚姻法的诞生（上）》，《中国人大》2007年第3期，第50页。

同志主持下,由中央妇委秘书长帅孟奇同志、委员康克清、杨之华、李培之、我和曾在上海复旦大学学习法律的王汝琪等同志组成了起草小组,由王汝琪同志执笔,婚姻法的起草工作就开始了。"由此可见,真正的执笔人是毕业于复旦大学法律学系的王汝琪。中央妇委起草小组历经几个月的专题调研、反复讨论、拟定和修改,完成初稿,并于1949年3月带到了北平。中华人民共和国成立后,由邓颖超交给了党中央。罗琼在信的结尾强调:

> 当时王明是政务院法制委员会主任,他看过这个稿子是事实,但没有参与起草,也没有参与讨论,送中央政府之前,有没有提意见,我不了解,但绝不是他起草的。我希望对你们所发表的《毛泽东指定王明起草〈婚姻法〉》一文中不符合事实部分,在适当时候,采取适当形式,予以更正,我将不胜感激。①

还有一种说法是由邓颖超主持的中共中央妇女运动委员会和以王明为代表的法制委员会联合起草的②。今天我们结合史料更加全面地进行分析,这种观点较为可信,应是由妇委会先完成初稿送呈中央,后由法制委员会修改制定,《婚姻法》起草的执笔人王汝琪的功劳更不应被一笔带过。原因如下:

---

① 黄传会:《新中国第一部婚姻法的诞生(上)》,《中国人大》2007年第3期,第50页。
② 该观点参见刘维芳:《新中国第一部婚姻法》,北京人民出版社,2020年,第29—50页;刘晓丽:《1950年的中国妇女》,山西教育出版社,2017年,第36—37页。等等。

首先，罗琼给《人民日报》（海外版）的去信并非只代表她自己，而是由全国妇联办公厅呈送给中共中央文献研究室，并得到中央文献研究室的批复：罗琼同志的文章属实[①]。更值得注意的是，1990年5月3日，《人民日报》发表了罗琼的文章《砸碎封建婚姻枷锁的重要法律——忆第一部婚姻法诞生前后》，文章再次把《婚姻法》初稿产生的前后过程、当时争论的焦点问题叙述了一遍[②]。

其次，罗琼作为全程参与了《婚姻法》起草工作的成员之一，作为亲历者的说法是较为可靠的。她对起草工作的回忆完整翔实，时间线索清晰。在《罗琼访谈录》一书中，起草工作分为三步：第一，中央妇委成立婚姻法起草小组，小组工作由邓颖超负责主持，共有七人参加。罗琼特别强调："我们中只有王汝琪是上海复旦大学法律系毕业生，懂法律，决定由她执笔。"[③] 起草小组借用了东柏坡老乡家的两个小院，由王汝琪负责记录，每次记录完毕，她再拿出新整理过的稿子供大家讨论。七八个人围坐在炕上常常讨论得热火朝天[④]。第二，学习马克思主义婚姻观及《中华苏维埃共和国婚姻条例》等有关材料。第三，专门派工作组针对婚姻问题进行大量的专题调查[⑤]。

更重要的证据来自邓颖超和王明的书信和报告。邓颖超在

[①] 黄传会：《新中国第一部婚姻法的诞生（上）》，《中国人大》2007年第3期，第50页。
[②] 罗琼：《砸碎封建婚姻枷锁的重要法律——忆第一部婚姻法诞生前后》，《人民日报》1990年5月3日。
[③] 罗琼、段永强：《罗琼访谈录》，第102页。
[④] 罗琼这部分的回忆参见黄传会：《新中国第一部婚姻法的诞生（上）》，《中国人大》2007年第3期。
[⑤] 罗琼、段永强：《罗琼访谈录》，第102—103页。

1950年1月21日呈送中央《婚姻法》草案时附了一封《关于婚姻条例草案致毛泽东、刘少奇、朱德、任弼时、周恩来等的信》，这封2010年在《党的文献》发表的信件明确地说明了中央妇委的作用："这个婚姻条例草案，曾经过妇委正式讨论过五次，会后交换意见多次，并另邀请了中组部、中青委、法委等几方面同志共同座谈过一次，历时二月有余。"还附上了争论问题及中央妇委会议上的发言摘要，并说明另一份草案呈送给了法制委员会，请法委将意见提交中央①。

1950年1月28日，法制委员会还专门对于"妇委起草之婚姻法条例"向中央提交过修改意见②。王明在1950年4月14日提交的《关于中华人民共和国婚姻法起草经过和起草理由的报告》中指出了中央妇委和中央法律委员会在《婚姻法》起草中的合作："中央人民政府成立前，中共中央妇女运动委员会和中共中央法律委员会于1948年冬即着手准备婚姻法草案，至今约一年半左右工作。"③同时，"这个草案，在法制委员会与全国民主妇女联合会及其他有关机关代表联席会议原则通过后，曾经过政务院政治法律委员会第四次委员会议修正通过；又经过政务院第二十二次会议讨论；并经过由毛泽东毛主席亲自主持，有中央人民政府委员会副主席、委员、政务院总理、副总理和委员以及政协全国委员会常务委员会委员等参加的联席座谈会讨论两

---

① 邓颖超：《关于婚姻条例草案致毛泽东、刘少奇、朱德、任弼时、周恩来等的信》，《党的文献》2010年第3期，第5—8页。
② 黄传会：《新中国第一部婚姻法的诞生（下）》，《中国人大》2007年第4期，第51页。
③ 陈绍禹（王明）：《关于中华人民共和国婚姻法起草经过和起草理由报告》，《中华人民共和国婚姻法资料选编（一）》，中国人民大学法律系民法研究室、资料室，1982年，第19页。

次……"①

同年 5 月 14 日，邓颖超在《关于中华人民共和国婚姻法的报告》中说："这部婚姻法从开始起草到公布，整整经历了一年零五个月的时间。婚姻法的起草工作最初是由法制机关及妇女工作机关负责主持并邀请其他有关部门合作进行的。为了起草这一婚姻法，我们曾根据所搜集的城市乡村的各项婚姻材料，并参考了过去江西苏区和各解放区的婚姻法，以及苏联的、东欧各新民主主义国家的婚姻法，进行了反复的研究讨论。"② 从这些报告中，不难看出《婚姻法》草案的制定确实是中央妇女运动委员会和中共中央法律委员会通力合作的，也是经过广泛征求意见、群策群力之结果。在中央妇委会草拟《婚姻法》的过程中，王汝琪确实是执笔人，其贡献不可磨灭。在中央人民政府委员会第七次会议通过后，1950 年 4 月 30 日，中央人民政府发布了由毛主席亲自签署的《关于公布施行〈中华人民共和国婚姻法〉的命令》，《中华人民共和国婚姻法》于 1950 年 5 月 1 日公布施行③。

在整个婚姻法制定过程中，很多文献都提到了王汝琪，强调她是《婚姻法》的执笔人，作为复旦大学法律系毕业的法律专业人士和长期从事妇女运动的革命家，她是执笔起草新中国《婚姻法》的最佳人选，而正如她们这一代中国妇女革命家们所期望的，《婚姻法》成为中国妇女实现婚姻自由和性别平等的法律保

---

① 陈绍禹（王明）:《关于〈中华人民共和国婚姻法〉起草经过和起草理由报告》，《中华人民共和国婚姻法资料选编（一）》，第 19—21 页。
② 邓颖超:《关于中华人民共和国婚姻法的报告》（1950 年 5 月 14 日），《党的文献》2010 年第 3 期，第 8—12 页。
③ 张希坡:《中国婚姻立法史》，人民出版社，2004 年，第 204—205 页。

障。1950年《婚姻法》颁布施行后,她也做了不少宣传和监督工作,1952年她在《人民日报》上发表了《彻底肃清伪民法〈亲属编〉的影响,保障新中国妇女的合法权益》[①]一文。文章先列举民法《亲属编》条例与该政权实际判案中的男女不平等和妇女受压迫的实例,认为中共领导的人民法院中的部分司法人员,比如在处理离婚案件时援引旧法条款向妇女提离婚条件和强行"调解"等剥夺妇女合法权益的判案方式是受旧法观念影响的,应揭发、肃清一切蹂躏妇女合法权益的旧法观点,并给迫害妇女的罪犯以法律的制裁。她还于1953年在《新中国妇女》上发表《正确而全面地宣传〈婚姻法〉》一文[②]。

从立法路径而言,主持和参与1929—1930年《中华民国民法典》起草工作的多为受过欧美日教育的法律专业精英;但与婚姻家庭问题牵涉最广的第四编《亲属编》的起草工作没有女性参与其中,参与过前三编起草的唯一女性委员郑毓秀也被替换。而1950年中华人民共和国《婚姻法》的起草工作则是全程由妇女组织参与,并由受过法学科班训练,又有丰富妇女工作经验的王汝琪担任起草执笔人。从中可见,两个政权在婚姻法律制订工作上的思路有很大的不同,中华民国政府主要奉行专业主义道路,而中华人民共和国政府在强调专业的同时,更注重与党领导的妇女运动紧密结合。

从妇女解放运动的视角来看,王汝琪早期在复旦期间就受左翼思潮影响,已形成了用"本土化"的唯物史观分析婚姻问题和妇女解放问题的思路。她也一直致力于在法律层面和民族救亡运

[①] 王汝琪:《彻底肃清伪民法〈亲属编〉的影响,保障新中国妇女的合法权益》,《人民日报》1952年9月11日。
[②] 王汝琪:《正确而全面地宣传〈婚姻法〉》,《新中国妇女》1953年第2期。

动中推动妇女权利扩张。正是由于女性革命家群体通过政府、政党制定法律和宣传动员来推动进行妇女解放所做出的努力，1950年《婚姻法》在"废除束缚妇女的封建制度""实行男女婚姻自由、一夫一妻、男女权力平等"等方面旗帜鲜明，一经颁布就备受国际社会关注，被视为在妇女解放问题上非常超前的立法。考察王汝琪个人实践的历史不仅可以了解女性革命家的生命历程和历史经验，也有助于对1950年《婚姻法》、中国民族解放和妇女解放产生更深入和全面的认识。

经历坎坷，刚正不阿

1949年北平解放后，王汝琪夫妇来到北平。华北人民政府司法部派陈传纲、李化南、王哲三人进驻朝阳大学[①]，后成立了中国政法大学，毛泽东亲自题写校名，谢觉哉任校长，谢觉哉、李达、左宗纶、罗青、陈守一、陈传纲、王汝琪等8人组成学校的校务委员会[②]。陈传纲任秘书长，王汝琪担任法律专修部主任。与此同时，王汝琪还在北平妇委、北平市妇联任宣传部部长的职务。中华人民共和国成立后，王汝琪调任中央人民政府司法部，先后担任干部教育司副司长、宣传司司长、公证律师司司长等职[③]。在职期间，王汝琪还对中国的律师制度及公证制度进行了探索开拓，做出了卓越的贡献。同时，王汝琪还曾任全国妇女联

[①] 朝阳大学始建于1912年，由汪有龄、江翊云、黄群等人创办，是一所著名的私立法科大学。1949年由人民政府接管，更名为中国政法大学。1950年2月，中国政法大学与华北大学合并成立中国人民大学。是现代中国的法学摇篮之一。参见熊先觉、徐葵主编：《法学摇篮——朝阳大学》，北京燕山出版社，1997年，第62—68页。

[②] 熊先觉、徐葵主编：《法学摇篮——朝阳大学》，第62—68页。

[③] 《人民日报》1990年10月15日。

合会第一、二、三、四届执行委员。

1957年,在反右运动中,司法部党组被打为"反党集团",并被撤销。王汝琪"被撤销党内外一切职务,留党察看两年,工资从九级降为十二级"①。1957年,陈传纲来到上海,担任华东政法学院副院长、党委常委,1958年9月担任复旦大学党委副书记兼副校长。1992年,著名社会学家邓伟志在《文汇报》发表了一篇写给陈传纲校长的《迟到的纪念》:

> 陈传纲老师已经去世25年了,我一直想为他写点纪念文字。这倒不完全是因为我在写颂歌上有"重死人轻活人"的癖好,更主要的是他在我们学生中留下的印象实在太深了。
>
> 我们大学里的领导有好几位,有的领导学生压根儿就没见过。可是,陈副院长的面孔大家最熟,他常到学生宿舍里来。因此,他给学生作报告从来不要人提供稿子。……陈传纲讲话大气磅礴。1958年他同我们讲"破除迷信,解放思想",大家听得出神。后来这篇讲话,被市委机关刊物《解放》抢去发表,我们做学生的引为骄傲。②

复旦的同学们对陈传纲副书记的印象也非常深刻。在开学典礼上听过时任党委副书记陈传纲讲话的许道明说,陈传纲"喜谈书画能唱京戏",讲话"激昂之中还多少含有儒雅和率真的味

---

① 何碧辉:《王汝琪:新中国第一部〈婚姻法〉执笔人》,《世纪》2012年第1期。
② 邓伟志:《迟到的纪念》,《文汇报》1992年5月18日。

道"①。吴中杰则回忆称,"陈传纲是个才子气十足的人,当年做起报告来,旁征博引,谈笑风生,虽然很受同学欢迎,但也容易被抓住辫子"②。

王汝琪随后也回到了上海。1959年,王汝琪任上海新华医院副院长;1961年,又调任上海外国语学院副院长。20世纪60年代,我国外交人才稀缺,周恩来、陈毅、廖承志倡导外国语大学建立附属中小学的方法,为培育外语人才夯实根基。经上海市委和上外的领导班子研究决定,由王汝琪负责创办上海外国语学院附属学校的工作。老教师们回忆,在修建校舍时,王汝琪会亲临现场,亲自审阅设计和施工图纸,1.2万多平方米的校舍,包括生活用房和体育场等,在一年左右保质保量地建成。据上外附校老校长刘葆宏回忆,当年,王汝琪和上外附校的领导班子约定:每周需碰头一次,互通情况并研讨。有一次,她发现教师们存在发音不一致的问题,便亲自请来英语语音专家许天福教授帮助老师们正音③。她当年在上外的机要秘书多年后回忆起她称:

> 王汝琪同志是一位和蔼可亲的革命前辈。……她领导能力很强,工作效率很高。她视部属为同志加朋友,大家和她相处感到十分亲切。她对人关怀备至,体贴

---

① 许道明:《挽歌的节拍:复旦纪事(1964—1970)》,南方日报出版社,2003年,第7页。
② 吴中杰:《复旦往事》,复旦大学出版社,2012年,第169页。
③ 刘良芳口述:《王汝琪同志与上外附校——怀念上外附校创始人之一王汝琪同志》,载中共上海市委党史研究室、中共上海市教育卫生工作委员会、上海市现代上海研究中心编著:《口述上海——教育改革与发展》,上海教育出版社,2014年,第320—328页。

入微，有的干部、教师身体不好，有的干部家属小孩有病，她都记在心上，用心一一帮助解决，使受惠者铭记终生。①

1966年，"文化大革命"爆发后，和许多知识分子一样，王汝琪和陈传纲也未能在浩劫中幸免。1966年6月21日，已调任上海市高等教育局局长兼党委书记的陈传纲不堪批斗，选择服药自杀②。陈传纲之死是王汝琪心口永远难以抚平的伤痛。失去一生挚爱、革命伴侣的她孤苦无依。此时，养女也与她划清政治界限，堂兄王昆仑也蒙冤入狱。"十年浩劫"让中国的司法制度建设毁于一旦。

"文革"结束后，司法部恢复正常，王汝琪调回了北京。已是孑然一身的她依旧关心《婚姻法》的落实及宣传普及工作，还致力于律师制度和公证制度的恢复与重建工作。王汝琪在"文革"时期惨遭迫害，亲历丧夫之痛，但她却深明大义，不计个人得失，参与了林彪和"四人帮"案的特别辩护工作。王汝琪于1954年参与编写的《学习中华人民共和国人民法院组织法的体会》的资料里曾有这样一段话："人民法院组织法第七条依照宪法第七十六条规定，被告人有权获得辩护……因为被告人在未被人民法院判决有罪前，是诉讼的一方当事人，所以国家给被告人以辩护的民主权利。实行辩护制度的好处是人民法院可以根据原、被告提出的正、反面材料，加以对照分析研究，全面的了解案情，明辨是非，做出正确的判决，防止错判，以保护公民的民

---

① 刘良芳口述：《王汝琪同志与上外附校——怀念上外附校创始人之一王汝琪同志》，载《口述上海——教育改革与发展》，第327—328页。
② 吴中杰：《复旦往事》，第170页。

主权利不受侵犯。"① 王汝琪认为这些人虽罪大恶极，人神共愤，但从法律的视角，被告人的确有辩护权利。"文革"让社会脱离法治太久，冤假错案太多，只有让被告人行使正当权利，才能心甘情愿接受法律最公正的审判。这是为中国司法建设树立威信、让律师制度恢复重建的好时机。王汝琪从北京、上海、武汉等地挑选了18位精干优秀的律师组成辩护小组。虽然最后只有陈伯达、吴法宪、李作鹏、姚文元、江腾蛟等被告人请律师辩护，但是辩护收效甚好，吴法宪声泪俱下地认罪悔过，李作鹏认可了律师的公道，接受了法律公正的审判②。

1982年，王汝琪在参加全国妇联举办的婚姻家庭相关座谈会上依然强调《婚姻法》的宣传工作，晚年的她，仍然心系妇女工作和通过法律途径推动男女平等。

> 新华社北京10月13日电 中国共产党的优秀党员，久经考验的忠诚的共产主义战士，司法部原顾问，中华全国律师协会副会长王汝琪同志，因病医治无效，于1990年10月6日在北京逝世，终年78岁。③

这是王汝琪逝世后《人民日报》发表的讣告。不要举行遗体告别，不开追悼会，将遗体捐献给医疗机构，是她的最后心愿。她向来谦逊低调，默默为民族解放和妇女解放栉风沐雨。今日之中国妇女，生活在被法律保护的环境中，我们在享受平等和自由

---

① 曹杰、王汝琪、刘方、王业嫒：《学习中华人民共和国人民法院组织法的体会》，司法工作通讯社，1954年，第15—16页。
② 熊先觉：《律师制度的拓荒者王汝琪》，《中国律师》1999年第12期。
③ 《人民日报》1990年10月15日，第4版。

之时，不应忘记像她一样的妇女解放先驱。

我们今天重新回顾王汝琪——这位复旦第一代法学女生历经坎坷、斗争不懈的人生，她为共产主义事业和中国妇女解放不断努力的志业，起步于1930年代的复旦校园。在民族解放的洪流中，王汝琪一次次尝试推动立法，一生都竭尽所能用法律的方式为妇女谋求解放。对王汝琪的研究，不仅有助于我们更全面地认识这部《婚姻法》，也有助于了解妇女参与社会变革的过程和中国妇女解放运动的历史经验。

关不住的笼中鸟：作家凤子

可是，眼前的她，象春天的阳光，那样的活跃，那样的富于生命力。是的，她已不再年轻，在她身上已找不回旧日的影子。可是娇艳的青春敌不过久经磨练的智力，她的眼神是那样的明朗，坚定。①

年少时光

1912年，凤子出生于广西容县的乡下，不久随父母迁至武汉。她原名封季壬，是这个家庭中最小的孩子，那一年她的父亲已经四十岁了。她的父亲封鹤君曾是清光绪辛丑科举人，后来为官府做一些编修史志、草拟文书的工作，勉力支撑起这个十口之家。

在凤子的印象中，她的家庭是热闹而保守的。她形容家中的长辈是"不脱迂腐气"，以传统的士大夫教育熏陶着家中的孩子们。表哥们饱读诗书，诗词歌赋，引经据典，个个如同"神童"一般，她不爱表哥们来自己家，因为每次表哥们便会和父亲唱和起来；表姐妹们虽然容易接近，但她们待人接物非常拘泥，凤子

---

① 凤子：《画像》，《画像：凤子散文小说选集》，北京出版社，1982年，第212页。

只好敬而远之了①。家中保持着一些传统的惯例,譬如每天早上要沏一壶茶,等父母亲起床,到客厅坐定,子女们给双亲请安,大哥大姐要给父母斟上一杯新沏的茶。有一次新婚的三嫂因为紧张打碎了茶杯,被吓得不知所措,幸而凤子机智地脱口而出"碎碎(岁岁)平安",缓和了当时的气氛,替嫂嫂解了围。这也为她们的姑嫂关系打下了基础,后来凤子剪辫子、上学堂这些"革命"活动,都得到了嫂嫂的积极支持②。

有腿疾的五哥是凤子的启蒙老师,在家中一遍遍教她读《三字经》《女儿经》。后来凤子进了私塾,开始读《幼学琼林》。私塾是一间堂屋,摆了几张桌椅。教书的老头儿穿着长袍八卦,拖着条辫子,脸上架了副铜框眼镜,威严地坐在八仙桌旁的太师椅上,桌上还放有戒尺。八仙桌上方有一个条桌案,条案正中墙上供有至圣先师孔老夫子的牌位,条桌案上供有香炉、蜡台,蜡台里的蜡烛没有点燃,香炉里的香却烟雾缭绕,增加了神秘感。入学那天,先向孔子牌位磕头,再给老师磕头。为了背书时不挨打手心,凤子也只好整日摇头晃脑地唱③。

这种拘谨古板的教育方式,自然难为凤子所喜。她一贯是个顽劣叛逆的孩子,不堪被如同木偶般束缚,母亲曾懊恼责骂:"看你长了翅膀,像鸽子一样飞上天去!"母亲怎能想到,凤子心里倒真的希望自己能够变成鸽子,自由地在田野嬉游,毫无约束④。

---

① 舒乙、姚珠珠:《凤子——在舞台上 在人世间》,中国文史出版社,2007年,第96页。
② 凤子:《人间海市》,上海文艺出版社,1998年,第199页。
③ 舒乙、姚珠珠:《凤子——在舞台上 在人世间》,第11—12页。
④ 凤子:《旅途的宿站》,三联书店香港分店,1985年,第5页。

表姐杨励在武昌女一中附小读书,她与凤子年龄相近,二人常在一起玩。凤子羡慕她穿的学校制服,月白色竹布褂,黑府绸裙子;也爱翻看她如同天书一般的课本,心中愈是好奇。为此,凤子向父母闹着要进学堂。后来终于说动了家人,插班进了小学六年级,和表姊同班。虽然数理化、英文跟不上,让凤子放学回家没少哭鼻子①,但外面的世界为凤子敞开了一道开阔的大门。穿上短黑裙子后,凤子形容自己"人更野了",尊长们不喜她的叛逆果敢,背后批评凤子的父母过于溺爱孩子,这个"疯姑娘"未来恐怕不堪设想。但凤子不以为意,她向来勇于突破旧俗的桎梏,坚守自己认为正确的信念。五哥因残疾找不到"门当户对"的妻子,最后娶了他们孤寡姨母的贴身丫头桂姑娘。当人们议论说"服侍老人的丫头来服侍残疾人也般配"时,也是憎恨这些"封建脑瓜里的等级观念"的凤子第一个站出来喊桂姑娘嫂子,并认为"她是一个一心为他人而活着的善良的女子"②。这种骨子里敢于冲出束缚的正义与勇敢贯穿着她之后整个生命历程。

她的童年亦是快活而温暖的。夏夜,全家纳凉时,数天上星斗;冬夜,姑嫂姊妹们围炉笑谈。跳房子、捉迷藏、压在姊姊枕头底下的一堆七字唱,这些简单的活动和书本在不同的阶段给予着这个年幼的孩子满心的快乐。母亲爱带着凤子挤在锣鼓喧天的戏园,嘈杂的哄闹,震耳欲聋的锣鼓,无常鬼一般的红、白花脸,吓得小小的女孩哇哇直哭,一心听戏的母亲便往凤子嘴里塞糖果,将孩子哄睡着。第二日醒来,母亲佯装生气说再也不带小凤子去戏园了,赌气的小女孩嘴上说着"不带我去,我还不

---

① 舒乙、姚珠珠:《凤子——在舞台上 在人世间》,第 12 页。
② 凤子:《人间海市》,第 199 页。

爱去呢"。可不一会儿就从门口捡来一张戏单子,讨好地送给母亲,然后凤子便又被母亲抱着挤在戏园里了。五哥还牵着小凤子的手带她去看各式各样的文明戏,不断变化的场景丰富着女孩斑斓的想象,面对凤子一次次的撒娇要求,母亲与哥哥们从未拒绝过①。困倦时凤子缩在母亲怀里睡觉,那里是凤子舒适的港湾,闲散地躺在母亲怀里做着梦,是令她一生再难抵达的美好时光②。

  过年是凤子最快活的时候,全家人都在欢喜地忙碌着,她喜欢客堂八仙桌围上红绣花桌围,桌上摆满供品。堂屋正中供上祖宗牌位,一家人都穿上最好的衣服,爸爸和哥哥们穿上袍子马褂,妈妈、姐姐穿上袄子裙子。大门贴上春联,房门上面贴上斗方的福字,"抬头见喜""万事如意"的红纸条也被大家贴在屋里的柱子上。放眼望去,红纸黑字,熠熠生辉,满屋的喜气。母亲对过年极为认真,早早就叮嘱凤子,不许说不吉利的话,哪怕是谐音的字也要避讳,更不能打碎东西。父亲有工作的时候,当然这个年就过得全家欢乐,如果父亲赋闲,过年仍然充满喜气。虽然那时凤子尚不知道,过年前家中还会典当许多东西以撑门面、请吃春酒,维系一个没落世家的排场,但吃吃团圆饭,放放鞭炮,和哥哥姐姐们推推牌九,欢心等着长辈们的压岁钱,这对于凤子来说是只管吃和玩、不识人间愁的快意时光。年三十围在火盆前守岁,剥着花生,听着哥哥说那说不完的故事,等到邻居翻出一串爆竹,大家也开始忙着打出竹竿,挂上鞭炮,热热闹闹吵醒全家人③。

---

① 凤子:《台上·台下》,中国戏剧出版社,1985年,第79页。
② 舒乙、姚珠珠:《凤子——在舞台上 在人世间》,第88—89页。
③ 凤子:《人间海市》,第199页。

军阀混战的年代,为了"跑反",凤子一家经常从武昌搬到汉口。高小毕业时,父亲的工作调到汉口,全家搬到了汉口,凤子考进了设在汉口的省立第二女子中学。这里的老师们思想开明,学生课外活动活跃,影响凤子一生的话剧启蒙便是源于这里。这里的条件自然是简陋的:所谓舞台,并没有台,只在食堂的一头,用白粉笔画出一条界线,用床单做幕布,布景、服装当然更是因陋就简了;作为导演的语文老师、班主任也都没有排戏经验,武汉长大的人不会说国语,因此就得请会说"国语"的同学当老师,校正语音,听听谁念的上口,谁就被挑做演员,但也都是些南腔北调;作为演员的同学们,对于演戏也一窍不通。但这些并不妨碍这群斗志昂扬的少年以最饱满赤诚的热情投入这项富于情感与力量的创造。大家排练的是田汉早期的作品《南归》《苏州夜话》和《湖上的悲剧》,凤子一连担任了两幕剧的重要角色:《南归》中的春姑娘和《苏州夜话》中的卖花女。这三部戏的演出在全校乃至全市都是引人关注的大事,虽然大家都不懂表演,但首先自己被剧情打动了,演来也就感动了观众。在出演《苏州夜话》时,凤子饰演的卖花女诉说身世时禁不住流泪,观众也一片唏嘘声。观众的反应导致演员也控制不了感情,一个个泣不成声,以至于作为导演的班主任林先生着急地叫拉幕,向观众宣布停演十分钟。戏半途辍演,观众却都未离座,甚至有的观众不住地以巾拭面。待演员们喘息过来,才又拉幕继续演下去[①]。

1927年"大革命"爆发,革命浪潮汹涌澎湃。武汉人民都积极组织起来迎接国民革命军,学校里更是热气腾腾。凤子和同

---

① 舒乙、姚珠珠:《凤子——在舞台上 在人世间》,第14页。

学们都参加了全市各界民众欢迎国民革命军的活动与收回租界的游行。伴随高涨的爱国热情,为了慰问国民革命军官兵,学校排了一出大戏《空谷幽兰》,讲述了婆婆虐待媳妇的故事,寓意追求妇女解放。凤子饰演的媳妇是一个受尽虐待的苦命女子,但却任劳任怨、毫无不满。演出当日,剧场的三层楼座近千个座位都挤满了人。经验尚不充足的凤子出场时看到这么多的观众还有些怯场,稀里糊涂地演完了戏。但该剧落幕后引发了热烈的反响,剧中对封建思想迫害妇女的揭露引发了战士们的深切共鸣。戏剧的概念对于此时的凤子而言朦胧而抽象,她不明白如何进行艺术的创造,只是知道要根据剧本,背诵台词,经过排练才能演出[1]。但是,一颗戏剧的种子在这个意气风发的少年心底悄然萌芽。

凤子在复旦的留影(载彼得:《踏雪寻梅:复旦封季壬女士》,《图画时报》1933年第900期)

在复旦

1932年,在父亲友人的资助下,凤子考入复旦大学中文系,一段崭新的生活就此铺开。初入复旦时,她还是一个早晚在操场上骑自行车、打网球、好玩任性的"野孩子"。入学考试那天,凤子戴了一顶红色的法式便帽,别出心裁的装束吸引了男生的注意,便得了个

---

[1] 舒乙、姚珠珠:《凤子——在舞台上 在人世间》,第14页。

"红帽姑娘"的绰号。天生脾气倔强的凤子索性特意买了几顶红帽换着戴,她想,让你们喊去,等你们喊腻了自然就不喊了!因而后来同学们都认为,凤子是一个"反抗性强的女孩子"[1]。

在学业上,一年级的课程相对轻松,除国文、英文外,有社会学、经济学、生物学、近代欧洲史和体育。二年级除中文作文、英文作文外,加了哲学大纲、现代文选、历代文选和电影艺术,同时还有一门第二外国语,她选修了日文。一二年级有体育,凤子喜欢网球,参加了网球组。从二年级开始,专业课多起来了,除现代文选、近代文选外还有文艺思潮。三年级加了更多的专业课,如中国文学史、文艺批评、修辞学、词选、文学史、戏剧原理、历代诗选、音韵学等。四年级有戏剧表演论、戏剧原

凤子的报名存根和选课单(图片由复旦大学档案馆提供)

---

[1] 凤子:《人间海市》,第32页。

理①。充实趣味的课程像一把把钥匙，为凤子敞开通往未知领域的大门。

复旦的许多师长都给予了凤子真挚的关爱与鼓励，与凤子结下深厚的师生情谊。日本留学回来的谢六逸先生是凤子的新闻采访课老师，主编《复旦学报》。据说有一年暑假凤子采访了赋闲在杨行家中的马君武先生，写了篇《杨行行》，后发表于《复旦学报》②，给谢六逸留下了深刻的印象，毕业后他还介绍凤子去《立报》做记者。赵景深的中国文学史、中国小说研究和词选、曲选等课凤子都修读过，曲选课堂上气氛活跃，讲得高兴，赵景深便会唱将起来③。赵景深很喜欢凤子，每次试卷都会给凤子批上一百分，并说凤子是个好小孩④。而在凤子参加复旦剧社时，同好戏剧的赵景深每戏必看，看后必写文章，对凤子的表演颇为欣赏。赵景深对凤子这个学生的印象一定是很深的，他有篇文章写《四位女作家》，其中第四位就是凤子，老师不仅记得凤子在1934年、1935年间修过他的课，还记得凤子的学号是"五五九一"⑤。

教经济学的孙寒冰教授也与凤子常往来，抗战时复旦西迁重庆北碚时，师生二人还经常小聚。此外，还有教授欧洲史的余楠秋，讲授文学批评的陈子展，以及李青崖、曹聚仁、

---

① 凤子：《人间海市》，第334页。
② 《复旦学报》创刊于1935年6月，1937年6月停刊，共5期；1944年10月在重庆复刊，期数另起，出版至1948年2月，共4期。为半年刊，由复旦大学出版委员会编辑发行，载文以银行、金融、工商等经济方面的论文为主，也刊登历史沿革考证、甲骨文研究、唐五代史演义、先秦史纲、以及新闻、散文等方面的作品。但查对1937年停刊前5期《复旦学报》，未找到凤子的《杨行行》。
③ 凤子：《人间海市》，第334页。
④ 《凤子跟赵景深学昆曲》，《海涛》1946年第33期，第1页。
⑤ 赵景深：《四位女作家》，《文坛忆旧》，三晋出版社，2015年，第122页。

汪馥泉等①。

引领凤子正式走向戏剧道路,并在此后数年与凤子多次合作过的,是讲授戏剧概论的洪深老师。洪深是外文系的老师,作为选修课,听他讲课的学生最多,以至于一个教室容纳不了,窗台上、走廊里都挤满了人。戏剧课本身固然有吸引力,但更重要的是洪深精彩的讲演。他不仅口才好,旁征博引,还将讲解与实景示范相结合,更引人入胜。洪深的一个重要身份是复旦剧社的创始人。在20世纪二三十年代的上海,新剧兴起,学校业余剧社繁荣,左翼剧联非常重视开展学校的戏剧活动,组织学生演戏,田汉派剧联的盟员分别去暨南、美专、复旦、同济等剧社进行帮助、辅导,推动了学生演剧活动的活跃发展,有力地配合了当时的政治宣传。1925年,复旦大学的吴发祥、卞凤年、袁仁伦、陈笃、曹衡芬等爱好戏剧的学生发起成立了"复旦新剧团",他们

凤子在复旦大学剧社演出舞台剧《委曲求全》的剧照(图片由复旦大学档案馆提供)

---

① 凤子:《人间海市》,第334—345页。

聘请洪深先生为指导，复旦话剧史由此拉开帷幕①。

在课上，洪深点名邀请风子参加自己编导的《五奎桥》的演出，然而，风子在矛盾纠结中拒绝了。她在此前便有参加戏剧演出的经验，心底固然是热爱这份事业的，但囿于传统家庭因素的影响，她顾虑重重。不同于中学戏剧演出的游艺会性质，复旦剧社是公开演出的，需要登报和买票。若公开演戏的消息传入保守的家中，家人难免误会风子没有好好读书，当了辱没家风的"戏子"，甚至可能会勒令她退学②。虽未出演，但风子仍去当了《五奎桥》的观众，坐在幕前，她对袁牧之扮演的老头子印象深刻，袁牧之的神态惟妙惟肖，化妆也令人叹服，那一刹那风子体悟到演戏的神妙不易，发觉自己应该重新认知演员的艺术事业③。对戏剧愈加熊熊燃起的兴趣令她惭愧悔恨，"为什么我就没有勇气冲破家庭这一关呢？"④

1934年，当《委曲求全》剧组向风子发出邀请时，风子不再回绝。但她附了一个条件，即不能用学名"封季壬"，公开发布时她的名字是"风子"——这临时起的艺名没想到伴随了她一辈子。她害怕家人知道自己成了"戏子"⑤，但她听从了内心的渴望，走向了舞台。《委曲求全》是复旦剧社的第十八次公演，也是为庆祝剧社成立十周年而排演的大型喜剧。《委曲求全》的剧本原来是英文的，由圣约翰大学王文显教授创作，李健吾译成中文，主要是以学校为背景，反映社会上腐败堕落的现象。剧社

---

① 程晓苹：《风子与复旦剧社》，《档案与史学》2004年第11期。
② 舒乙、姚珠珠：《风子——在舞台上 在人世间》，第32页。
③ 舒乙、姚珠珠：《风子——在舞台上 在人世间》，第17页。
④ 舒乙、姚珠珠：《风子——在舞台上 在人世间》，第32页。
⑤ 风子：《人间海市》，第313页。

请来大导演应云卫作导演,欧阳予倩、顾仲彝担任顾问①。这是《委曲求全》译成中文后在中国的第一次公演。

凤子将这一次演出经历比作"学步的第一天",第一次尝试这样专业大型的演出,显然会遇到诸多不适应。其他剧社成员都有舞台经验,在复旦燕园和其他同学对词时,凤子感到非常别扭,因为她讲不好国语,并且她所扮演的是一个与自己的生活相差甚远的角色。应云卫提醒凤子:"记住,你是个女人,为了挽救你丈夫王先生的亏空(王是学校会计,被控贪污),你要使出女性的一切手段,迷惑专员、校长……"②这样的角色形象,令从未穿过高跟鞋,没吸过烟,也不会跳舞的凤子十分苦恼,甚至在第一次对词后还起了打退堂鼓的心思。幸而朋友们鼓舞她,建议她去上跳舞场、看电影积累经验。这三个月,凤子像个摇摇学步的孩子,甚至"逃课"看电影、跳舞,一点一点摸索着向前③。

凤子的辛勤耕耘终于获得丰厚的回报。1935年6月,《委曲求全》在上海卡尔登大剧院正式演出,场场爆满,好评如潮。卡尔登原只演外国电影和戏剧,中国剧团从未打进过,但复旦剧社撬开了这道紧闭的大门,为中国话剧进大剧院演出,杀出了一条生路④。这个初次登台便已经开始崭露头角的少女,为整个文艺界所瞩目。《申报》特别称赞她:"凤子女士系复旦大学中国文学系学生,平时朴实无华,功课之外,潜心写作。此次饰剧中最重要最艰难之王太太,表演非常成功,观众无不认为奇迹,此为女

---

① 凤子:《人间海市》,第314页。
② 舒乙、姚珠珠:《凤子——在舞台上 在人世间》,第33页。
③ 舒乙、姚珠珠:《凤子——在舞台上 在人世间》,第21页。
④ 程晓苹:《凤子与复旦剧社》,《档案与史学》2004年第11期。

士之本来面目。"①不久剧社又将《委曲求全》带到了南京世界大戏院，引起了南京城的轰动，南京的校友亦激动万分②。1936年4月，凤子在交通大学为30周年校庆而编排的《委曲求全》中再次饰演王太太，为了一睹凤子的精彩表现，不少观众不畏远途专程而来③。交大话剧社的特刊，专门对凤子做了报道："她是一个文学家，今年的夏天便要在大学里毕业了，她是复旦剧社的台柱，在公演《雷雨》和《委曲求全》的时候，曾得到观众们很好的批评。她的表情很深刻，演起来逼真动人，假设大家不相信的话，只要一看《委曲求全》就知道我的话是虚是实了。"凤子曾视为畏途的国语也受到嘉许，"她是广西人，但是，说起话来，那两句地道的京腔，真要使我们生长在北平的人退避三舍呢！"④不过短短几月，广西人凤子的国语对白已练得如此流利纯正，可以从中窥见她下的功夫之深。

对戏剧的热爱一旦燃起，便愈演愈烈。1935年秋，复旦剧社有意排演《雷雨》，大家鼓起勇气请动了欧阳予倩做导演，凤子饰演女主角"四凤"，她喜欢这个天真、热情、无知的孩子般的角色。这部戏排了整整一个学期，排练时也挫折频频，对戏时，认真的大家有时还会"打打架"，一阵红脖子瞪眼才罢休⑤。后来北平爆发"一二·九"运动，复旦剧社里不少人参加学校进步学生组织的赴京请愿团，凤子也参加了，排戏一度中断。等到年底严寒凛冽，《雷雨》方才姗姗上演。第一场演出时，有一幕四凤

---

① 世：《委曲求全之女主角》，《申报》1935年6月27日。
② 程晓苹：《凤子与复旦剧社》，《档案与史学》2004年第11期。
③ 康：《封禾子的风头》，《中国学生》第2卷第16期，第10页。
④ 《演员介绍》，《交大话剧社特刊》，1936年，第31页。
⑤ 凤子：《台上·台下》，第12页。

跪在鲁妈面前哭得说不出话，以至于不得不临时拉幕，强烈的情绪感染也令场中观众涕泣出声①。然而演出后，凤子却受到欧阳先生的斥责，尽管有些委屈，但从中凤子领悟到了表演要有分寸感，而不能失之自然主义的流露②。

但有趣的是，这一幕被批评的场景却受到赵景深先生的欣赏，观剧后他立即给凤子写信：

> 我第一次到后台去看你，你正在仰着脸化装，闭着眼睛，此时离开幕只有几分钟了，不敢惊扰你，便退了出来。第二次看你，你正低着头闭着眼坐在椅子上，手捧着头，我不知道你正在哭，还当你是身体软弱，太疲乏了。你向我打了招呼，我赶忙又退了出来。……你初出场时，与鲁贵的一大篇对话，我觉得台步和地位都更换得很好。还有听见闹鬼时惊怖的神情。最好的是跪着发誓时的悲哀，我好像真的看见你内心的痛苦——不，你的面容惨淡表示得够到家的。后来仲彝③说，"后台有演员真的哭了一点多钟"。大约就是说的你了。假戏真做，难怪你能有这样的成功。④

老师的鼓励让凤子颇为感动，后来写回忆录时还记得当年赵

---

① 舒乙、姚珠珠：《凤子——在舞台上，在人世间》，第37页。
② 凤子：《人间海市》，第337页。
③ 顾仲彝（1903—1965），浙江余姚人，著名戏剧家、文学翻译家。1924年毕业于东南大学文学院，1928年起先后任教于暨南、复旦、中国公学等大学。1933年起，任复旦大学教授兼注册主任，主讲戏剧概论、英文等课程；1938年任复旦上海补习部外文系主任。抗战胜利后曾任上海戏剧学校校长，因支持学生民主运动被迫辞职，重回复旦任教，1947年春当选复旦大学教授会筹备会主任。中华人民共和国成立后，历任上海戏剧学院教授、上海电影工作者协会副主席等职。
④ 赵景深：《文坛忆旧》，第122—123页。

老师的来信①。初演之后,《雷雨》反响热烈,社会上有口皆碑,报刊赞声一片,曹禺还亲自在复旦剧社公演《雷雨》的说明书上题字。该剧后来在卡尔登大剧院演出时,都是日夜连演两场②。

《雷雨》演罢,凤子的大学生活也匆匆谢幕,剧社的朋友们零散各方,有的离开了戏剧舞台,有的继续投身演艺事业,有的失去联系。凤子却更加坚定地明白自己对舞台的热爱,在她看来,舞台与人生是因果相互联系的。甚至,从舞台上体验到的人生更其复杂、广泛、博大。无论是喜剧还是悲剧,无论是好角还是歹角,当一个演员演到某一种戏、某一角色时,得到观众一声同情、赞美,这精神上的安慰,胜过真实人生中万千享受,也不是过夸的话语③。

轰动东京:《日出》

凤子1936年从复旦大学毕业时的毕业照

1936年秋,凤子从复旦毕业了。

这时的上海各行各业都不太景气,幸而在赵景深先生的介绍下,凤子来到了姚铭达和黄心勉夫妇创办的《女子月刊》当编辑,在她之前这本杂志是由女作家赵清阁主编的④。赵景深在1936年8月号的《女子月刊社启》中热情洋溢地向读者们介绍:

---

① 凤子:《人间海市》,第337页。
② 舒乙、姚珠珠:《凤子——在舞台上 在人世间》,第38页。
③ 凤子:《从舞台上体验到的人生》,《交大话剧社特刊》,1936年,第35页。
④ 凤子:《人间海市》,第334页。

现在，从八月号起，已聘请到封禾子女士负《女子月刊》编辑专卖，封女士于今夏以优等成绩毕业于复旦大学中文系，长于文学，著作散见于报章杂志者甚多，嗜学之余，兼好戏剧，复旦剧社历来公演之剧，《委曲求全》《雷雨》，均属女士主演。我们深信，以这样一位才学兼优的人来接编本刊，将来的收获自在意料之中。①

虽然学生时代凤子便已开始写作，常在报刊发表散文，但是，这些经验对编辑一本刊物来说仍是稚嫩的。在《女子月刊》，凤子既是编辑也是记者，因为整个编辑部就她一人②。那时正是中共中央提出联蒋抗日的时候，也正是两个口号之争之后，阿英执行当时上海党组织的指示——占领刊物这个阵地，展开文艺界的统一战线工作，因此来协助凤子主编《女子月刊》。从组稿到校对，在阿英的带领下，凤子逐渐对编辑工作熟悉起来③。当时的来稿靠组织，有阿英作为刊物的供稿靠

---

① 《给读者》，《女子月刊》1936 年第 8 期，第 98 页。
② 凤子：《人间海市》，第 171 页。
③ 舒乙、姚珠珠：《凤子——在舞台上　在人世间》，第 478 页。

山,凤子不用发愁组稿,编辑工作就相对轻松了些许①。

凤子把封季壬的"季"字拆为"禾子"两字,以"封禾子"和"凤子"等笔名在《女子月刊》发表文章。

凤子毕业时本计划先找个工作在上海安定下来,然后继续投入心爱的舞台事业。待《女子月刊》的工作逐渐步入轨道,她便又想重回戏剧舞台。她与几位前后离校的复旦剧社的朋友一起,成立了"戏剧工作社"。这时曹禺的新作《日出》刚发表,大家决定首演《日出》,并请来欧阳予倩做导演②。

业余演出并不容易,经验、资金、人力都是需要考虑的问题。演出人员都是义务参加,可资金筹措却不容易。每个成员各处奔走、借款。因同乡的关系,凤子认识黄绍竑在上海的夫人,向她商借了三百元大洋作为演出费,当预售票款收到后立马便还给了她③。凤子所饰演的陈白露是一个生活纸醉金迷的人物,她又一次面

凤子以"封禾子"的笔名发表在《女子月刊》1936年第9期上的《中国妇女反帝运动史述略》

---

① 凤子:《人间海市》,第171页。
② 凤子:《台上·台下》,第19页。
③ 舒乙、姚珠珠:《凤子——在舞台上 在人世间》,第39页。

临戏剧人物与自身形象反差过大的艰巨挑战。知难而进的她认为，要求一个演员去扮演一个在她生活体验以外的角色，是很困难的事，但一个优秀的舞台演员，应当在舞台上去学习、体验多方面的人生，自己正是努力地向这方面去学习的人①。在有限的时间里，她悉心地揣摩理解着这个奢靡放纵女子的内心世界、神态动作，一点一点试图融入角色之中。从筹备、排演、到演出，不过两个月，1937年2月2日至5日，《日出》在卡尔登戏院正式演出。这部剧同样赢得了观众的广泛好评，茅盾、叶圣陶、沈从文、巴金、荒煤等文化界名人都对此剧做了评论。令凤子感到缺憾的地方是因为没有合适的女演员，第三幕未能排演。②

凤子的这处遗憾后来得到了弥补的机会，不久后，复旦留日同学林一平来信邀请中华留东同学会话剧协会排演《日出》，凤子欣然应允。据复旦同学会广播无线电台当时的报道，"临行时，这孩子开心极了"③。当时，凤子本来还有一个打算，即想趁这次演剧旅行之便，留日再读两三年书④，不过后因被日本特务密切关注而作罢⑤。

临行前，凤子收到了一项特别使命：阿英请她给郭沫若带一封密信，并叮嘱信件千万不能落到国民党和日本人的手里。凤子明白这封信的重要意义，慎重地把信缝在内衣里面。在日本将信交给郭沫若后，虽然郭并未与她谈论具体的内容，但从其言谈中

---

① 舒乙、姚珠珠：《凤子——在舞台上 在人世间》，第39页。
② 舒乙、姚珠珠：《凤子——在舞台上 在人世间》，第40—41页。
③ LB报告：《FTUAA广播电台：红帽姑娘凤子小姐》，《复旦同学会刊》1937年第6卷第5期，第6页。
④ 凤子：《台上·台下》，第23页。
⑤ 舒乙、姚珠珠：《凤子——在舞台上 在人世间》，第134页。

流露出的兴奋，凤子可以想见信件带来了好消息①。若干年后凤子才知晓，阿英通过此信告诉郭沫若，西安事变发生，国共已开始第二次合作。②

凤子的东来不仅掀动了整个留日学界，也引起了日本文化界的关注，她一时成为各大媒体竞逐的对象。《东京日日新闻》为她写了一篇特写，并伴着一幅大照片，将之誉为"中国戏剧的新曙光"。许多报刊纷纷访问凤子，她的照片频频出现于各大媒体。《日出》演出前几天，国际戏协在日比谷"明治生命"招待日本戏剧界及新闻界，前来的戏剧家及记者十余人，各报的摄影记者包围着凤子，耀眼的镁光灯照得她眉头苦蹙③。

《日出》上演后即轰动东京文艺界，场场爆满，好评如潮。由于事先的广泛宣传，第一日开演即告满座。第二天晚上是星期六，更是人满为患，即便售票处宣布满座，仍有不少观众要求站着观看。第三天情形依然如此，在观众高涨的热情下，《日出》不能不筹备续演了。几天的观众中，除中国留学生占大部分外，日本观众约占三分之一，其中以文化界为多。当时的中国驻日代理大使杨云竹、留学生监督陈次溥均亲临观看。郭沫若虽在警视厅严密监视之下，亦从千叶赶到东京看戏。当第一幕演完，他特地来到后台，对凤子的演技备极赞美。日本戏剧界的权威秋田雨雀在第三天开演时，也来到一桥讲堂观演，这位老人亦跑到后台，对凤子深表佩服。他说，我曾看过几次中国的话剧，然而都不及这回《日出》的成绩，现在我才认识真正的中国话剧和中国

---

① 舒乙、姚珠珠：《凤子——在舞台上　在人世间》，第126页。
② 舒乙、姚珠珠：《凤子——在舞台上　在人世间》，第369页。
③ 《复旦优秀剧人凤子在东京》，《复旦同学会会刊》1937年第6卷第6期，第7页。

优秀的剧人，对于凤子小姐优秀的演技，我再无话可说了，只有钦佩。秋田每说一句话便热烈地与凤子握一次手，临行前还频频嘱咐凤子为他编的 Theatre《剧场》杂志写文章，并请她到"新协剧团"演讲。除此之外，日本国际电影协会理事近藤春作、日本女歌王小林千代子及其他戏剧界文艺界等，也都定下日期来欢迎她。留东妇女会还为凤子举办了欢迎会，曹禺的好友孙毓棠代表曹禺出席宴会以表谢意[①]。这次宴会促成了凤子的第一次婚姻：清华大学历史系毕业的无锡人孙毓棠此时正在东京帝国大学文学部大学院留学，已是小有名气的新月派诗人，两人迅速坠入爱河[②]。

凤子和她的同僚以精湛的演技与精心的排演得到了观众的普遍认可，艺术的魅力跨越地域和政治的界限，在另一片土地上得到了友好者深深的共鸣。

之前令凤子遗憾的未能上演的第三幕戏，在东京也得到了完美的呈现。来自东北的留日学生尹孟莹饰演的翠喜，可称一绝，她和"小东西"的那场戏更是催人泪下。这一幕戏深刻反映出旧社会最底层人民的苦难，是全剧的精华。然而，当时的中国驻日大使馆却横加干涉，称第三幕"有辱国体"，以停演威胁，要求他们删除。凤子和剧组成员认为这样的指令不可接受，宁愿辍演也不抽掉第三幕，于是剧目未能如期演完便停演了。

《日出》的东京之旅虽然提前结束，但观众掌声的雷鸣、日本各界的盛赞都印证着这次演出的成功。《复旦同学会会刊》在

---

① 《复旦优秀剧人凤子在东京》，《复旦同学会会刊》1937 年第 6 卷第 6 期，第 7 页。
② 刘家庆：《绝代风流：西南联大生活录》，辽宁人民出版社，2020 年，第 367—368 页。

凤子在杂志上的宣传照
(《婉美的宾相》,《健康家庭》
1937年第1期,第28页)

报道中自豪地宣称:"复旦校友凤子小姐,应东京中国国际戏剧协会的邀请来此主演《日出》,这不仅是她个人的光荣,也是复旦的光荣。复旦在这戏剧运动的巨浪中,也能产生一个优秀的剧人。"①《现世报》的报道中高度称赞凤子的出色表现,"当时凤子之演出,亦确能与之(指这部精彩的剧目)媲美,生色不少。凤子饰要角交际花陈白露,骄奢淫逸,堕落糜烂,逼肖如真"。并为临行前的凤子摄影留念,"予为之摄影于横滨码头,影中人美貌如故,而不知剧艺又增进几许矣"②。只见照片中凤子身姿挺拔,笑容自信灿烂,那段意气风发的时光仿佛于此定格,长久留存。

---

① 《复旦优秀剧人凤子在东京》,《复旦同学会会刊》1937年第6卷第6期,第7页。
② 任云慕:《鸾凤和鸣:凤子小影》,《现世报》1948年第19期,第7页。

烽火岁月

战时艺术同志们：

我老在思索着一个问题。

我们每一个人似乎都生活在不安烦躁矛盾的精神生活里，相互嚷着空虚失望——苦闷锁着了每一道眉心，苦闷变成了时下病的症候。

显然的，在这样的大时代中却留在后方干艺术工作的同志们，大多是不甘愿地留下来。自然，如果工作能如理想地进展着，也未始不是安慰！无奈在种种条件欠缺的后方，加以客观环境的限制，自不免要遭受许多小刺激。更加以我们艺术工作者本身组织太散漫，机构不灵敏，许多时间和机会都在等待与观望中溜走了，溜走了的时间不再回来，这一点我们不能宽恕自己。

许多人在前方拼着命吃苦，以至于牺牲了，然而我们却大多空待着，我们既不是不愿工作，更不是不能工作，那么，为什么要让自己浮沉在空虚不满中，工作是多方面的，尤其是我们艺术部门的修养训练更无止境。从事艺术的人应抱有信仰宗教的热忱，要沉痛到忘掉自我的一切，否则将永远是一个为人讪笑的行脚僧，乔装行乞，敷衍生活而已。①

1937年5月，凤子从东京回国；7月，卢沟桥事变，全国抗

---

① 封禾子：《正告战时艺术同志》，《申报》1940年6月4日。

日战争爆发，孙毓棠立即放弃在日本的学业，回到祖国。他们二人在南京完婚，随后一起去了大后方。

平静专注的业余舞台生涯从此中止，凤子开始投入抗日救亡的戏剧工作之中①。抗日战争整整八年，凤子不曾定居过。桂林、昆明、重庆、香港……她如同候鸟般辗转各地。她不甘在远离炮火的后方过着"和平"的日子，当不成卫国战士，那就做间接投向敌人的一粒子弹，在舞台上反映人生百态②。

烽烟四起的动荡岁月里，她见过敌机日夜地对准铁路目标狂轰滥炸，就算是侥幸爬上车顶的人们，也可能逃不过意外而死；她见过轮船即将停泊的码头，却看不见岸，因为黑压压的一片人头淹没了整个江面，他们呼号着救命，寄渺茫的希望于攀上这艘已经超荷的轮船；她见过炸弹像雨雹般落下，城市的大火几日几夜不熄，人们只能到郊外或地窖里避难，晚上回来谁也不确定能否再找到自己的家；她见过炸死了的人们坚忍地熬受着伤痛，死难者的亲属沉默地走在送葬的行列，将悲哀深埋在心底……③辽远故土，满目疮痍，千万难民，辗转流离。这一幕幕触目惊心都令凤子哀恸悲愤，何况她也置身其中，颠沛数载，屡遭惊险。她下定决心投身抗战后方的文艺宣传工作，以自己擅长的方式为她深爱的祖国倾尽力量。

卢沟桥事变爆发之际，归国不久的凤子尚在桂林与家人团聚。抗战全面爆发后，凤子便暂居桂林④，在直属绥署的政治宣

---

① 舒乙、姚珠珠：《凤子——在舞台上 在人世间》，第42页。
② 舒乙、姚珠珠：《凤子——在舞台上 在人世间》，第176页。
③ 凤子：《人间海市》，第69—70页。
④ 舒乙、姚珠珠：《凤子——在舞台上 在人世间》，第74页。

传队的一个部门——国防艺术社担任艺术指导员，从事军队戏剧工作①。这段经历虽然短暂，凤子却认为"真的把我的精神武装起来了"，她爱率直相与的人，哪怕性格怪癖；她爱真诚和俭朴的生活，虽是吃苦也不怨；她更爱一群不畏艰难的朋友，因为从他们身上，凤子可以看见使命的担当和工作的热忱。1938年，武汉、广州相继沦陷，但桂林离前线仍然很远。因工作的变动，凤子不得不略带怅然地离开刚刚熟悉起来的环境，匆匆奔赴下一段行程。

1938年，凤子来到昆明。受昆明《中央日报》的聘请，她主编着一份副刊。除此之外，她还加入了"联大剧社"，公演了两部剧《黑字二十八》和《原野》。《原野》一剧中的"金子"一角对凤子而言同样是个反差极大的挑战，因为朋友们认为柔和纤弱的凤子不适合这样风骚泼辣的角色。但凤子又一次发挥了迎难而上的倔强精神，将这个角色塑造得灵动自然，舞台上的判若两人不禁令先前怀疑她能否演好的好友啧啧赞叹，由衷敬佩②。

1939年冬，凤子在重庆参与了人生中第一部电影《白云故乡》，这部由司徒慧敏导演、夏衍编剧的影片讲述了一个抗战期间

《原野》演出的广告
[载《中央日报》（昆明）1939年9月15日，第1版]

---

① 舒乙、姚珠珠：《凤子——在舞台上 在人世间》，第43页。
② 舒乙、姚珠珠：《凤子——在舞台上 在人世间》，第47、48页。

凤子在"联大剧社"时的照片
（载詹新吾：《西南联大剧团》，《展望》1939年第6期，第22页）

在爱情与大义之间抉择的故事：广州遭受敌军轰炸时，少女陈静芬在赴港寻找从事抗日军火运输的未婚夫途中邂逅了青年林怀冰，二人产生了感情。未婚夫决心到内地工作，将运输军火的工作交付给林怀冰，并希望牺牲自己成全他们的爱情。然而林怀冰沉迷舞场，泄漏军火库地点，为敌人间谍探得，军火库被纵火焚烧。这位青年因此深受刺激，决心去内地加入敢死队，在一次执行炸敌火药库的任务时，因火药库爆炸而以身殉国。战争的背景、爱国的旋律，是这一时期凤子作品中挥之不去的主题。这部电影的拍摄工作持续了一年多，每一幕凤子都毫不懈怠，仔细琢磨，力求予以最精妙适宜的呈现。上映后虽有影评批评空袭炸火药库、战争等场面的音像效果太差，使得全剧高潮轻易过去，但凤子的演技却备受好评，"女主角凤子，为闻名舞台演员，入电影界这是第一本片子，演来自然"[①]。她的精彩表现被归功于她的

---

① 《关于"白云故乡"凤子入电影界的第一影片》，《电影》1940年第106期，第8页。

辛勤付出与敬业精神,"第一次就有非常的表演,一方面果然是由于她舞台经验的丰富,但同时也由于她努力认真,为了一个镜头,她能费几晚上的功夫去试演改正"[1]。杀青后凤子发表短文,对她体会的拍摄电影与戏剧演出的不同之处进行了总结,其中一点是,拍电影比干舞台剧更要吃得苦,更要有韧性、有毅力、有决心[2]。但她更热爱的,仍然是情感可以不受时间阻隔当场传递于观众面前的舞台艺术。

在战火纷飞的年代里,凤子希望不断精进自己的专业修养,抱着投身后方文化建设的热忱,为抗战贡献自己的力量,而那些散漫消沉的艺术工作者们令她不满与痛心,1940年她发表了一篇《正告战时艺术同志》,劝勉文化从业者向前线的英勇战士们看齐,摒弃浮躁与颓唐,积极专注地投身于文化艺术建设。这番发言不仅是她的肺腑之言,也是她身体力行的内在准则[3]。

1941年皖南事变后,重庆的政治空气低沉,为了保存力量,开辟新的阵地,党有意组织一批戏剧工作者去香港,凤子便是遵循党安排的旅港艺人之一[4]。在香港剧团一般都是业余的,话剧也只演一场,所以在导演司徒慧敏向剧院老板接洽租赁场地时,老板一听说要租几天,大吃一惊,怀疑他们的演出能否有这样的号召力。事实证明老板的疑虑是多余的。1941年9月7日,凤子和剧组成员们在香港中央电影院演出了《雾重庆》,整整演了十日。之后又排练了《马门教授》和《北京人》,甚至还准备筹备《夜上海》。虽然剧组精心编排的抗战戏演出都收到了观众热烈的

---

[1] 念劬:《凤子为何倦动》,《飘》1946年第3期,第9页。
[2] 海星:《从舞台到银幕》,《申报》1940年11月20日。
[3] 封禾子:《正告战时艺术同志》,《电影生活》1940年第12期,第5页。
[4] 舒乙、姚珠珠:《凤子——在舞台上 在人世间》,第48页。

反应，但也同样引起了敌人的注意，日本人曾在电影院打幻灯片让导演蔡楚生等人去领粮食，实际上是要引诱他们露面。到 12 月初，太平洋战争爆发，日本法西斯侵占了香港，党组织指示他们撤离。在香港前后虽仅待了四个月，但凤子一行演出了三个大戏，不只使话剧在香港扎了根，也使新的戏剧运动扎了根，之后香港学生们业余演出话剧，也在一定程度上受到当时旅港剧人的启发①。

在港的文化人被中共地下工作者秘密撤退到东江游击区，一路翻山越岭，乔装打扮，终于平安抵达东江。在东江滞留了一百天，又在南方局安排下，经韶关到桂林。那时已是 1942 年春天了②。

1942 年的桂林，文人荟萃。欧阳予倩、章泯、巴金、田汉、于伶、章浪、司徒慧敏……都集中到这座风景秀美、民风淳朴的南方小城，一时戏剧活跃，文化繁荣。在桂林，凤子参演了欧阳予倩导演的多部戏剧，还编排了自己的第一部古装剧《天国春秋》，她扮演的是"天国女状元"傅善祥，她细细钻研历史剧，把握剧作者对人物的描摹，认为傅善祥是个"十分真、绝不以自己女人的身份当作控制男人的武器、来自民间、独具书生特色"的儒雅女性文人③。那时的她患有严重的胃病，但凭借非凡的毅力与热爱，仍将这个不易对付的角色演绎得活灵活现、英姿飒爽。同时，她还受丁君匋邀请，接编他长期倾注心血的《人世间》。桂林版的《人世间》对文学作品高度重视，凤子和一起参与编务的周纲鸣、马国良，顾问徐铸成广邀名家，苦心经营，精

---

① 舒乙、姚珠珠：《凤子——在舞台上 在人世间》，第 69—70 页。
② 舒乙、姚珠珠：《凤子——在舞台上 在人世间》，第 140—162 页。
③ 凤子：《台上·台下》，第 74—77 页。

心选稿,发表了茅盾、郭沫若、田汉、洪深、朱自清、胡风、萧红、骆宾基、端木蕻良等一批著名作家的优秀作品,这使桂林版《人世间》在中国现代文学史上有了不可忽视的重要地位①。此外,凤子自己也在断断续续地发表一些散文、小说。

在桂林的时候,凤子曾归乡探望家人与亲友。一别数年,屡经硝烟炮火,一度死里逃生,她终于再次回到故乡古老的村落。战争令这个羸弱秀美的青年成长,在炮火中,凤子不仅增长了见识,更是懂得了些真正的人情世故、是非道理,她希望将这些她视之与生命等价的收获告诉家人。然而这份期望,终究是在亲友的不解与顽固守旧中无奈落空。她奇怪母亲为什么在同族人聚谈时,总抹不去脸上的一层愠怒。"我的女儿是戏子,是下流坯子,丢尽了我的脸,还累我在病中着急,生气,有什么可喜的呢?"母亲对伯娘开口后,凤子才明白使母亲不悦的原因,仍然是这些令她已疲于辩解的旧观念②。

她不怪母亲,她这野马似的生活与这村庄向来是格格不入的,连累母亲在家里也遭受许多非议,凤子心中隐隐愧疚。"但在这么一个因袭了旧的生活圈子的大家庭里,野马又上不了拴,自然只好让流言随风散去。许多次我静默地听受老人的唠叨,我同情老年人为了儿女所忍受的种种委屈。""我的企图只在让家里人多知道一些外面的世界,多少人在为正义,为真理,流着血斗争着,多少人流着血倒下了,但并不是生命完结就什么都完了,他们的血给后来的人指出一条路,一条走向真理、正义的路。我深知这些话同一些蛰居乡里的人是无法说个明白,但,多听听这

---

① 刘铁群:《凤子的回忆录与桂林版〈人世间〉的前身后世》,《南方文坛》2018年第6期,第134—136页。
② 凤子:《画像:凤子散文小说选集》,第24页。

些动人的故事,可以把眼界引向远一点,那么,便可以间接地说服母亲的固执,帮助她多少了解点她的女儿,为什么老是野马一般地不上拴。"① 风子和长辈之间横亘着一条深深的鸿沟,无论如何努力地去试图解释,仍旧难以弥合。于是在母亲继续指责风子不应像男孩子一样在外老不归家时,风子选择了顽皮地顺着母亲的话打断。她选择以一种柔软的方式包裹她不会放弃的反抗与坚守,因为她在数年的辗转中清楚地明白着自己的理想与追求。父母无疑是爱她的,否则,见着女儿的父亲就不会面上装着笑容,声音里掩不了哽咽;离别时母亲也不会泪如泉涌,眼中闪着期望的光,请求这个"太野"的女儿短期内再回一次家②。

离别终有时,责任尚继续。她又一次离开了一生羁绊的家,根据组织的安排进行下一步工作。不被理解,似乎是她这半生不断突破束缚、独立追寻价值与信念时的常态。就连抗战胜利后有些评价风子的报道,也声称风子抱怨战争,哀伤各地的衰颓,"只是为了缺少品上好饮料的福气,此外便再没有比这更简单的解释的"。报道说,战争使风子得到了更多的荣誉,她在战争中名声愈发赫赫了,在香港、桂林、昆明,她都被不断地颂扬着,竞相欢迎她的到来③。偏私的报人只看见她表面的荣誉与声名,却不曾洞察这位瘦弱女子不移的坚毅,不曾倾听她秀丽面庞下澎湃的内心。幸而,外界的种种阻碍与误解从未牵制风子前行的步伐,1942 年春,周恩来指示南方局,为加强革命斗争力量,要在重庆再建立一个党领导的革命文艺阵地。由此风子回到重

---

① 风子:《画像:风子散文小说选集》,第 22—25 页。
② 风子:《画像:风子散文小说选集》,第 23—30 页。
③ 《在重庆曾与曹禺热恋的风子小姐》,《剧世界》1946 年第 1 卷第 5 期,第 2 页。

庆，加入新成立的"中国艺术剧社"①。那时戏剧活动的环境并不友好，政治上受到国民党的阻挠、特务监视，经济上也遭到国民党恶性通货膨胀的影响。党指示剧社要自力更生，那时革命的经费筹措很困难，剧社成员们不愿为组织增加负担，纷纷寻找借款的门路，就连高利贷都尝试过。当时的党组织也通过一些地下党员借钱给剧社，缓解了些许燃眉之急。观众们的坚定支持是剧社得以维系的重要力量，当时剧社有两万个基本观众，无论演什么戏，他们都一定会来看，这份团结与支持令凤子和朋友们感动不已。中国艺术剧社坚持了四年，先后吸收了许多优秀演员，演出了多部历史剧，凤子认为，"这些轰动一时的历史剧的演出，是对国民党反动派有力的回击"②。

漫漫八年，流离数方。异山奇峰的桂林，四季如春的昆明，浓雾笼罩的重庆……虽景色如画，但作为勠力抗敌一员的凤子，毫无欣赏的兴致，激荡于她内心的，是敌机狂轰滥炸时对自己并非持枪卫国的战士的惭愧，是眼见民族和人民苦难而生发的难以压抑的愤怒③，亦是身为文艺界工作者义无反顾投身文艺战线斗争的坚守。

抗日胜利后

胜利后，汤恩伯抵达上海的班机上跳下一位女兵打扮的人物，英姿勃勃，容光焕发。这便是凤子。④

这时的凤子是《世界日报》的特派记者，同时也是汤恩伯

---

① 舒乙、姚珠珠：《凤子——在舞台上 在人世间》，第389页。
② 舒乙、姚珠珠：《凤子——在舞台上 在人世间》，第69—72页。
③ 凤子：《画像：凤子散文小说选集》，第1页。
④ 秋：《凤子切腹》，《飘》1946年第9期。

的随行记者①。在胜利以前，凤子就加入了第三方面军，担任随军记者②。而这一次，作为唯一一个首批凯旋回沪的女记者③，同样也是参加南京受降仪式的唯一女性④，轰动一时。到了上海后，凤子马不停蹄，编报、写稿、演讲、演戏、应酬，忙得不可开交⑤。

但凤子的这段时光并不顺遂。

她所主编的《和平日报》副刊《海天》在筹措过程中阻力重重。这份报刊的主编工作同样来源于组织指派的任务：当时国民党不批准《新华日报》《救亡日报》复刊，筹办新刊物得不到许可证，宣传工作者们不得不多方设法，自谋出路，以打开局面。他们决定利用一切机会做需要的工作，如对中间性报刊甚至国民党人办的报刊，组织进步文化人撰稿，在这一指导思想下，凤子便接编了由《扫荡报》改名的《和平日报》副刊《海天》（三日刊）⑥。初时，凤子凭借自己的广阔人脉，为《海天》拉来了许多名家的作品，一度被报社的总经理寄予厚望。然而，这份刊物的发展遇到瓶颈，一方面是因为副刊篇幅小，施展空间有限；另一方面，却是因为凤子这份办刊背后的苦心难为人所知，不理解凤子的左翼作家因《和平日报》的军部后台背景不愿执笔，甚至指责凤子主编《海天》的行为。这些都令凤子倍感压力，最后被迫辞职⑦。

---

① 梅季：《凤子与郭沫若》，《海棠花》1946年第1卷第1期，第1页。
② 上官：《凤子突患重病》，《扬子江》1946年第1卷第3期。
③ 秋：《凤子切腹》，《飘》1946年第9期。
④ 谈宜：《漫谈女作家——漫步艺林的凤子》，《申报》1946年8月25日。
⑤ 秋：《凤子切腹》，《飘》1946年第9期。
⑥ 舒乙、姚珠珠：《凤子——在舞台上 在人世间》，第389页。
⑦ 摩公：《凤子去港内幕》，《快活林》1946年第15期，第12页。

此时的凤子同时在昆仑影业公司文学组工作，并演出了戏剧《离离草》。这是胜利后凤子首度登台演出，扮演的是一个怀着孝亲、报仇、复国多重情感的19岁姑娘，年龄已逾三十的凤子扮演一个正值花季的少女。票房平平，大家亦对此褒贬不一。有影评人称赞了凤子将人物刻画得非常贴切真实："第一当赞美的是她的化装术，苏嘉一角，本来是十九岁，凤子的年龄或者已经超过了十年，可是在舞台上的凤子，看上去真如一个十九岁的乡下大姑娘。这虽然由于她的青春还存在，但化装也有极大的关系。说到演技就更可赞美了，苏嘉除了是乡下大姑娘之外，还是一个团长的女儿——小姐，有智识的女性。这两重人格的角色，凤子完全把握住了，暴露出来。"并对她对演技大加颂扬："观众也许会忽略启幕时，她那种'习惯似的痴望了一下远方'的表情。在多年的舞台经验中，她已使观众明白那不是一段'过场'，而是确有以她为主角的特色，形容与动作，充分暴露了她在全剧中的重要性。听见张文西诉说父亲阵亡的一刹那，悲哀，凄凉，愤慨都亲切真实，激动了观众们心球的颤抖而迸出了颗颗的热泪。增加了每个人仇恨日寇的决心，比一篇'论文'或一幅'漫画'还有力得多，我觉得凤子不止有十年的进步演技。"[1] 显然，在这位剧评人看来，凤子的神态、动作、情绪等一系列对角色的拿捏，是游刃有余、可圈可点的。

可是，凤子与角色不相匹配的年龄，以及渐渐丧失的票房号召力，开始成为一些作者犀利攻击的着力点："不过因为她年纪渐老的缘故，已不为观众吃香，在丽华演《离离草》的时候，卖座不灵，而凤子饰的是一个十八岁的小姑娘，一种撒娇的怪态，

---

[1] 游污浃：《"离离草"中的凤子》，《海风》1946年第9期，第12页。

使得观众汗毛站班,演技弥补不了青春,凤子的心当然感伤万分,对演戏不感到兴趣了。"① 不再年轻的年龄成为她被标签、被议论的焦点,另一份报道也毫无忌讳地对她老去的外貌加以评价:"她中等身材,大眼睛,娇小玲珑,不过岁月是无情的,她已有相当的老态了。她曾在'丽华'的'新美剧社'时代演过《离离草》一剧,可是因为该戏没有什么噱头,不配上海人的胃口,因之并未能轰动,而使大多数人对他留下印象。"②

《离离草》演出的反响平平在凤子总体上顺风顺水的戏剧生涯中并不多见,无论剧评人的批评是否贴合事实,但至少一定程度上也反映出,在这个追求年轻靓丽、新星辈出的明星圈,凤子的影响力大不如前了。

而对凤子更大的打击,则是母亲的离世。自辍演《离离草》后,凤子原拟返乡探母,不料却接到母亲病故的消息③,她因丧母之痛而日渐消瘦,并谢绝了对外交往与邀稿,居家默哀④。幼时那个温暖安全的怀抱不会再有,桂林离别时母亲婆娑着泪眼抓着女儿的手句句盼归的期待终成遗憾。而那些两代人、两个环境、两种思想之间难以逾越的遥遥阻隔,那些母亲一次次为着叛逆小女儿操碎的心,也终难和解,化作凤子心中永远的缺憾与愧疚。凤子在追思母亲的散文中哀婉叹息:

> 母亲活着,我很少落家,她病了,病了五年,我没有侍奉过一日。现在,她死了,死了快一百日,我仍然无法赶回

---

① 摩公:《凤子去港内幕》,《快活林》1946 年第 15 期,第 12 页。
② 大黄:《凤子复兴"复旦剧社"》,《东南风》1946 年第 25 期,第 10 页。
③ 《凤子丧母》,《中外影讯》1946 年第 7 卷第 2 期,第 7 页。
④ 《凤子丧母》,《文汇周报》1946 年第 112 期,第 259 页。

去。我发誓要在她的新坟上添一抔土,让泪水渗进泥土,借泥土安奠母亲的在天之灵。可是,直到今天,回家还只是一个希望,一个梦。交通得走门路,旅费够我筹措。母亲叹息着终于永远阖上了眼,而我却背着这无尽的悲痛,无穷的悔恨,在客边磨着岁月。一个从不骗人骗己的,今天却只有借梦来鼓励自己,安慰亡魂。

在多重的打击之下,多年战乱流离陈积的慢性盲肠炎陡然加剧,凤子不得不接受了割治手术。疾病使她不得不静养,但她依旧难抑心中哀伤烦躁,虽静养着,却仍是瘦弱异常①。

病后,凤子终于慢慢振作起来,重新安排自己的生活。因之前的工作已经推辞了许多,她除了偶尔执笔写些文章外,剩有许多闲暇。闲下来会令她难过,于是她决定开始跟着赵景深学习昆剧。其实在上学时,赵景深便希望凤子学点昆曲,但那时凤子觉得自己连唱歌都不会,便婉拒了老师的美意②。由于病中曾看了些昆曲的书,凤子也开始对此产生兴趣,遂再次拜赵景深为师学习昆腔③。后凤子又持丁慕琴和唐大郎的介绍函去九福里拜访翁偶虹,同翁谈平剧,并开始学习《玉堂春》④。复旦大学的一些老校友准备集合过去"复旦剧社"时代的同仁重新组织复兴剧社,邀请凤子主持,凤子亦欣然应允⑤。在此期间,凤子接受了组织委派的占据上海文化阵地的任务,复刊了《人间世》⑥,但由于销

---

① 华子:《凤子将有新著作》,《一周间》1946 年第 8 期,第 5 页。
② 凤子:《人间海市》,第 337 页。
③ 《凤子跟赵景深学昆曲》,《海涛》1946 年第 33 期,第 1 页。
④ 《凤子研究平剧》,《戏世界》1947 年第 288 期,第 7 页。
⑤ 大黄:《凤子复兴"复旦剧社"》,《东南风》1946 年第 25 期,第 10 页。
⑥ 舒乙、姚珠珠:《凤子——在舞台上 在人世间》,第 182 页。

量并不理想，加之编排、经济的责任皆由凤子一人负责，后来也只得选择将这份曾带给她无尽精神动力的杂志停刊。

1948年的凤子，说得一口北平话，清脆动听，谈吐温文，一望而知是一个修养有素的女子。她住在一条清净弄堂的一间充满诗意的房间里，大量的书籍整齐地摆列，墙上遍挂着绘画，以至让采访的记者以为"访问的不是电影明星，而是一位文学家"①。历经人生起落，36岁的凤子仍气质娴雅，安之若素，精心地将自己的生活打理至最适宜的状态。这一年，她有一件轰动整个文艺界的喜讯：她将与美国青年沙博理（Shapiro Sidney）结婚了。

她和著名历史学家、诗人孙毓棠的婚姻在战时已结束。他们在东京演出时相识，后在昆明也合演过戏剧，在文艺上有着共同的爱好。孙毓棠想有个安稳的家，不希望凤子将演戏作为职业。这显然与凤子的追求格格不入，那时正值抗战初期，凤子想参加演剧队，到不了前线、敌后去演出，就跑到陪都重庆。因为理念追求不同，二人又长期分隔异地，最终分道扬镳②。

沙博理是个美裔犹太人，1915年出生于纽约，比凤子小3岁，中学毕业后在纽约圣若望大学读了两年法学预科，后来进入父亲的律师事务所工作，成为一名律师。1941年太平洋战争爆发后，沙博理因征入伍，担任高射炮手。当时美国陆军可以申请特别训练学习外国语言，沙博理申请学习法语，但因为法语太过热门，他被分配去康奈尔大学学习中文，从此他就爱上了中国文化。在康奈尔接受了9个月的训练后，沙博理被分配到位于旧金

---

① 小勉：《今日结婚的凤子》，《电影杂志》1948年第16期，第10页。
② 凤子：《人间海市》，第348页。

山的美军太平洋总司令部侦听日本电台。1946年退役后，他利用美军给退伍军人的福利，先后到哥伦比亚大学和耶鲁大学学习中文。1947年3月，他买了一张从纽约到上海的船票，开始了他的中国之旅。到上海后，他重新当了一名执业律师，并在1948年开办了自己的律师事务所。这一时期，他也认识了很多在中国的进步人士，有美国人，也有中国共产党人①。沙博理在耶鲁有个中国同学叫杨云慧，是杨度的女儿，也是凤子的好友，她介绍沙博理去找凤子学习中文。沙博理在晚年完成的自传中还清晰地记得第一次在虹口一幢破败的五层公寓的顶楼见到凤子时的场景：

> 一个30来岁非常漂亮的女人开了门。她穿一身简单的旗袍，高跟鞋，薄施脂粉……凤子流露出困惑的表情，把我领进去。我穿了一件袖缝一直到领部的格拉伦式大衣。几年以后她对我说，等我脱掉大衣，显出我终于是有肩的时候，她才松了一口气。②

后来，他们发现两人有着共同的爱好：电影、戏剧、文学、旅行、走街串巷找小吃……渐渐地二人走在一起。1948年5月16日，他们在美国驻上海领事馆登记结婚。婚礼一时震动整个文艺界，当日阳翰笙、孟君谋、赵清阁、金山、臧克家、熊佛西等人送上祝福，郑振铎还担任了证婚人③。报道惊讶于新郎是个金发碧眼的外国人，这对当时而言无疑是稀奇的："而女艺人嫁

---

① 刘瑾：《翻译家沙博理研究》，武汉大学出版社，2018年，第23—28页。
② 沙博理著，宋蜀碧译：《我的中国》，中国画报出版社，1998年，第40页。
③ 《喜花朵朵开：凤子婚礼志盛，新郎外国人，会说中国话》，《青青电影》1948年第16卷第13期，第1页。

凤子出售吉普卡（载《青青电影》1948 年第 16 卷第 33 期）

作洋人妻者，她是第一人。她可以不让女记者陈香梅嫁给陈纳德专美于前了。"① 婚后，凤子依然坚持着自己感兴趣的工作，继续拍戏，筹备文艺刊物出版。这段婚姻带给凤子无穷的甜蜜与幸福，因为沙博理总是无私地支持与理解着凤子，他喜欢凤子的朋友们，当张骏祥、刘厚生等组织的"观众公司"因通货膨胀而经济周转困难，求助于凤子夫妇时，沙博理及时解囊；当凤子所交往的进步文化人朋友们因被列入国民党特务组织黑名单时，为了安全，沙博理留他们在他的居所，沙博理还掩护过要离开上海的一些朋友；凤子编辑的《人世间》有时也得到他的支援，他知道凤子这份事业的意义，亦乐于为之出力。而凤子也坚定地支持着沙博理的文化翻译事业与创作，帮助他解答各种疑惑②。

1948 年 11 月，凤子和沙博理跟随上海地下党转移到北平，从此定居此城，一住就是六十多年。中华人民共和国成立后，凤子对自己进行了深刻的反思。她认为自己的出身和经历与新社会对革命者的要求相距太远，要彻底地接受一番改造，要做到脱胎

---

① 《凤子嫁作洋人妻！》，《电影》1948 年第 2 卷第 5 期，第 12 页。
② 凤子：《人间海市》，第 346—369 页。

换骨,重新做人。于是,她毅然告别了自己深爱的舞台,开始退居幕后。她先是在北京市文联参加编辑《北京文艺》《说说唱唱》,1956年被调到中国剧协,编辑《剧本月刊》,直到1983年离休①。虽身居幕后,但凤子仍一心一意地干着与戏剧相关工作。新凤霞主演的以妇女争取婚姻自主为主题的评剧《刘巧儿》,在从韩启祥的说书《刘巧儿团圆》改成舞台剧的过程中,第一个来帮助这一群民间艺人改成分场的舞台剧本的正是凤子。这部剧取得了巨大的成功,美名传至海内外,凤子却再三关照演员和剧团,绝对不要提到曾经得到她的帮助②。比起浮华的荣誉,凤子更喜欢的,是认真安静地扎根在自己的领域中,踏实地耕耘奉献。

沙博理则先是成为对外文化联络局的专职翻译,1953年入中国外文局,担任《中国文学》(Chinese Literature)杂志的翻译、改稿员。1963年,在周总理的关心下沙博理加入了中国籍,1972年转入《中国画报》杂志社,继续从事翻译工作。在50多年的翻译生涯中,沙博理翻译了千万余字的中国经典著作,代表译作包括《水浒传》《家》《林海雪原》《我的父亲邓小平:"文革"岁月》等。在凤子的推荐下,他还在《西安事变》《鹰击长空》等电影中客串过角色。

安享晚年

什刹海边南官房有一所普通民房,一方小院里种了些丁香、月季,爬山虎的叶子在阳光下泛着光亮,空气里弥漫着泥土气

---

① 舒乙、姚珠珠:《凤子——在舞台上 在人世间》,第176—177页。
② 凤子:《人间海市》,第454—455页。

息。进门右边是一个书房，书柜古色古香，墙上悬挂着郭沫若、吴作人等名人题赠的字画①。这座美好充满生机的小房子，便是凤子与沙博理的家。

　　大半辈子弹指一挥间，体验过意气飞扬的舞台辉煌，领略过山河破碎的辗转动荡，感受过把酒言欢的酣畅快意，经历过艰苦繁重的劳动岁月。晚年的凤子仍是那个精力充沛不甘散淡的凤子，离休后自愿返聘中国戏剧家协会的工作。1982年后，凤子还陆续发表了二十几万字的散文，字里行间中浸润着她对生活的热爱与对人的理解②。她的老友赵清阁由衷地感叹，凤子不知疲劳地驰骋在文艺战线，毫无七老八十的神态，即便是年轻时的自己也望尘莫及③。

　　工作之外的空闲里，凤子爱种花。在小院里，白色马蹄莲花和她亲手栽培的粉色郁金香和黄色的百合花郁郁葱葱④。养花是凤子和沙博理的共同爱好，凤子爱月季，沙博理喜欢各种花草和盆栽，各有所爱，互不相扰。每年仲春时节，第一茬月季出了芽，绽开了花蕾，他们轮番到院子里花丛中观赏。待到花团锦簇，就约二三老友，闲适共赏。早晚的时候，凤子和沙博理沿着什刹海边散步，四季景色变幻尽收眼底，打太极拳的爱好二人也一日不辍地坚持着⑤。几十年相伴，二人早已两鬓斑白，满脸皱纹，但恬静的笑意却真实动人。

　　那些年，凤子夫妇走过很多地方。从承载着她诸多青春记忆

---

① 何雁：《沙博理：爱上凤也爱上了龙》，《人民日报（海外版）》2005年7月25日。
② 舒乙、姚珠珠：《凤子——在舞台上　在人世间》，第1页。
③ 凤子：《人间海市》，第462页。
④ 舒乙、姚珠珠：《凤子——在舞台上　在人世间》，第1页。
⑤ 舒乙、姚珠珠：《凤子——在舞台上　在人世间》，第367—368页。

的重庆,到海滨犹如蓬莱仙境的青岛;从历史艺术璀璨的兰州,到民风淳朴、草原广袤的新疆;从与旧时回忆迥乎不同的香港,到巍然屹立于蛇山之上的黄鹤楼……凤子不仅惊叹于祖国大江南北的悠久历史、壮美自然,也为各个地方翻天覆地的夺目光彩,人们生活的美满幸福而欢欣不已。他们还去了以色列、美国、澳大利亚……有生之年能游览名山大川的心愿在晚年终得实现,凤子时时带着她心爱的相机,拍下每一幕令她震撼的风景,让这些珍贵的记忆得以长久留存[①]。

凤子在1947年创作的小说《画像》中,刻画了一个不甘束缚于婚姻,毅然奔赴广阔世界去实现自我追求的女主角李紫薇的形象。在旁人看来李紫薇是一个贤惠的太太,她尽了传统规范中"女人应尽的本分",会管家,会做厨房的杂事。旁人都觉她与丈夫的生活幸福美满,但"有着鹦鹉一样彩色的李紫薇,却喑哑着,整日不言语",她的眼里荡漾着忧愁的雾光。精神的空虚让她彷徨不已,可她的丈夫,却不曾试图去理解她的迷惘与哀伤:

> 她的旧日的同伴们散布在四方,这些曾经一块工作过的青年人,仍然在默默地尽着他们的本分。这些人牺牲了他们本身应享的幸福,而为了更多人的幸福熬受着一切苦难。许多人工作能力并不如她,可是,现实把他们教育得更成熟。他们同她们向她伸出手,向她呼唤出热忱的召唤。紫薇困惑地想着,可是意识是朦胧的。她望不清自己应该举步的方向,满园的芬芳使她迷醉,温暖的春天使她慵懒。她向往于一个新的精神生活,她向往着冰雪的北方,向往着严寒的冬

[①] 凤子:《人间海市》,第462页。

日。她向往着听闻到前线的炮火,她向往自己在这个大时代的熔炉中能够被陶焙成一件器皿。她没有隐讳她的向往,她天真地要求着丈夫,一块从这个安静的小屋子冲出去,而她的天真,她的热情,成了丈夫同朋友们饭后的谈资:"瞧!我们的女战士!"她的自尊心受了伤折,鸟是飞不出笼的,而她却梦想着飞!①

"李紫薇"这一人物形象,常常被认为是凤子的真实写照。因为凤子也一度在家庭与理想、传统与自我之间彷徨。故事中李紫薇这段被困住的婚姻,也常被视作凤子与孙毓棠的影射。而故事中的女主角,最终也做出如凤子一般的选择。"她想着:'不管他天地再广阔,我要过一过真实的人的生活。'"于是,某一天李紫薇留下一封信,头也不回地离开了家门,明朗、坚定、坦然、热情地去追随自己理想的生活与价值。关在笼子里的鸟是不会飞的,因为天地太广阔了②。

凤子的小说好像尤为偏爱这样从家庭和婚姻的传统规范中挣脱,勇敢追寻自我独立人格的人物。《银妞》中的长期不受重视、任劳任怨做着模范女儿、妻子、母亲的银妞,选择了去重庆打工三年,回来时红光满面,打扮时髦精神,里里外外变了一个人③。《构树夜话》中有着音乐天才的小芳,同样为着追求在精神上闪耀着的那道憧憬,那条到达她理想的道路,果决地与因嫉妒她的过去而折磨她甚至还殴打她的男友分手,虽然去向成谜,但

---

① 凤子:《画像:凤子散文小说选集》,第203页。
② 凤子:《画像:凤子散文小说选集》,第204页。
③ 凤子:《画像:凤子散文小说选集》,第161—168页。

叙述者相信"她有顽强的性格，她会活得很坚强的"[①]。这些独立勇敢的人物中似乎都可以看到凤子的影子，凤子的一生也正是像笔下常用的比喻——"关不住的笼中鸟"一样，一次次冲破命运或传统施加的牢锁，倔强而坚定的选择高高飞翔，因为她知道自己想要的是什么，因为外面的天地太广阔。

1996年1月21日，凤子因病逝世。她生前遗言希望丧事从简。大家遵照她的意愿，没有遗体告别，没有追悼会，没有讣告。一切都如此安静无息，在最后吻别的时候，沙博理取出一张合影的相片，静静放置在她的胸前。

[①] 凤子：《画像：凤子散文小说选集》，第120—133页。

复旦地下党领导人：区委书记费瑛

这让我想起了上海戏剧学院的另一位奇特女性，党委副书记费瑛。一九四九年之前，费瑛在复旦大学读书，系里的激进学生为了打击"立场模糊的保守势力"，把她当做了重点批判对象。他们不知道，恰恰是这位打扮时髦的女同学，是中国共产党在上海很大一个片区的地下负责人，当时那些大家佩服的学生领袖，都是由她在幕后指挥。这种说法大概是不错的，因为直到她退休之后，好几位国家级高官每逢过年过节还会来问候这位当年的"神秘领导"。[1]

在出版文献中能够检索到的有关费瑛的信息并不多，《中共上海党史大典》记载：费瑛，女，浙江嘉善人。早年在上海培明女中读书时就开始参加进步的学生运动，1939年3月加入中国共产党，先后担任培明女中地下党支部书记和女中区委委员、女中学分委委员、女中大区委书记，1942年9月至1944年7月参加学委领导工作。1944年7月，中共上海学委调整，对大学系统地下工作的领导分设两个大学区委，任大学区委（之一）书记、

---

[1] 余秋雨：《幽幽长者》，《门孔》，湖南文艺出版社，2017年，第70页。

大学区委（之二）委员。1945 年抗战结束前到复旦复学，开始领导复旦大学的党的工作。1946 年 7 月，任中共上海国立大学区委书记，1947 年 8 月兼任复旦大学党总支书记。1949 年 2 月，任中共上海沪北区委书记，上海解放后，调杭州任市委常委、团市委常委兼学生部部长。1950 年调回上海，先后任团市委组织部部长、秘书长，中央工业部巡视员，上海戏剧学院副院长、党委副书记、代理书记等职①。

费瑛是本书要写的最后一位复旦女生，大概也是这些人中，最神秘不为人知的。她曾在 1941 年、1945 年两度入读复旦，在校期间毫不起眼，甚至是同学眼中的"落后学生"；很多年后大家才知道，20 世纪 40 年代，在复旦、同济、交通等大学发生的学生运动背后都有费瑛——这名复旦女生的运筹帷幄。

在培明女中走上革命道路

费瑛在培明女中读初中时就走上了革命的道路。

1926 年，许君衡创办培明女子中学，并自任校长，初址在麦根路舢板厂新桥（今苏州河恒丰路桥）南 16 号②，次年改聘康奈尔大学硕士张颂明任校长③，1929 年迁到麦根路（今石门二路）32 号，1931 年 11 月起，金月章担任校长，1936 年再迁新闸路 1607 号，1937 年 8 月上海抗战爆发后校址被征用，迁至南洋路（今南阳路）205 号。

---

① 参见中共上海市委党史研究室编：《中共上海党史大典》，上海教育出版社，2001 年，第 324 页。在这本党史权威研究部门编写的《大典》里费瑛的生卒年月写的是 1909—1997 年，根据本书的考证，这两个年份应该都是错的。
② 《培明女中之创设》，《时报》1926 年 6 月 27 日。
③ 《培明女中更换校长》，《时报》1927 年 2 月 10 日。

1936 年培明女中大门

1935年"一二·九"运动期间,培明女中高中部的学生也行动起来,打算上街游行声援北平的学生运动,但校方把铁门锁住,"高中部同学叫初中部同学设法开门,初中一年级的费瑛、朱雅琴等到大门口去纠缠要外出买东西。校方给了钥匙就开了门,高中部同学冲了出来,初中部的费瑛、朱雅琴等被揪回教室。后来学校同意高、初中各派一名代表参加去南京请愿"。从这开始,革命与斗争的种子就播散在了费瑛——这名初中生的心中。

"一二·九"运动后,培明女中来了一位年轻的英语老师兼图书馆主任,这位老师是江苏盐城人,先后就读于清华大学和浙江大学,1935年离开浙江来到上海,他的秘密身份是中国社会科学家联盟书记、左翼文化总同盟书记和中共江苏省临时工委委员，为隐蔽身份，他来到盐城同乡金月章担任校长的培明女中教高中二年级英文兼管理图书，当时公开的姓名是胡定九。正是这位胡老师引导费瑛走上了革命的道路，他就是胡乔木。

除了胡乔木外，20世纪30年代的培明女中聚集了多位进步教师，上海进步妇女运动领导人之一、1934年加入中国共产党的罗叔章在培明担任训育主任，数学老师毛道逊与罗叔章此前都在中国女中当老师，引导学生革命，此时一起来到了培明女中。这些进步老师以各种方式对学生进行革命启蒙。"如胡定九老师教英语，他选用美国《独立宣言》及有关巴黎公社的故事，他自己刻蜡纸，用作补充教材，扩大学生眼界，逐步启发她们的社会主义觉悟。罗叔章老师上历史课，结合当时形势讲历史。她还选用钱亦石编写的《中国怎样降到半殖民地》一书作为教材，着重讲鸦片战争，揭露帝国主义的侵华行为和反动政府的腐败无能，激发同学们的爱国热情，并介绍同学们看进步电影。"

胡乔木还"通过批改学生作文、日记、和去图书馆看书的同学谈话，了解她们的思想，从政治上帮助她们。如对初中部的谭营生、费瑛、朱雅琴、蔡秀敏等经常开座谈会，对她们讲中国也有共产党，国民党是腐败无能不管人民死活的，外国人来侵略我们，国民党不抵抗，只管自己花天酒地……有时对她们讲得很深，对开拓她们的思想有极大的帮助"①。

胡乔木在培明时，费瑛还只是一名初二的学生，但"她有理想，有抱负，在同学中有一定的威望和组织力，胡乔木亲自为她

---

① 周池碧：《抗日救国浪潮里的培明女中（1935.12—1937.7）》，载项伯龙主编：《青春的步伐——解放前上海大中学校学生运动史专辑》，同济大学出版社，1999年，第69—72页。

改演讲稿，经常找她谈心，还带她参加校外同学座谈会，看苏联电影《生死同心》，引发她找党的愿望，同时把个人的苦闷与国家的命运结合起来，激发她的爱国热情，费瑛很快在政治上成熟起来"。1938年6月1日，费瑛在中共上海地下党学委书记刘峰亲自主持的入党仪式上宣誓入党，成为培明第一名学生党员。之后，费瑛又发展了朱雅琴、蔡秀敏、庄珍佩等同学入党，当年秋培明女中成立了第一个党支部，随后又在初中部发展了周丽华（林杰）[①]等同学入党。1939年2月10日，金月章校长病故，金夫人孙鸣岐接任校长，但学校秘书主任吴某亲汪伪，在课堂上公开宣讲汉奸言论，并妄图篡夺治校权，在费瑛的领导下，培明师生开展了反汪斗争，她起草《告全校同学家长书》，揭露吴某的真面目，号召同学不做亡国奴，把《告全校同学家长书》分送至全校同学家中。费瑛后来口述回忆这段斗争经历：

> 后来有一次大的活动就是"反汪"斗争，那是在敌伪的维新政府，在租界里是没有的，在各学校搞"反汪"活动，要求校方明确答复，护校时进行一次"反汪派"教师的活动，培明女中也有一个，姓吴的，是一个级任老师，我们工作方法不是公开讲的，而是抓住他们平时言论中的小辫子去反对他，利用周会上去演讲，告全校同学书（这书还是我草拟的），当场宣布罢课，但这运动不是搞的最好，这事可向

---

① 林杰（1924—1940），广东顺德人，出生于上海，私立清华小学毕业后入培明女中，1938年（也有文献称是1939年）在培明女中入党。1940年8月，组织安排转移至澄锡虞抗日根据地，担任"江抗"祝塘民运工作队长，后被国民党忠义救国军澄锡虞政治特派员包汉生暗杀。参见上海市妇女联合会妇运史料组：《上海女英烈》，内部发行，第104页。

张才义①同志了解,他比较具体清楚,他那时是教导副主任,与胡乔木是老朋友。当时搞得比较好的是省立上中,大学有复旦、暨南等校,运动是由中学开始蔓延全市各校的。②

经过三个星期的筹备,利用一次星期一的全校纪念周大会,由学生会主席庄珍佩上台宣读请愿书,要求开除吴某;同时周密地布置了学生纠察队,发动同学罢课,迫使吴某被赶出了学校,取得了反汪护校斗争的胜利③。这时的费瑛和她的战友们都只是高中或初中的学生,表现出极强的组织能力与战斗力。

1938年10月,上海学委建立女中区委,领导全市各女中的地下党支部、总支和区学协党团的工作。1941年初,学委将女中区委扩大为女中工作委员会(又称女中学分委),下设两个区委;下半年,女中学分委改称女中大区委,仍下属两个区委。从1938年10月到1941年初,费瑛一直担任女中学委委员;1941年下半年学委改组后,费瑛还曾担任书记④,直到1941年秋天她进入复旦大学读书,工作重心从女子中学转向大学。

学籍卡中的复旦女生费瑛

复旦大学档案馆完好地保存着费瑛的学籍档案,在她的学籍

---

① 应为张才昇,扬州人,是培明女中金月章校长在暨南大学时的同学,也是胡乔木在扬州中学时的同学。
② 1959年1月24日对费瑛的口述访问,地点:上海戏剧学院,访问者:刘璥璋、邱松岑、汪宗琛、余卫平,记录者:余卫平。口述记录稿现藏上海市社会科学院历史研究所。访谈稿中记录的"姓胡的"考证应为"姓吴的"。
③ 中共上海市委党史资料征集委员会主编:《抗日战争时期上海学生运动史》,上海翻译出版公司,1991年,第446—449页。
④ 项伯龙主编:《青春的步伐——解放前上海大中学校学生运动史专辑》,第7—8页。

袋里有多份在校期间的学籍信息表,包括入学时的登记表、学籍表和每个注册学期的上课卡。这些珍贵的档案有助于补充纠正出版文献中的一些讹误。

复旦大学档案馆藏费瑛1941年的"上课证"显示,费瑛1941年9月第一次注册入读复旦大学文学院中文系,学号11834;但这一次她只在复旦读了一个学期。"八一三"淞沪抗战爆发后,地处抗战前线的复旦大学在战火中受到重创,并开始内迁,但一部分师生因各种原因无法离沪,留沪师生将学校撤入租界,"在英租界的赫德路(今常德路)上一幢老式洋房里"继续办校,校史上将留在上海的学校称为"沪校",将西迁至重庆沙坪坝的称为"渝校"。虽然办学条件十分艰苦,但"沪校"还是坚持下来,跟圣约翰大学一起成为"沦陷区里头比较好的两所学校"①。在费瑛入读的1941年秋季学期,沪校注册人数共计1272人,其中文学院有141人②,学校仍保持着一定的规模。

费瑛入学考试时考了以下科目:国文60分,英文38分,数学40分,公民60分,本国史70分,外国史70分,生物学55分,口试成绩是A。因为英文只考了38分,所以学校要求费瑛入学后须补习英文。入校后第一学期她补习了不计学分的英文和英文作文两门课,各取得了60和69分的成绩。在复旦的第一学期,文学院新生费瑛共修读了一年级国文(B)、中国通史(上)、生物学(上)、伦理学(上)、社会学(上)、文学概论(上)和一年级作文等课程。

---

① 陈雁主编:《师道:口述历史中的复旦名师文化》,复旦大学出版社,2012年,第100页。
② 《复旦大学百年纪事》编辑委员会编:《复旦大学百年纪事(1905—2005)》,复旦大学出版社,2005年,第107页。

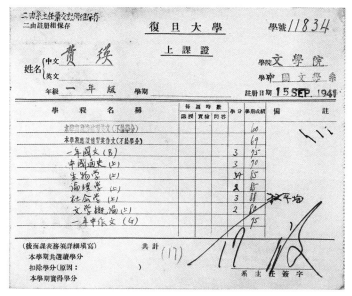

费瑛1941年的上课证（图片由复旦大学档案馆提供）

但是"太平洋战争爆发后，沪校处境极为困难。在沪校董决定，沪校停办，教职员工一律解聘"。1942年1月下旬，沪校改组为"笃正书院"，以应付时局，虽然"时隔不久，又恢复原有名称办学"，但因为"渝校"已向教育部备案升格为"国立大学"，为避免被汉奸政府钻空子，校务委员会决议："因日军已占领租界，沪校毕业证书用'复旦大学上海补习部'名称，盖校务委员会印章，删去'教育部备案'等字样。"① 上海"孤岛"彻底沦陷后，中共地下党要求留在上海的同志们"隐蔽精干，长期埋伏，积蓄力量，以待时机"，正是在这样的背景下，费瑛结束了在复旦大学文学院第一学期的学习，"积蓄力量，以待时机"。

1945年，抗战胜利后，费瑛再次申请入学，在1945年入学

---

① 《复旦大学百年纪事（1905—2005）》，第108页。

登记表所填的信息中，有几处颇值得注意：首先是年龄，此时填写的是 27 岁，那么费瑛应该是 1918 年左右出生，这与 1938 年她在培明中学读初二的事实出入颇大，新中国成立后费瑛长期担任副书记的上海戏剧学院校史中记载费瑛 1985 年去世，享年 63 岁，依此推测她应是 1922 年左右出生，这与培明女中的就读信息就大致相符①。

其次是毕业的中学，学籍卡显示费瑛毕业于私立惠灵中学，并非培明女中，不知她后来高中就读于惠灵中学，还是特意隐瞒

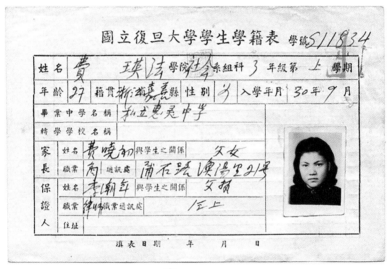

费瑛的学籍卡，学号是 S11834②（图片由复旦大学档案馆提供）

---

① 中共上海市委党史研究室编的《中共党史大典》写的费瑛生卒年份就是 1909 年和 1997 年，应该都是错的，参见《年轮》编写组编著：《年轮：上海戏剧学院大事记（1945—2015）》，上海社会科学院出版社，2015 年，第 212 页。
② 根据 1947 级校友金冲及先生的回忆，"那时，学生有学号，上海部分的学号以 s 领头，重庆部分以 y 领头，1946 年统一招生入学的以 a 领头。我在 1947 年入学，学号以 b 领头。"见金冲及：《我是怎么参加地下党的》，《百年潮》2021 年第 1 期。

了自己来自培明女中这一信息。1940 年，培明女中第一批学生地下党员朱雅琴、周丽华等离开上海转移至江苏的澄锡虞抗日根据地，正是因为她们在上海的抗日救亡运动中身份已经暴露；可以推测费瑛虽未转移，但培明女中学运领袖这个身份会影响她在复旦的隐蔽工作，所以在大学入学登记时她填写

蒲石路渔阳里，今老重庆中路 64 弄

了毕业于惠灵中学①。学籍袋中还有她的"新生报名存根"，显示她报名时缴交的证件有三份——中学毕业临时证明书、转学成绩单及肄业证书。

从学籍登记信息中我们还了解到，费瑛的籍贯是浙江嘉善，父亲叫费晓初，是镇江元大颜料号的经理，家中还有两个弟弟。她登记的在沪通信地址是蒲石路渔阳里 21 号。今天的读者对"渔阳里"这个名字一定不会陌生，因为《新青年》杂志编辑部、中国共产党发起组和中国社会主义青年团创立地都与"渔阳里"密切相关，但这处"渔阳里"位于上海环龙路（今南昌路）100 弄；而费瑛登记的蒲石路，今称长乐路，这处"渔阳里"在今天的老重庆中路 64 弄，是配有卫生设施的新式石库门

---

① 私立惠灵中学原址在新龙华，"八一三"淞沪抗战爆发后，因校址处于战区校舍被炸，迁至戈登路 336 号大厦（新闻路口）继续开办，校长为汪彭年，是一所初高中均有的私立完中。参见《申报》1939 年 2 月 7 日的报道。

费瑛入校时提供的保证书，保证人为李潮年律师（图片由复旦大学档案馆提供）

里弄房子①。

学籍卡上入校保证人一栏费瑛填写的是李潮年律师，执业地址在广东路93号。广东路93号是上海著名的永年大楼，由英商永年人寿保险公司于1910年建成，因而得名。李潮年（1910—1977）是复旦校友，获复旦大学政治学和东吴大学法学双学士学位，1936年8月赴美国纽约大学攻读刑法与商法，是留美法学博士②，40年代后期已是上海知名大律师，三北轮船公司董事，也是共济社的外围组织"经纬聚餐社"成员。有这样一位"父执

---

① "渔阳里，今重庆中路64弄，属淮海路街道淮四居委会，建于1929年，新式里弄，有砖木结构三层楼房34幢，占地面积7.64亩。"见上海市卢湾区政府编：《上海市卢湾区地名志》，上海社会科学院出版社，1990年，第146页。
② 《申报》1936年8月16日。

辈"的大律师作为担保，费瑛在复旦的身份有了很好的掩护。

"抗战后期，1944年冬至1945年，上海学委陆续派遣李立群、丁雪美、汪礼彤、丁菊生（丁志华）、王休娱、王丹心等同志来复旦大学。其后，谢雨村、汪培、鲍静佩、王文英、李长安（李云翔）同志的关系陆续转来复旦，逐步充实党的力量。不久，费瑛亦到校复学。1945年2月，党支部由徐祖德、李立群、丁雪美组成，徐祖德任支部书记，后增补王丹心、汪礼彤参加支委。单意基、张耀祥、费瑛先后代表党的学委和大学区委领导复旦大学支部，费瑛时间最长。"① 费瑛复学回到复旦大学是在1945年9月15日，这一次她转到了法学院社会学系，没有继续中文系的学业。重返复旦继续学业的第一个学期，费瑛在学业上还是顺利的，修读了民族学、团体工作、西洋通史、西洋社会思想史、社会实习和一年英文，共计19学分，成绩都合格，其中"团体工作"还获得90分的高分。

但从二年级上学期开始，费瑛的学习出现了问题，推测应该是地下党的工作占据了她越来越多的时间与精力，这一年她不仅英文只考了53分，而且因为缺课较多被扣除了4个学分。

复旦大学档案馆中费瑛的学籍档案袋里有她在复旦的七个学期的学习记录，在复旦除了修读国文、英文、体育、三民主义、训育等基础课程外，转到社会学系后，她先后修读了社会学系的核心课程，包括中国社会思想、中国社会问题、教育社会学、中国社会史、社会调查、社会心理学、社会制度、中国社会思想研究等；也修读了其他专业的课程，包括政治学、中国通史、世界

---

① 王正执笔：《第三次国内革命战争时期复旦大学党的活动》，复旦大学出版社，2001年，第9页。

通史、伦理学、经济学、哲学概论等；当时复旦本科生的课程安排跟今天其实没有太大的差别，要修通识类课程、专业课程，还要跨专业修课。

从费瑛在复旦最后一学期的"上课证"，可以看到她选修的6门课程均没有成绩，备注栏被注记了"中考请假，不准大考"，学校不允许费瑛参加大考，这学期的课程全部未获通过。

复旦大学档案馆藏的费瑛的学籍档案到1948年2月注册的四年级上学期就结束了，学籍卡背面页被注记了"1948年1月参加同济事件"，据此可以推测因"同济事件"的爆发，本在幕后领导学委的费瑛走到了学生运动的前列，学生领袖身份暴露，在最后一个学期，费瑛被迫中断了在复旦的学业，未能从复旦毕业。

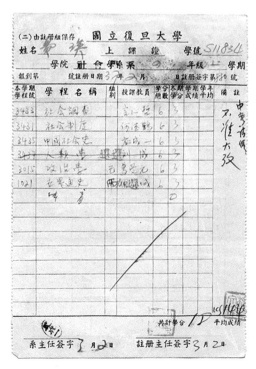

费瑛最后一学期的上课证，备注栏里注明：中考请假，不准大考（图片由复旦大学档案馆提供）

中共地下党区委书记费瑛

抗战胜利后,复旦沪校从市区迁回了位于江湾的原校址,此时沪校约有 1000 余名学生,党员 12 人①。中共地下党通过"团契""复旦大学女同学会"等组织形式在师生中开展地下斗争,复旦大学逐渐成为上海的民主堡垒。费瑛则是这个堡垒最主要的守护者与领导者之一。由于隐蔽工作的原因,有关费瑛领导复旦大学地下党组织和大学区委工作的具体记载不过寥寥数语:

> 从 1945 年秋起直到解放,学委派大学区委费瑛领导复旦大学党的工作。她政治上敏锐,工作严谨,作风民主,有组织学生运动的经验。她回复旦社会系读书,直接联系群众,了解学校情况,掌握党的活动,这对学委领导复旦党支部是有力的加强。费瑛回校不久,就以很大的精力帮助党支部做好吸收新党员的工作,她和支委同志逐一讨论了日寇投降后复旦党的首批发展对象。②

但从这些简短的回忆中,已经看到一个秉持着"勤学勤业,广交朋友"精神,回到母校,一步一步帮助复旦党支部打开工作局面的地下党领导人的形象。

抗战胜利后,国民党加紧在复旦扩大反动势力,半年内校内的三青团区团部从 4 个增至 8 个,中统、军统和青年军中的反动骨干 200 多人被"保送"入校,国民党想把复旦建成"反共堡

---

① 中共上海市委党史资料征集委员会主编:《解放战争时期上海学生运动史》,12 页。
② 王正执笔:《第三次国内革命战争时期复旦大学党的活动》,第 44—45 页。

垒，灭共基地"，在这种情况下，中共大学区委书记费瑛进入复旦读书并联系复旦党支部。她带领当时校内的12名地下党员，积极团结群众，建设各种社团，参与全市性大活动，发展积极分子和党员，很快就把党员发展至39人。在此基础上，建立起了全校性的"复旦团契"，通过助学、搬场（党员和积极分子帮助沪校的同学们将4000多件行李从市区搬回江湾的宿舍）和集体温课这三大举措，帮助同学们解决在学习生活上的困难，逐步在同学中确立了威信，取得了实际上的合法地位。以"复旦团契"为主干，加上其他各种社团，"团结的群众从抗战胜利时占全校学生总数的十分之一，迅速上升至1946年6月占四分之一至三分之一"①。

1945年12月1日，昆明中学教师于再②等人被国民党特务暗杀，造成震惊中外的昆明惨案。1946年1月13日，上海工人、学生和各界一万多人在玉佛寺集会公祭烈士。作为学委和复旦大学地下党的领导，费瑛是这场公祭斗争的幕后指挥，"费瑛向党支部传达了学委的部署：动员和组织同学参加玉佛寺集会公祭。复旦大学接受了包括组织纠察队和承担大会入口处秩序等有关的任务"③。在玉佛寺的公祭之后，万余人的队伍沿江宁路折到南京西路，向南京东路浩浩荡荡地进发，一路高呼口号，各校学生还一路用粉笔在地上、墙上、橱窗上、汽车上写了大量标语，沿途

---

① 中共上海市委党史资料征集委员会编：《解放战争时期上海学生运动史》，第60页。
② 于再（1920—1945），浙江杭州人，1937年杭州沦陷前到重庆；1940年入重庆中国乡村建设育才学院学习，1942年毕业后参加中国远征军运输队；1945年6月回国后在昆明南菁中学当教员。1945年12月1日，国民党当局在昆明出动军警镇压学生反内战爱国运动，在军警进攻西南联大宿舍时，用身体阻止暴徒向校内投掷手榴弹，英勇牺牲，是"一二·一"惨案死难四烈士之一。于再牺牲的消息传到上海后，他的姐姐于庚梅在玉佛寺举行家祭，在上海地下党的领导下形成了一场轰动全国的万人公祭活动，成为解放战争时期上海学生运动的光辉一页。
③ 王正执笔：《第三次国内革命战争时期复旦大学党的活动》，第23—24页。

快速油印散发快报、传单,创造了许多新的宣传方式,游行持续到下午四点才在外滩结束。这次"祭于"行动,"由于时机选择得恰当,有上层民主人士支持,组织工作做得相当严密,从公祭发展为示威游行十分自然,行动出敌不意,未受破坏,斗争是成功的。党在领导全市性大规模群众运动上,又进一步积累了经验"①。

从1946年下半年起,国共关系进一步恶化,上海地下党组织安排已经暴露的党员和积极分子撤往解放区或暂时隐蔽,全市撤往解放区的1000余人中,学生系统占三分之一以上;费瑛则继续留在复旦,以学生身份掩护领导第二战线的斗争。随着复旦渝校师生返回上海,原受中共南方局直接领导的复旦渝校地下支部也开始在上海工作。国立大学纷纷复员回沪,国立大学区委在1947年1月建立,复旦的费瑛担任书记,委员有吴增亮(交通大学)、浦作和王光华(同济大学)②。

从1947年3月起上海就学潮不断,国民党加紧了对于中共地下党和学生运动的镇压。1947年5月23日,军警封锁复旦大学,逮捕5名同学;5月26日,复旦大学法学院院长张志让,教授邱汉生、顾仲彝、孙大雨、卢于道和圣约翰大学、上海法学院、交通大学、暨南大学的四位教授一起会见市长吴国桢,要求释放学生。被捕的5名同学被释放回校,当晚,复旦学生举行文艺晚会欢迎被捕归来的同学,国民党特务潜伏在国权路上,袭击散会后返回宿舍的学生,造成学生4人重伤、17人轻伤。"复旦党支部分析了当时形势,费瑛提出要提高警惕,她要求学生自治会理事和斗争中站在前列的同学随时准备转移隐蔽。她还要求党

---

① 中共上海市委党史资料征集委员会编:《解放战争时期上海学生运动史》,第29—30页。
② 中共上海市委党史资料征集委员会编:《解放战争时期上海学生运动史》,第101页。

员随时清理藏好书籍报刊，如果被捕，坚持合法斗争。"

5月29日，上海市市长吴国桢、淞沪警备司令宣铁吾下令，发动了针对全上海进步师生的大逮捕行动，军警特务冲进校园大肆搜查。在复旦大学校史档案中有章益校长会同洪深（外文系教授）、伍蠡甫（文学院院长）、严家显（农学院院长）、李炳焕（商学院院长）、应成一（社会学系教授）、孙绳曾（土木系教授）、芮宝公（总务长）等七位教授签名的关于"一九四七年五月卅日复旦大逮捕的经过"记载：5月30日拂晓约四时三刻左右，淞沪警备司令部两名军官带着宣铁吾司令给章益校长的信函，敲开了校长家的门，信中列了16名复旦学生名单，称"孟庆远等十六名为共产党分子，阴谋煽动，危害治安，应予依法拘办"。章校长立即约请上述七教授到府商量对策，"校长及在座各先生同声请求，暂缓执行。由校负责看管，未获允许"。章益随即致电吴国桢，请求暂缓执行，亦未获允许。章益和洪深的住宅也被搜查，随后名单上的9名学生被捕，无奈的校长与诸位教授只得"请求警备部队领队员即与被捕诸生一晤，当在警备车上，抄录诸生姓名"，芮宝公总务长马上购备面包、蛋糕等送往车上；这被捕的9名同学是孟庆远、聂崇彬、沈关兴、孟世材、鲍静佩（女）、李槐奎、陈虞友、蒋昌岳和葛嫦月（女）[①]。

被捕的9位同学中，有8位当时尚未入党，中共的地下党组织并没有受到冲击，金冲及先生回忆称，1948年8月27日，"特种刑事法庭"对上海28所大中学校进行搜捕时，到复旦搜捕的名单列有30多人，"但复旦地下党的总支委员一个也没在内，可见特务们对中国共产党在学校里的实际情况实在没有多少了

---

① 转引自《复旦大学百年志（1905—2005）》上卷，第87—88页。

解，也说明党组织从事秘密工作的经验越来越丰富了"①。但这一次大搜捕、大逮捕对复旦的学生运动造成了较大冲击，"国民党反动派连续在复旦打人、伤人、抓人、搜查、抢劫，全校笼罩在白色恐怖之中，师生员工惶惶不安"②。进步学生开始产生了迷茫情绪。"事后，费瑛根据学委报告了解到，外校有位党员通过国民党特务机关内部取得了逮捕名单，因时间紧迫来不及通过党内转告各校，他就以'学联'名义直接分送各校，各校立即转移，被捕的人就很少，有的学校敌人一无所获，抓走了名单上没有的交差。只有复旦没有接到这份名单，费瑛要求查出是谁接收了这份名单。徐祖德、张渝民、黄克欧、罗经文分别了解到，确有一位'学联'同学（一说是交大同学，一说不是），专程赶到江湾送了这份名单，因时间紧迫，他把名单交给了社会系刁友兰。刁参加过'学联'活动，这位同学看见过她。此时已是 5 月 29 日上午 5 时，这是撤退的最后时机，刁扣押了名单"③。事后查明刁友兰已被国民党收买，正是因为这个原因，在这次大搜捕中复旦蒙受了较大的损失。

　　学委领导学联和各校党支部，积极开展了对被捕学生的营救，成立了"营救被捕学生委员会"。在学委副书记吴学谦的指导下，担任中学区委的鲍奕珊，以复旦被捕女生鲍静佩弟弟的合法身份出面负责营救工作，与葛嫱月的父亲葛子卿一起推动成立"上海市被捕学生家长联合会"，以家属身份出面要求公开"提

---

① 金冲及：《经历：金冲及自述》，生活·读书·新知三联书店，2023 年，第 49 页。
② 中共上海市委党史资料征集委员会编：《第三次国内革命战争时期复旦大学党的活动》，第 135 页。
③ 中共上海市委党史资料征集委员会编：《第三次国内革命战争时期复旦大学党的活动》，第 132—133 页。

审",使国民党当局处于被动境地。到7月底8月初,被捕的53名学生中的大多数获释,被继续关押的复旦、大同、大夏的6名学生也在次年3月出狱。国民党当局精心策划的"五三〇"大逮捕及其想制造的白色恐怖,彻底破产。复旦被捕的学生中孟庆远、聂崇彬、汪汉民、张希文等8位同学,入狱时并不是党员,出狱后都先后加入了中国共产党①。

1945年复校江湾后,复旦的进步力量发展较快,"从1945年初7名党员、日寇投降时的11名党员,1946年发展到39名。1947年夏季全校已有党员52人"。但是到1947年下半年,沪渝两个支部仍然独立存在、独立发展,复旦地下党力量虽然不断壮大,但内部领导却较复杂,不便于全校协同斗争。根据费瑛的口述回忆:

> 到1946年,重庆有一批学生回来,这批学生的思想情况左倾较多,但国民党派系亦多,复旦当时有将近3000学生,其中进步的有300人,三青有300人,其余是中间。重庆学生中中文、外文二系较左倾,上海方面是经济、土木较多,两地学生合并后,支部是没有合并,而同学特点、程度也不相同的,上海是热情高,理论水平低,重庆是有一定理论水平的,因他们曾经过一些波浪,比较硬气,但上海还带有一些少爷小姐的脾气。②

---

① 中共上海市委党史资料征集委员会编:《解放战争时期上海学生运动史》,第118—121页。
② "对费瑛的口述访谈记录",访谈时间:1959年1月24日下午,访谈地点:上海戏剧学院;此份口述访问手写记录稿现藏于上海社会科学院历史研究所,由本文作者整理。

"当时领导处于被动,主要是上海、重庆两支部没有联系,很难辨别自己人还是敌人,不能很好及时掌握情况。"①1947年9月,上海市学委决定沪渝两线的地下党力量合并,成立复旦大学党总支,吴学谦代表学委宣布了这一决定和总支委员会成员名单,国立大学区委书记费瑛兼任复旦大学党总支书记,来自渝校的金本富任总支副书记,张渝民、马杰民、李汉煌为总支委员,总支辖两个支部②。

1948年1月,同济大学学生自治会改选,选出的代表以进步学生为主,同济校长丁文渊下令禁止自治会一切活动,并连续开除三批进步学生。中共国立大学区委和同济大学总支决定进行反迫害斗争。1月19日,同济学生举行系科代表大会,决议无限期罢课,要求丁文渊下台,如无结果,就组织学生去南京请愿。随后,全市60余校成立上海市学生争民主反迫害支援同济联合会,同济学生大受鼓舞,决定于29日赴南京请愿。"1月27日下午,费瑛召集复旦党总支会议,对支援同济斗争作出紧急布置。"③29日上午,配有5辆装甲车和马队的万余军警包围同济大学。在各校学生的配合下,同济学生冲出校门。中共地下学委、国立大学区委和同济大学党总支负责人吴学谦、费瑛、乔石等来到斗争一线,大批共产党员站到了队伍前列。市长吴国桢虽然来到同济大学校门口与学生会面,但以找不到丁文渊为由拖延时间,下午2点半,请愿学生决定出发,军警开枪镇压,造成70

---

① "对费瑛的口述访谈记录",访谈时间:1959年1月24日下午,访谈地点:上海戏剧学院。
② 王正执笔:《第三次国内革命战争时期复旦大学党的活动》,第161—162页。
③ 王正执笔:《第三次国内革命战争时期复旦大学党的活动》,第192页。

余人受伤。当晚又有200多名学生被捕。在社会各界的声援下，当局被迫释放全部被捕学生。

"这是发生在寒假中的斗争。复旦爱国民主力量倾全力参加了这场斗争，包括党支部和各支部领导成员在内所有党员和社团力量全都投入了第一线斗争，费瑛、李汉煌、马杰民、张渝民、张靖琳、李正开、袁冬林、沈贵吾、江浓都在现场，他们不断简短地交换意见，自始至终在斗争前沿掌握斗争的发展。"①

正因为在"同济事件"中走到了一线，暴露了身份，费瑛在1948年的春季学期——也就是大四年级第一学期，因"中考请假，不准参加大考"，费瑛在复旦的学习结束了。

虽然在复旦的学业不得不中止，但费瑛对复旦大学地下工作的领导并没有停止。1948年5月爆发了"反美扶日"运动，6月5日，全市学生准备在外滩举行大规模示威游行，复旦同学集合了1800余人打算赶往外滩参加游行，但是事态的发展出乎他们的预料：

> 对这次活动，国民党当局下狠心作了充分准备来阻挠。队伍正要出发，校门已经关闭并且上了锁。同学们转向校门东侧的篮球场边门出去，门外密聚的军警已支起汤姆逊式冲锋枪，还有装甲车堵住大路。队伍只得掉头从校园北面的后门出去，绕道田野小路前进，将到大八寺时，国民党军警的马队已先赶到，堵住了前进的道路，嚷道："今天不能进市区。"谈判也没有结果。双方相持很久。同学们越来越愤怒，一部分同学已积压了很长时间的愤怒，大声叫道："冲过

---

① 王正执笔：《第三次国内革命战争时期复旦大学党的活动》，第202页。

去!"游行主席团(实际上由地下党主持)比较冷静,看清冲过去必将造成流血惨剧,并且得到消息,交通大学的队伍在 1000 多名武装军警严密包围下已改为校内示威游行,市区内各要道密布军警,大多数学校的队伍也没有能到达外滩集合,便果断决定将队伍全部带回学校。我一直在队伍里,有过以往的经验教训,明白这个决断是完全正确的。①

这一次复旦学生没有冲出去,但"在复旦来讲是一次力量的总检阅"。1959 年,在一场"复旦大学学生斗争座谈会"中,费瑛亲自讲述了这场斗争中地下党组织在她领导下的斗争策略:

> 以前国民党在学校里镇压的很厉害,群众对搞斗争不大有信心。我们就进行些政治性看起来并不强的活动来积聚力量,同时敌人的面目是一天天的暴露的更清楚,大家对何去何从的问题是看得更清楚了……到反美扶日时,又把群众的力量集中在政治性非常强的事情上来进行斗争,是一次力量的总检阅,这次斗争的准备工作做得比较充分,时间也很长,群众也发动得比较透,我们能够发动的起来的群众都发动起来了,群众的情绪非常饱满,基础很好。到后来我们党决定不冲出去时,群众的情绪一时还压不下去,党决定不冲出去,是因为我们已经达到了行动的目的,如果冲出去,那一定要遭到镇压,和我们要扩大政治影响,积聚力量的总目标不相符合。所以决定不拼,把群众非常饱满的情绪保存下来,我们主动做战略上的撤退,使大家感到我们这样做法并

---

① 金冲及:《我是怎样参加地下党的(下)》,《百年潮》2021 年第 8 期。

> 不是被敌人压下去的。
>
> 后来复旦的学生活动的劲头很大,人家都称复旦是"小解放区",一直到解放复旦,没有受到过很大的打击,这和同济、暨南等不同。①

在地下斗争经验丰富的费瑛等人的运筹帷幄下,"红色堡垒"复旦大学师生的地下党团实力得到了有效保存。

1948年7月,学委通知费瑛到香港参加学习,8月,李汉煌、王其健、陶承先、顾崇申、陈世仁等复旦同学和其他各校同志一起赴香港学习,学习过程中专门介绍了复旦的"反美扶日"斗争。"1948年8月,根据学委决定,复旦大学党总支组织了整风学习,由费瑛主持。首先传达了党中央和市委的指示,强调了中国革命正处扩大发展的有利形势。"在这次整风学习中还开展了批评与自我批评,取得了很好的成效②。1948年8月至12月,复旦地下党的总支书记仍由费瑛担任。

1949年初,为迎接上海解放,中共上海市委决定撤销国立大学区委,建立沪北区委,复旦大学党总支划归沪北区委的新市分区委领导,费瑛出任沪北区委书记,李汉煌出任新市分区委副书记,复旦党总支由袁冬林、江浓、王休娱、沈贵吾、陈长洲和王其健组成,袁冬林担任总支书记③。沪北区委和复旦大学党总支在随后的护校运动中起了决定性作用。

---

① 1959年2月1日举行之"复旦大学学生斗争座谈会"记录,出席者:袁冬林、费瑛、薛韫秀、王休娱、顾金德、沈贵吾,主持者:何长城、汪宗琛,地点:上海市团市委,记录者:倪慧英。这份座谈会记录未刊,现藏于上海市社会科学院历史研究所。
② 王正执笔:《第三次国内革命战争时期复旦大学党的活动》,第227—228页。
③ 王正执笔:《第三次国内革命战争时期复旦大学党的活动》,第237—238页。

复旦校长章益是中共地下党重点做工作的对象,"费瑛对章益作了较长时期的观察,从1945年秋季开始,她经常要求党员直接同章益打交道,每有可能,她都提出'要章益出场',都要问:'章益讲了什么?''他说这些话的时候,是什么表情?'甚至连'校长桌上有没有报纸,是什么报纸'都问。每当国内发生重大政治、经济事件时,她都要了解,章益最近讲了些什么,看了什么书、报等等。她对章益持续观察积累了第一手资料,能相当准确地预测'章益不会到场的',或者'章益肯定会出来讲话'"①。在长期观察的基础上,复旦地下党总支派学生自治会主席程极明和副主席叶伯初经常就应变活动与章益商谈,章益决定与复旦一起留在上海,"这是革命高潮形势下党的政策在复旦的一次成功,从策反政策到统战政策的成功"②。

作为上海国立大学区委书记,费瑛的工作阵地不只在复旦大学,上海不少学校的地下党组织的成立均与她有密切关系,比如上海商学院第一名地下党员就是由费瑛发展的:

> 国立上海商学院(以下简称上商)第一个中共党员是蔡秀坤(现名周池碧,在华东电业管理局工作),她是费瑛同志介绍入党的,入党时间为1945年3月7日。同年5月26日,蔡介绍吴廷珠、任应博两同志入党,在吴廷珠的外祖父家举行入党宣誓仪式。在这次会上,费瑛宣布成立上商支部,并指定蔡秀坤任支部书记,任应博负责组织工作,吴廷珠负责宣传工作。

---

① 王正执笔:《第三次国内革命战争时期复旦大学党的活动》,第255—256页。
② 王正执笔:《第三次国内革命战争时期复旦大学党的活动》,第257页。

1945年6月，李亚平在外单位入党，由蔡秀坤去接转组织关系。此时，上商党员增加到4名，日寇投降后，费瑛通知蔡秀坤去投考复旦大学，吴廷珠、任应博去投考之江大学，三人的关系都在9月份转出。当时为了抗议国民党反动政府对沦陷区的7个国立大学的学生进行甄审，费瑛决定，吴、任在之江过组织生活的同时，仍要团结上商群众，并和李亚平合编一个党小组，由任应博担任小组长，党小组上级联系人由费瑛担任。①

1948年10月至1949年1月，在香港举办了上海地下党市委、工委、职委、学委领导干部学习班，参加学习的领导包括张祺、陈公琪、陆志仁、周炳坤、吴康、吴学谦、陈育辛、朱启銮、吴增亮、雷树萱、施惠珍、费瑛、鲍奕珊、方茂金、陆文才、施文、陈光汉和范富芳②。与费瑛一同出现在这份名单里的吴增亮是上海另一所名校——交通大学的地下党负责人，他是费瑛的丈夫。

抗战爆发后，吴增亮（1925—2020）③随家人从常州迁到上

---

① 郑宝珊、任应博、王秀玉、叶孝理：《中共组织在国立上海商学院的建立和发展》，载《振兴路　奉献歌：上海财经大学老同志回忆录》，上海财经大学出版社，2007年，第5页。
② 中共上海市委党史研究室编：《上海党史资料汇编》第4编解放战争时期（上），上海书店，2018年，第51—52页。
③ 吴增亮（1925—2020），江苏常州人。1942年3月加入中国共产党，1947年毕业于交通大学电机工程系。曾任中共交大党总支书记、中共国立大学区委委员、上海市委学生运动委员会委员、中共徐龙区委书记。1949年后，历任共青团上海市委常委，共青团华东工委青工部部长、华东电业管理局处长、党组成员，国家计委、国家建委、国家建委建筑科学院、上海市机电一局副处长，江西"三线"建设第二指挥部机械组副组长，山东莱芜张家洼工程指挥部副指挥、上海宝钢工程指挥部党委常委、副指挥，上海市建委副主任等职。1988年4月—1993年2月任上海市政协第七届副主席。2020年11月30日病逝于上海。

海,初中就读于乐群中学,1940年入读苏州中学(当时已搬迁至上海租界),开始接触进步思想,1942年3月加入中国共产党①。吴增亮在党内的资历要比1938年就入党的费瑛浅,上海"孤岛"沦陷后,他原计划前往苏北参加新四军,后来决定留在上海投考交通大学的原因与费瑛类似,也是受党的派遣:

> 苏州中学在日军开入租界后也办不下去了,恰好在我们最后一届高三毕业就停办了。1942年,我面临大学升学,组织上考虑交通大学的党员不多,支部力量还比较弱,就动员包括我在内的一批党员去投考。我考进交大的分数不是很高,考分靠前的二三十人算是正式录取的,我是属于预备录取生,当时只有三个人,我是第二名。我祖父当时很不放心,还打电话去问当时的教务长,教务长说,预备生肯定也是全部录取的,就这样才得以进入交大。②

吴增亮1944年底开始担任中共地下党交通大学总支书记③,之后还担任过中共上海临时大学区委书记、中共大学区委委员、中共上海市学生运动委员会委员,参与领导了1947年交大的护校斗争、五二〇运动、反美扶日等学生界重大斗争④。上海解放前夕,中共市委将党的组织从原来按系统分改为按地区划分,设立沪东、

---

① 吴增亮:《我在抗日烽火中入党》,《上海文史资料选辑》第77辑《血肉长城》,上海人民出版社,1995年,第131—134页。
② 吴增亮:《我在学生时代的革命经历》,载王宗光主编:《思源·往事》,上海交通大学出版社,2012年,第96页。
③ 上海交通大学党史校史研究室编著:《民主堡垒——战斗在交通大学的中共地下党(1925—1949)》,上海交通大学出版社,2007年,第276页。
④ 中共上海市委党史研究室编:《中共上海党史大典》,第282页。

沪西、沪南、沪北、沪中和徐龙区委，费瑛和吴增亮分别担任沪北和徐龙区委书记①。夫妻俩是在上海隐蔽战线并肩战斗的战友。

据《上海妇女志》的统计：从1923年9月到1949年5月，中共上海市各区委（或相当于区委一级）共有女书记13人（包括王一知、向警予、陈修良等），其中正职12人，副职1人，女书记任职次数（16人次）占同期同级书记任职总数（421人次）的3.8%②。而1949年2—5月间担任上海沪北区委书记的费瑛正是这12人之一。

继续在大学当书记

1949年6月5日，新民主主义青年团上海市工作委员会成立，李昌、戴白韬、张本、范小凤、吴学谦、江春泽、王克、陈绪宗、李琦涛、冯兰瑞、刘祖荣、吴增亮、钱李仁、费瑛等14人担任委员，吴增亮担任了青工部副部长③。

1949年5月3日，杭州解放，5月中旬中共杭州市委青年工作委员会成立，逐步设立学生部、组织部、宣传部、青工部和秘书科。上海解放以后，作为上海学委资深领导——费瑛从上海来到杭州，支援杭州的共青团与学生工作。9月3日，团市工委建立团学校工委，与学生部合署办公，费瑛担任部长④。10月，在

---

① 上海市总工会编：《解放战争时期上海工人运动史》，上海远东出版社，1992年，第281—282页。
② 荒砂、孟燕坤主编：《上海妇女志》，上海社会科学院出版社，2000年，第174—175页。
③ 周士元：《踏遍青山不觉累：李昌传》，哈尔滨工业大学出版社，2009年，第170页。
④ 杭州青年运动志编纂委员会编：《杭州青年运动志》，杭州大学出版社，1998年，第79页。

浙江省首届学生代表会议上，市青委学生部长费瑛作关于学生会工作的中心发言，"经过了这次会议，也明确认识了学生会的性质与任务，并且根据大会精神，检讨了过去某些学生会脱离群众的偏向。大会也批判了只搞运动忽视正课学习，只搞事务工作不着重思想教育的偏向"①。11月，费瑛调回上海，学生部部长一职由乔石接任，费瑛与乔石在上海地下党工作时期就是共同领导大学进步运动的亲密战友，他们当时的上级是吴学谦——后来担任过共和国外交部部长、国务院副总理等职，本文开篇所引余秋雨所言，"因为直到她退休之后，好几位国家级领导，每逢过年过节还会来问候这位当年的"神秘领导"，应该所言不虚。

1950年调回上海后，费瑛先后任团市委组织部部长、秘书长、中央工业部巡视员等职。1958年3月26日，上海市委决定，费瑛担任上海戏剧学院党委副书记。1964年8月，戏剧学院党委书记杨进借调上海市电影局领导"四清"工作，费瑛主持院党委工作。10月，费瑛带领全院320余名师生赴江苏太仓浏河公社参加"四清"运动。1965年7月，费瑛任代理书记。1966年"文革"开始后，费瑛很快受到冲击，6月22日，赵全国等16名学生在上戏贴出第一张批判费瑛的大字报"打着红旗反红旗——看费瑛等人的资产阶级保皇党嘴脸"，由此引发全校大辩论。6月25日，经上海市委教育卫生工作部批复，费瑛担任上海戏剧学院"文化革命"小组组长；但很快就被"靠边站"，并受到批斗。1967年1月14日，上海市市长曹荻秋被押上一辆电车游街示众，上海戏剧学院的杨进、费瑛、江俊峰和冯少唐也被押上另一辆大卡车

---

① 《省学联筹备委员会成立》，《浙江日报》1949年10月23日。

陪同游街。这场游街从上戏出发，沿南京路至外滩再返回上戏，长达三小时，在上海首开公开游斗干部的先例。自此，费瑛被不断批斗，到 1967 年冬被军管隔离。1973 年 1 月 9 日，上戏召开全院大会，宣布苏堃和费瑛"解放"，但未恢复正常工作。直到 1975 年 1 月 3 日，上戏新党委成立，费瑛复出工作，仍然担任副书记①。费瑛在上海戏剧学院担任副书记、副院长直到 1983 年 7 月。

上戏人对于费瑛是感念的，在校史写作时，将她与顾仲彝、李健吾、朱端钧和苏堃并列，称他们"在不同时期为学院的创建和发展作出过重要贡献的"②。

1979 年，韩素音访问上海戏剧学院时的合影，右四为费瑛，左三为韩素音③

---

① 《年轮》编写组编著：《年轮：上海戏剧学院大事记（1945—2015）》，上海社会科学院出版社，2015 年，第 112、128、147、150、157 页。
② 蔡子人、郭淑兰总编：《中国高等艺术院校简史集》，浙江美术学院出版社，1991 年，第 177 页。
③ 该照片引自杜宣的《杜宣文集》第 5 卷，上海文艺出版社，2004 年，第 80 页。

一位 1961 级的学生回忆称：

> 我来自农村，到上戏来读书穿的衣服是母亲亲手织的土布格子衣服。那时正值"大跃进"时期，学校的食堂是给大家免费吃的，听说这是当时的学院党委副书记费瑛特意向上面申请获批的。①

上戏学子关于费瑛的记忆多与其对学生的关爱有关。1964年，17 岁的上戏学生余秋雨和同学们在江苏浏河下乡劳动，很多年之后，他还记得费瑛书记亲自来到农村，帮助他们改善伙食：

> 旧祠堂的一角正烧着两只大锅，飘出阵阵无法阻挡的香味。原来，费瑛书记听说我们在乡下不仅劳动艰苦，而且吃得很坏，就决定来一次最实际的慰问。那就是请学院食堂的厨师一起下来，办一次聚餐，每人分两块草扎肉、两个馒头，进行"营养速补"……看到同学们的狼吞虎咽，费瑛书记眼泛泪光，轻轻摇头。②

费瑛与丈夫吴增亮育有五个子女，在大女婿李伟的笔下，费瑛早已不是当年地下党运筹帷幄的女书记，而只是一个平易近人的母亲：

---

① 彭炳麟口述，载上海戏剧学院编：《戏文名师》，上海人民出版社，2022 年，第 411 页。
② 余秋雨：《门孔》，第 76—77 页。

1976年1月11日晚，我和老吴结束旅行结婚，辗转到了上海。静安区延安西路333号，这是老吴的家，我要作为吴家大女婿第一次登门走进这个家。夜色里，我们叫开了街门，一个大妈一样的人在迎接我们：光和、阿伟回来了！她身边站着一群大人小孩。这个领头的、大妈一样的人，就是我的岳母费瑛同志。……

第二天清晨，冬日的阳光把一切照得暖暖的。岳母起床了，我再次和她照面，看清了她的模样，中等身材、标致大方，双眼有神。岳母看到我是笑笑的，腰间好像系着围裙，不停地进出厨房，为大家准备早餐。①

1985年5月3日，费瑛去世了，刚刚64岁。这一年，大女儿吴光和作为新疆、黑龙江优秀知青报告团成员来上海，她在讲台上动情地讲述了父亲吴增亮、母亲费瑛如何支持儿女扎根边疆工作。台下的青年学生们可能已无人知晓费瑛、吴增亮夫妇是当年上海高校中学生运动的重要领导人，是第二条战线英勇无畏的战士。

本文的材料大量来自《第三次国内革命战争时期复旦大学党的活动》一书，该书的后记清楚地写明了费瑛这位复旦女生与我党在复旦大学的地下斗争、我党领导的学生运动的重要关系：

特别是费瑛同志，身患重病，却抱病为编写工作出谋出力，只可惜她过早离开她无限眷念的人世，没能和我们一起

---

① 李伟：《节节草儿：我的大荒轶事》，黑龙江人民出版社，2008年，第131—132页。

完成书稿。费瑛同志从日寇投降到上海解放，一直担任着复旦大学党的领导工作，她是第三次国内革命战争时期复旦大学党的活动唯一亲历全过程的领导者和权威的发言人。①

1952年全国院系大调整后，复旦大学成为"华东一个主要的综合性大学"，确立了在全国高校中的重点、综合性大学的地位。复旦之所以在新中国成立后能有如此迅速的发展，能确立这样的地位，与1949年以前中共地下党组织的强大有千丝万缕的关系②。

---

① 王正执笔:《第三次国内革命战争时期复旦大学党的活动》，第364页。
② 参见钱益民:《1949年以前复旦大学的党组织沿革及特点》，《上海党史与党建》2018年1月号，第42—45页。

后 记

本书是一个 1990 年代入学的复旦女生,带着六位今天的复旦女生一起完成的。谨以此书献给我们亲爱的母校——复旦大学百廿年校庆。

很长时间以来,我们常说,名媛严幼韵是复旦大学第一位女生——这其实是误传,1927 年进入复旦的第一批女生有五十余位,她们来自全国各地,社会背景各不相同。与母校同龄的严幼韵是复旦的骄傲,但她海上名媛、外交官夫人的风采很容易让人们误以为早期进入复旦的女生都是娇滴滴的富家千金,毕业后都忙着去当"女结婚员";实际上,从第一批女生开始,复旦女生就以"个性强烈,思想自由"而闻名,她们在 1920 年代末、1930 年代初就进入教育界、新闻界、银行界……成为自力更生的新女性,各有各的精彩。

我和我的学生们一起,写了 1927 年开"女禁"时的第一批女生,又写了七位 1949 年之前进入复旦的女生:她们中有非常知名的大作家,也有幕后英雄——中共地下党的区委书记;有的人生故事已被写过无数遍——但我们展开了新的叙述,有的篇章是那么重要却不为人知——细节被我们在翻阅档案时惊喜地发现的;这真是美妙的写作经历。全书共分为 8 章,写作分工如下:

第一章开"女禁"和最后一章费瑛，由陈雁独立撰写；复旦大学历史学系的研究生郭恬薇（2022级博士生）、王昭（已于2024年获得博士学位）、金雪儿（2024级博士生）、倪浩然（2016级本科生、2020级研究生，现为美国堪萨斯大学中国史方向博士候选人）、李尚阳（2019级博士生）和唐菁秋（已于2024年获硕士学位）分别撰写了第二、三、四、五、六、七章的初稿，在六位同学努力的基础上，陈雁对六篇初稿进行了详细的修改与增补。

　　近些年，当我在复旦的课堂教授中国近代妇女史时，看着课堂里远超一半的女生时，我都会问：你们知道复旦是什么时候开"女禁"的吗？可是，几乎没有学生关注过这个问题。对于今天的女生来说，坐在复旦的讲堂已是稀松平常之事，可是中国的女孩有机会进入大学，与男生接受同样的教育，其实才不过百余年，在复旦还不到百年。从1927年，女生只占复旦学生总数5%左右，到今天接近50%左右，教育的平等取得了极大的进步，但值得警惕的是，近几年，复旦本科生中女生的比例却在锐减，个中原因值得深思。所以这部书不仅是对复旦校史的致敬，更是对未来的期许，期待通过这些榜样，激励今天的女生们自由逐梦。

　　最后，我们要向对本书的写作和出版提供帮助和资助的复旦大学档案馆、复旦大学历史学系致以诚挚的谢意，正是有了你们的帮助，这些珍贵的历史记忆才能得以保存和传承。愿这部《卿云缦缦：复旦女生的故事（1927—1949）》能够成为复旦精神的见证，让我们共同期待，在下一个百廿年，复旦女生们将继续书写更加精彩的人生篇章。

陈　雁
2025年2月完稿于复旦园

图书在版编目(CIP)数据

卿云缦缦:复旦女生的故事:1927—1949/陈雁编著.--上海:复旦大学出版社,2025.5.--ISBN 978-7-309-17980-4

Ⅰ.G649.285.1

中国国家版本馆 CIP 数据核字第 20256WA521 号

卿云缦缦:复旦女生的故事(1927—1949)
陈　雁　编著
责任编辑/史立丽

复旦大学出版社有限公司出版发行
上海市国权路 579 号　邮编:200433
网址:fupnet@fudanpress.com　http://www.fudanpress.com
门市零售:86-21-65102580　团体订购:86-21-65104505
出版部电话:86-21-65642845
上海盛通时代印刷有限公司

开本 890 毫米×1240 毫米　1/32　印张 9.125　字数 213 千字
2025 年 5 月第 1 版
2025 年 5 月第 1 版第 1 次印刷

ISBN 978-7-309-17980-4/G·2675
定价:58.00 元

如有印装质量问题,请向复旦大学出版社有限公司出版部调换。
版权所有　侵权必究